"Wir sehen gerade die Paarung von Kommunismus und Kapitalismus ... genau wie männlich und weiblich gendertechnisch aufgelöst wird, so löst man auch die Grenzen beider Systeme auf. Und warum ? Weil es nur Bühnenbilder sind, und welche Bühne gerade gebraucht wird, entscheidet der Puppenspieler. Die neue Bühne fährt im Hintergrund gerade hoch. In ein paar Jahren erkennt keiner von euch dieses Land wieder."[1]

IHR KÖNNT SPÄTER NICHT SAGEN „WIR HABEN ES NICHT GEWUSST" DENN WIR HABEN ES EUCH GESAGT:

„Der Drang der Rockefellers und ihrer Verbündeten ist es, eine Weltregierung zu kreieren, welche Kapitalismus und Kommunismus vereint unter ihrer Kontrolle ... Die Eliten planen es, und ihre Absichten sind unglaublich bösartig."[2]
(Lawrence Patton McDonald, US-amerikanischer Politiker)

„Wir stehen am Rande einer weltweiten Umbildung, alles was wir brauchen, ist die richtige allumfassende Krise und die Nationen werden in die neue Weltordnung einwilligen."[3]
(David Rockefeller)

„Wenn die Krisen größer werden, werden die Fähigkeiten, Veränderungen durchzusetzen größer."[4]
(Wolfgang Schäuble)
Übersetzt: „Die Not wird die Menschen zwingen, sich zu beugen!"

„Alles wird anders sein: Viele werden leiden. Eine Neue Weltordnung wird hervortreten. Es wird eine viel bessere Welt für die, die überleben werden ..."[5]
(Henry Kissinger, US-amerikanischer Politiker)

Dr. Joachim Sonntag

2025

Der vorletzte Akt

Warum wir Heimat, Freiheit und Sicherheit verlieren

2. aktualisierte und erweiterte Auflage

2. aktualisierte und erweiterte Auflage
Erschienen im Selbstverlag des Autors

www.sonntag-physik.de
https://joachim.jugnw.org.uk/

ISBN 9783752686166

Herstellung und Verlag: BoD – Books on Demand, Norderstedt

Bibliografische Information der Deutschen Nationalbibliothek: Die Deutsche Nationalbibliothek verzeichnet diese Publikation in der Deutschen Nationalbibliografie; detaillierte bibliografische Daten sind im Internet über dnb.dnb.de abrufbar.

Über den Autor

Dr. Joachim Sonntag ist Physiker, Spezialgebiete Strahlungsphysik, Mehrphasenlegierungen und Nanomaterialien. Seine wichtigsten wissenschaftlichen Arbeiten: die Formeln/Theorie zum Elektronentransport in Legierungen mit Phasentrennung,

- Thermoelektrische Kraft (2005; 2017),
- Halleffekt (2016; 2019) und
- Elektronentransfer zwischen den Phasen (1989; 2006).

Mithilfe dieser Formeln/Theorie gelang es, eine Reihe bis dahin ungelöster physikalischer Probleme zu lösen: *Proximity*-Effekt, *Giant* Halleffekt, *positive* Thermokraft in Metallen, minimale metallische Leitfähigkeit, Stabilität amorpher Schichten.

Eine Zusammenfassung finden Sie im Reviewartikel „*Electronic Transport in Alloys with Phase Separation (Composites)*"[6] oder auf *www.sonntag-physik.de* (hier auch in deutscher Sprache).

Die Fotos auf dem Buchumschlag zeigen beispielhaft den Einfluss von Geoengineering auf unseren Himmel.
Vorderseite: Wolkenformation unter dem Einfluss von HAARP;
Rückseite: Chemtrails, die sich im Verlaufe mehrerer Stunden zu faserartigen Vorhängen verbreitert haben, aufgenommen im Herbst 2020 über Dortmund (Anhang 3 und Abschnitt „Corona – Der Wegbereiter für die digitale Transformation und die Zerstörung der Schöpfung")

<u>**Inhaltsverzeichnis**</u>   <u>**Seite**</u>

Dieses Buch ist der 1. Teil der Buchreihe mit dem übergreifenden Titel „2025". Hinweise zum 2. Teil siehe Seite 243.

Die 2. Auflage des vorliegenden Teil 1 von „2025" war nötig geworden, da gravierende politische Entwicklungen seit dem Erscheinen der 1. Auflage (April 2019) die ganze Welt erschüttert haben. Diese Entwicklungen hatte ich in dieser 1. Auflage, aber auch in meinem Vorgängerbuch („Deutschland im freien Fall", s. Seite 244) vorausgesagt, insbesondere, dass die Finanzeliten versuchen werden, die Weltmacht an sich zu reißen und dabei verschiedenste Techniken und Waffen, auch Biowaffen, einsetzen werden. Ein weiterer Grund für die Neuauflage ist, dass ich mit der technischen Qualität der 1. Auflage nicht zufrieden bin (Wortzwischenräume von extrem groß bis fast nicht erkennbar, keine Farbbilder, fehlender Barcode). Da ich mit dem BoD-Verlag in der Vergangenheit gute Erfahrungen gemacht habe, erscheint diese 2. Auflage wieder beim BoD-Verlag. Ergänzend zur 1. Auflage sind in dieser 2. Auflage einige Textpassagen hinzugefügt worden. Die Abschnitte, die im Inhaltsverzeichnis in kursiver Schrift geschrieben sind, sind neu gegenüber der 1. Auflage.

1. Prolog

„Es gibt einen Plan in diesem Land, alle Männer, Frauen und Kinder zu versklaven. Bevor ich dieses hohe und ehrenwerte Amt verlasse, werde ich diesen Plan bloßstellen."
(John F. Kennedy, eine Woche vor seiner Ermordung)

„Wir stehen seit Beginn des Corona-Terrors in einem 3. Weltkrieg, nur dass im Unterschied zum 1. und 2. Weltkrieg dieser 3. Weltkrieg nicht geführt wird von verschiedenen Völkern gegeneinander. Er wird geführt von einer globalen Elite, die offenbar – auf welche Weise auch immer – fast alle Regierungen dieser Erde in der Hand hat, um sie zum Krieg gegen ihre eigenen Völker zu gebrauchen. Ja, dieser 3. Weltkrieg wird von den Unrechtherrschenden fast aller Staaten dieser Erde gegen ihre eigenen Völker, gegen die Menschen weltweit geführt. Er schädigt nicht nur mit den erzwungenen und zumeist wohl rechtswidrigen Corona-Terrormaßnahmen die Gesundheit mehr oder weniger aller Menschen dieser Erde an Leib und Seele. Keiner der Weltkriege zuvor hatte eine dermaßen flächendeckende und mehr oder weniger ausnahmslose Wirkung auf mehr oder weniger jeden einzelnen Menschen auf dieser Erde. Er zerstört in bisher unbekanntem Maß die Wirtschaft und Infrastruktur der Länder, vernichtet im ganz großen Stil Unternehmen, die in die Insolvenz getrieben werden, um dann eines Tages für einen Appel und en Ei von der internationalen Hochfinanz aufgekauft zu werden. Da werden gigantische Übernahmen, quasi zum Nulltarif vorbereitet. Wenn ihr euch fragt, warum geht dieser Terror immer weiter, ist das einer der Gründe, die Wirtschaft muss zerstört und vernichtet werden, damit die internationale Hochfinanz die Trümmer dieser zerstörten Wirtschaft einfegen kann, quasi umsonst.*
Dieser 3. Weltkrieg geht einher mit weitgehenden Einschränkungen unserer Reise- und Bewegungsfreiheit, wie sie die Welt vorher

---

[*] Die globale Finanzelite hat fast alle Regierungen dieser Erde in der Hand über deren exorbitante Staatsschulden: „Macht was wir von euch fordern, oder wir versagen euch weitere Kredite" (siehe Seite 81f).

wohl noch nie gekannt und gesehen hat. Er geht einher mit der Abschaffung fast aller unserer Grund- und Freiheitsrechte, historisch in diesem Maße ebenfalls, zumindest weltweit, einmalig. Er geht einher mit einem massiven Datenmissbrauch im absoluten Gegensatz zum sonst so hochgerühmten Datenschutzgesetz. Er zwingt die Menschen zum Maskentragen, zum übermäßigen und damit gesundheitsgefährdenden Missbrauch von Desinfektionsmitteln. Er zwingt sie zur sozialen Distanzierung. Dieser 3. Weltkrieg zwingt die Menschen auf fast jede nur erdenkliche Weise, sich selbst und ihren eigenen Kindern Schaden an Leib und Seele zuzufügen. Dieser 3. Weltkrieg übertrifft an perfider Perversion alles, was die Menschheit bis heute gesehen hat. "[†,7]

Das, was sich seit Beginn des Jahres 2020 in der Welt abspielt und in dieser Predigt angeprangert wird, hat der weitsichtige Physiker, Philosoph und Friedensforscher Carl Friedrich von Weizsäcker bereits vor mehreren Jahrzehnten vorausgesehen: *„Zum Zweck der Machterhaltung wird man die Weltbevölkerung auf ein Minimum reduzieren. Dies geschieht mittels künstlich erzeugter Krankheiten. Hierbei werden Bio-Waffen*[‡] *als Seuchen deklariert, aber auch mittels gezielten Hungersnöten und Kriegen. Als Grund dient die Erkenntnis, daß die meisten Menschen ihre eigene Ernährung nicht mehr finanzieren können, jetzt wären die Reichen zu Hilfsmaßnahmen gezwungen, andernfalls entsteht für sie ein riesiges, gefährliches Konfliktpotential.“* Das sagte er bereits vor mehreren Jahrzehnten voraus als Folge des von ihm erwarteten Zusammenbruchs des Sowjet-Kommunismus (s. Anhang 2).[§] Es ist denkbar, dass Weizsäcker dies niedergeschrieben hat mit dem Wissen eines

---

[†] Aus einer Predigt in der Evangelische Freikirche Riedlingen e.V. am 1.10.2020

[‡] Die Frage, ob es sich bei Covid-19 um eine Biowaffe handelt, wird im 2. Teil dieser Buchreihe beantwortet: „2025 – Das Endspiel *oder* Der Putsch von oben“.

[§] Wie auf dem Blog „falschzitate.blogspot.com“ am 1. Mai 2018 festgestellt, soll dieses Zitat nicht von Carl Friedrich von Weizsäcker stammen, sondern von einer unbekannten Autorin oder einem unbekannten Autor, wahrscheinlich aus dem Jahr 2007. Allerdings bin ich bei meinen Recherchen sehr vorsichtig geworden, gerade in Hinblick auf solche Faktencheckportale wie CORRECTIC oder MIMIKAMA, aber auch gegenüber Wikipedia (Details s. Teil 2 dieser Buchreihe: „2025 - Das Endspiel *oder* Der Putsch von oben, S. 10f).

Dokumentes aus dem Jahre 1986, das den Namen trägt: **„Silent Weapons for Quiet Wars"****.[8]

Dennis Bushnell, Chief Scientist - NASA Langley Research Center

WARFARE STRATEGY DOCUMENT - THE FUTURE IS NOW!

U.S. Air Force/DARPA/CIA/FBI/ Southern Command/Atlantic Command/Australian DOD and more

http://www.stopthecrime.net/nasaframe.html

Page 4
The presentation is based in all cases upon existing data/trends/ analyses/technologies (No PIXIE DUST) Robots - Cyborgs and Humans

Page 93
Exploit "CNN" Syndrome
-- Sink Carrier(s) via "swarm attacks"
-- Capture/torture Americans in living color on prime time
-"Terror" attacks within CONUS (binary bio, critical Infrastructure "takedown, " IO/IW, EMP, RF against Brain, etc.)
-- Serious "Psywar" (collateral damage exploitation, etc.)

Page 9
Humans Have "Taken Over" and Vastly Shortened "Evolution"
-- "Directed Evolution"

Page 14
KEY "FUTURE TECHNOLOGIES"
-- Automatic/robotic "everything"
-- Genetic engineering before birth

Page 66
Increasingly Critical Human Limitations/ Downsides
-- Large
-- Heavy
-- Tender
-- Slow (physically, mentally)
-- Require Huge Logistic Train(s) i.e., Humans have rapidly decreasing-to-negative "Value Added"

Page 67
ROBOTICS "IN THE LARGE" (saves lives, enhances affordability, redefines risk/threat environment, enhances effectiveness)

Page 35
Examples: Confluence of IT/Bio/Nano
-- Brain of a sea lampry inserted/connected to body of a robotic fish (an initial cyborg)
-- "Chew-Chew" -- a flesh/plant eating robot that hunts/bio-digests "natural foods" to "live off the land" (Chew-Chew robot inventor: Stuart Wilkinson expresses concern about the dangers of the robots eating humans)

Page 43
Micro Dust Weaponry
-- A Mechanical Analog to Bio, Micron sized mechanized "dust" which is distributed as an aerosol and inhaled into the lungs. Dust mechanically bores into lung tissue and executes various "Pathological Missions."
-- A Wholly "New" class of Weaponry which is legal.

Page 45
Beam Weapons Increasingly Prevalent

Page 50
EFFECTS OF LOW POWER MICROWAVES (U.S. ARMY, SRI, WALTER REED)
-- Behavioral performance decrements
-- Seizures
-- Gross alteration in brain function
-- 30% to 100% increases in brain blood flow
-- Lethality
-- Interactions between low power (microwatts per sq. cm./.4 to 3 GHz) MW and brain function

Page 55
What Is Apparently "Legal"
-- Microwave/RF Anti-Functional and Anti-Personnel Weaponry
-- Chemical Anti-Functional Weaponry
-- Chemical "Psychological Effects" via Sensory Organs Weaponry (e.g. smell)
-- Chemical Personnel Incapacitation Weaponry ["Non-Warfare" (e.g. Hostage Terrorism) only]
-- PSYWAR
-- Acoustic Weaponry
-- Mechnical Micro Dust

THESE ARE JUST A FEW EXAMPLES OF WHAT IS IN THE N.A.S.A. DOCUMENT THAT ARE HAPPENING NOW !
www.StopTheCrime.net/nasaframe.html

Abbildung 1: NASA-Dokument (Deckblatt) zur zukünftigen Kriegs-führung (2001)[9]. Der komplette Inhalt dieses Berichtes war zum Zeitpunkt des Schreibens dieses Buches als PDF im Internet abrufbar.

** *„Stumme Waffen für heimliche Kriege"*

Die Entstehungsgeschichte dieses Dokumentes soll bis auf das Jahr 1954 zurückgehen, das Jahr, in dem die Bilderberg-Gruppe gegründet worden ist.[10]

Eine Weiterentwicklung der in diesem Dokument beschriebenen Techniken und Strategien zur zukünftigen Kriegsführung repräsentiert das NASA-Dokument **„Future Strategic Issues/Future Warfare [Circa 2025]"**[††] (s. Abbildung 1), eine Powerpointpräsentation, vorgestellt im Juli 2001 von Dennis M. Bushnell, dem Chef-Wissenschaftler des NASA Langley Research Center, zwei Monate vor 9/11. Der Inhalt dieses Dokumentes basiert in allen Fällen auf bereits vorhandenen Daten, Trends, Analysen und Technologien (Seite 4 in diesem Dokument). Die Jahreszahl im Titel des vorliegenden Buches, „2025", ist diesem Dokument entlehnt.

Es wird Leser geben, die die Inhalte dieses Buches in die verschwörungstheoretische Ecke verorten und das Zitieren von You-Tube-Videos als unwissenschaftlich bewerten. Dieses Buch ist keine wissenschaftliche Abhandlung, sondern eine Warnung vor dem, was die Elite mit uns vor hat, was sie schon seit langem plant, und was sie gedenkt, bis zum Jahre 2025 in die Tat umzusetzen. Meine Hoffnung ist, dass die Menschen mehrheitlich aufwachen und aus ihrer Wohlfühlecke heraustreten, um sich dagegen zu wehren. Wer meine wissenschaftlichen Abhandlungen kennenlernen will, dem empfehle ich, meine Seite *www.sonntag-physik.de* zu besuchen.

Die erste Auflage des vorliegenden Buches war bereits im April 2019 erschienen, also zu einem Zeitpunkt, als noch nichts darauf hindeutete, dass nur ein Jahr später tatsächlich eine Biowaffe mit dem Namen Covid-19 (SARS-COV2) die gesamte Welt in Schockstarre versetzen würde, und dass die Regierungen der meisten Länder drastische Maßnahmen zur Eindämmung der „Pandemie" ergreifen (Lahmlegung von Volkswirtschaften und Einschränkung von Freiheits- und Grundrechten, Reisebeschränkun-

---

[††] *„Zukünftige Strategische Themen/Zukünftige Kriegsführung [Circa 2025]"*

gen) und damit den Empfehlungen der WHO folgen würden. Und das ist wohl eine eindrucksvolle Bestätigung, dass Weizsäcker's Prophezeiung ein hohes Mass an Weitsicht und Wahrheitsgehalt enthält. Dass es sich bei Covid-19 tatsächlich um eine Biowaffe handelt, wurde in der 2. Und 3. Auflage des 2. Teils dieser Buchreihe, erschienen 04/2020 und 06/2020, begründet.[‡‡] Und trotz dieser drastischen Maßnahmen zur Eindämmung der „Pandemie" geht die Massenmigration nach Deutschland und Europa unverändert weiter.

Die Bekanntmachung und öffentliche Verbreitung oben genannter Dokumente verdanken wir vor allem einer Whistleblowerin aus den USA, du-Deborah Tavares, die auf ihrer Internetseite[11] schreibt: *"Der Einzelne ist gehandicapt angesichts der Verschwörung, die so monströs ist, dass er nicht glauben kann, dass sie existiert. Der amerikanische Verstand ist einfach nicht fähig, das Böse zu realisieren, das mitten unter uns eingeführt worden ist ... Er weist sogar die Vorstellung zurück, dass menschliche Wesen eine Philosophie vertreten, die ultimativ alles das zerstören muss, was gut und anständig ist."*[§§]
In einem ihrer Videos[12] legt sie dar, wie die Illuminaten (die reichsten Leute dieser Erde, die das ganze finanzieren) planen vorzugehen, wenn sie den Zeitpunkt für gekommen halten, den Krieg gegen die eigene Bevölkerung zu beginnen: Terroranschläge innerhalb der kontinentalen Vereinigten Staaten mit binären Waffen und Entfernen wichtiger Infrastruktur (Seite 93 in diesem Dokument, s. Abbildung 1). Sie werden *„in großer Aufmachung zur Hauptsendezeit (CNN)"* Bilder über die *"Gefangennahme und Folter"* von Amerikanern verbreiten und dabei das **"CNN-**

[‡‡] siehe Abschnitt " Covid 19 – eine Biowaffe?" im Teil 2 dieser Buchreihe: „2025 Das Endspiel *oder* Der Putsch von oben". Auch die 1. Auflage zu diesem Teil 2 war noch vor der „Pandemie"-Ausrufung durch die WHO erschienen: 10/2019.

[§§] *"The individual is handicapped, by coming face-to-face, with a conspiracy so monstrous, he cannot believe it exists. The American mind, simply has not come to a realization of the evil, which has been introduced into our midst . . . It rejects even the assumption that human creatures could espouse a philosophy, which must ultimately destroy all that is good and decent."*

Syndrom[***] ausnutzen. Sie werden EMP (elektromagnetischer Puls) benutzen; sie werden Frequenzstrahlen (Strahlenwaffen, Seite 45 im Dokument) auf unsere Gehirne richten, um uns psychisch zu beeinflussen (*"Psywar"*[†††]); sie werden Mikrostaub (Nanopartikel), fein verteilt und verbreitet als Aerosol-Spray in unserer Athmosphäre verbreiten, der, durch das normale Atmen in die Lunge gelangt, sich in das Lungengewebe einlagert und pathologische Veränderungen verursachen wird. Durch den Einsatz dieser Waffen erfahren die Leute *"alle Arten von gesundheitlichen Beschwerden. In der Regel beginnt es mit Ohrensausen, Herzrasen, Hautausschlägen, Schlaflosigkeit, und, was sie tun, ist, unser Immunsystem mit diesen Störfrequenzen beeinträchtigen ... Sie gestehen, dass es unsere Leistung beeinträchtigen wird, dass es Anfälle verursachen wird ... sie bestätigen dies in diesem Dokument (*„Future Strategic Issues/Future Warfare"*), ... dass Menschen krank werden, das ist das Ziel, es ist das absolute Ziel, es ist Einkerkerung, es ist Versklavung, es ist Entvölkerung, und es ist massive Gedankenkontrolle. "*

Die Feststellung der Whistleblowerin, dass aus dem Dokument *„Future Strategic Issues/Future Warfare"* folgt, dass es das erklärte Ziel der Eliten ist, die Menschen krank zu machen, *"das ist das Ziel, es ist das absolute Ziel"*, ist genau das, was Weizsäcker im Punkt 10 (Zitat zu Beginn dieses Abschnittes) seiner Warnungen vorausgesagt hatte.

Kann man das glauben, was die Whistleblowerin aus diesem NASA-Dokument herausgelesen hat? Zumindest steht es so in diesem Dokument. Das bedeutet, dass die NASA Teil dieser „Verschwörung" gegen die Menschheit ist. Natürlich kann man sich fragen: Wie kann es sein, dass die Eliten ihren Plan so offen darlegen und ins Internet stellen, wodurch die Menschheit doch gewarnt sein könnte und Gelegenheit bekäme, sich dagegen rechtzeitig zu wehren? Das scheint doch eher ungewöhnlich und riecht nach Fake? Dagegen gibt es ein Argument: Die Elite ist sich ihrer Sache so sicher und geht davon aus, dass nur wenige Menschen das zur

---

[***] **"CNN-Syndrom"** bezieht sich auf das Propaganda-Netzwerk, die Nachrichten-Netzwerk-Propaganda-Maschine, das von der CIA eingerichtet worden ist.
[†††] Psychologische Kriegsführung

Kenntnis nehmen werden, und denen, die versuchen, ihre Mitmenschen darüber zu informieren, nicht geglaubt wird, schlimmer noch, als „Verschwörungstheoretiker" hingestellt werden. Hinzu kommt der Einfluss der öffentlichen Medien, die die Meinung der Bevölkerung wesentlich beeinflussen und solche Erkenntnisse ignorieren, nicht verbreiten. Auch in Kommentaren zu Berichten über dieses Dokument findet man gelegentlich Meinunungen, die die Seriosität dieses Dokuments anzweifeln. Interessant ist in diesem Zusammenhang auch, dass dieses Dokument im Nachhinein als Fälschung hingestellt worden ist, um dieses und dessen Inhalt als unglaubwürdig erscheinen zu lassen.[13,14] Jedoch, auf https://archive.org/details/FutureStrategicIssuesFutureWarfareCirc a2025/page/n0 kann man die Entstehungsgeschichte dieses Dokumentes nachverfolgen, woraus auch hervorgeht, dass dieses Dokument als PowerPoint-Vortrag auf der *"The 4th Annual Testing and Training for Readiness Symposium & Exhibition: Emerging Challenges, Opportunities and Requirements, 13-16 August 2001"* vorgetragen worden ist.

Ein anderes Argument zweifelt zwar nicht die Glaubwürdigkeit dieses Dokumentes an, wohl aber seine Interpretation und Auslegung. Vertreter dieses Argumentes stellen Ziel und Inhalt so dar, dass im Dokument hypothetische Betrachtungen angestellt worden seien, Bedrohungen, die vom international agierenden Terrorismus ausgehen, zu erkennen, zu diskutieren und geeignete Gegenstrategien zu entwickeln.[15] Jedoch, angesichts der kriegerischen Ereignisse nach 9/11, insbesondere herbeigeführt durch die USA und ihrer Verbündeten, zum Beispiel der herbeigelogene Irakkrieg, die Bombardierung Libyens, die Unterstützung des IS, suggerieren einen zugrundeliegenden Plan, so dass man gut beraten ist, dieses Dokument als eine ernstezunehmende Drohung aufzufassen.

Und was hat das alles mit uns zu tun? Hier in Deutschland? Sehr viel: Der erste Grund ist: wir werden hier in Deutschland seit 2003 in regelmäßigen Abständen aus der Luft mit giftigen Substanzen besprüht, die nicht nur unsere Gesundheit untergraben, sondern uns auch mit einer „Zeitbombe" versehen haben, die sich nun ständig in unseren Körpern befindet. Der häufig gebrauchte Begriff dafür ist „Chemtrails" (Ein Beispiel für einen „Chemtrail"-Himmel ist auf ersten Innenseite dieses Buches abgebildet). Das Thema „Chemtrails", genauer, die Behauptung, Flugzeuge würden regelmäßig riesige Mengen giftiger Substanzen über unseren Köpfen versprühen, wird heute oft als „Verschwörungstheorie" abgetan. Jedoch, es gibt inzwischen zahlreiche Belege dafür, dass Chemtrails real sind (s. Anhang 3). Sogar in einzelnen Beiträgen der öffentlichen Medien ist dies bereits bestätigt worden.[16,17,18]

Der zweite Grund, warum uns das in Deutschland interessieren muss, ist die Tatsache, dass Deutschland nicht souverän und noch immer abhängig von den USA ist; es gilt noch immer vollumfänglich das Besatzungsrecht als oberste Gesetzgebung[19] in Deutschland, d.h. was die USA für Deutschland beschließen, wird auch durchgesetzt. In diesem Zusammenhang sei noch einmal an das Statement von Wolfgang Schäuble erinnert, das er auf dem European Banking Congress in Frankfurt a.M, am 18.11. 2011 öffentlich gesagt hatte:[20] *„Und wir in Deutschland sind seit dem 8.Mai 1945 zu keinem Zeitpunkt mehr voll souverän gewesen."* Damit hat das Dokument „Future Strategic Issues/Future Warfare [Circa 2025]" auch für uns in Deutschland Relevanz. Denn die hinter diesem Domument stehenden Kräfte sind dieselben Kräfte - nennen wir sie Elite oder Tiefer Staat[‡‡‡] -, die auch die Globalisierung aktiv vorantreiben und eine Neue Weltordnung (NWO) anstreben. Die Globalisierung, strategisch durch sie geplant und gesteuert, strebt die beschleunigte Errichtung der NWO an, eine Herrschaftsform des „unkontrollierten Kapitalismus"[21], gekennzeichnet durch den freien Transfer von Waren, Kapital und Arbeitskraft sowie die totale Kontrolle aller Menschen.

In diesem Dokument (Abbildung 1) ist also der Plan beschrieben, wie der Übergang vom schleichenden Prozess der Globalisierung zur globalen Machtübernahme durch die Elite erfolgen soll. Damit dieser Plan funktioniert und der zu erwartende Widerstand durch die Bevölkerungen den Plan nicht gefährdet, braucht die Elite die „richtige allumfassende Krise"[§§§]. Die Zahl „2025" steht als Syno-

---

[‡‡‡] Wer oder was ist die Elite und der "Tiefe Staat", siehe Anhang 4.
[§§§] *„Wir stehen am Rande einer weltweiten Umbildung, alles was wir brauchen, ist die richtige allumfassende Krise und die Nationen werden in die neue Weltordnung einwilligen."* (David Rockefeller)

nym für den Tag X, an dem die Machtübernahme erfolgen soll. Und diese Machtübernahme wird zeitgleich auch in Deutschland, den anderen EU-Ländern sowie der westlichen Welt erfolgen. Damit das funktioniert, werden seit etwa 1990 die Rahmenbedingen auch in Deutschland und der EU für einen solchen Übergang geschaffen. Die Herbeiführung der „richtigen allumfassenden Krise" erfolgt gegenwärtig auf verschiedenen Ebenen gleichzeitig:

- Kriege zur Unterwerfung von Staaten und deren Aufspaltung, dadurch
- Erzeugung von millionenfachen Flüchtlingsströmen und Lenkung dieser in Richtung Europa,
- Zerstörung der europäischen Nationalstaaten,
- Genozid deren Völker durch unbegrenzte Migration,
- „Kampf gegen den Terror",
- Manipulation und Gehirnwäsche,
- Verwirren der Menschen und Erzeugen von Angst,
- Zerstörung der Familie und Schaffung des „Gender"-Menschen (Stichwort „Gender mainstreaming"),
- Schaffung neuer Gesetze zur allumfassenden Überwachung, Einschränkung der Meinungsfreiheit und Unterdrückung von Widerstandsbewegungen,
- systematische Untergrabung der Gesundheit der Menschen.
- Schaffung von Konfliktpotentialen in den Ländern durch eine tiefe Spaltung in der Bevölkerung (Rechts gegen Links, Patrioten gegen „Gutmenschen", Einheimische gegen Migranten, Muslime gegen Christen und Juden, Impfbefürworter gegen Impfgegner, Verschwörungstheoretiker gegen Mainstreamgläubige, arm gegen reich)

(Details dazu in den folgenden Kapiteln). Ein zentrales Projekt bei der Zerstörung der Nationalstaaten ist die millionenfache Migration kulturfremder Menschen nach Europa, um ein riesiges Konfliktpotential aufzubauen und dadurch die Länder zu destabilisieren. Dabei hat die UNO eine Schlüsselfunktion inne. Unter deren Regie einigten sich die Mitgliedsstaaten am 14. Juli 2018 auf ein Papier, das die globale Migration regeln soll, ein optimales Timing, damit es von der Weltöffentlichkeit nicht wahrgenommen wird.

Denn am Folgetag, am 15. Juli 2018, fand in Russland das End-spiel zur Fußballweltmeisterschaft statt, so dass kaum jemand von diesem Papier Kenntnis nahm. Dieses Papier, kurz „UN-Migrationspakt", ist ein Vertrag, der die grenzenlose Migration zum Ziel hat. Dieser verpflichtet uns zu:[22]

- Offenen Grenzen für 244 Millionen**** Migranten,[23]
- freien Zugang zum Sozialsystem für alle Migranten,
- positive Berichterstattung über Migration.
- kritische Medien zu definanzieren,
- Kritiker und Intolerante zu kriminalisieren und strafrecht-lich zu verfolgen.

Bereits 2001 wurde in der UN-Studie „Bestandserhaltungsmigration (Abteilung Bevölkerungsfragen - Vereinte Nationen)"[24] berechnet, wieviel Zuwanderung nach Deutschland bis zum Jahre 2050 notwendig sei, um *„die Bevölkerung im erwerbsfähigen Alter (15 bis 64 Jahre) konstant zu halten ... So läge beispielsweise in Deutschland die Gesamtzahl der Einwanderer nach Szenario IV bei 24 Millionen (bzw. 487.000 pro Jahr) gegenüber 17 Millionen (bzw. 344.000 pro Jahr) nach Szenario III."* Eine spätere EU-Studie[25] aus dem Jahre 2010 prognostizierte, wieviele Migranten die einzelnen EU-Staaten verkraften könnten: Für Deutschland wird eine Gesamteinwohnerzahl von 274 Millionen angegeben. Das entspricht einem Zuwachs von 192 Millionen Einwohnern. Für die anderen EU-Staaten werden ähnliche Zahlen angegeben (s. Tabelle 1, vierte bzw. fünfte Zahlenspalte). Erstellt wurde diese Studie im Rahmen eines Dienstleistungsvertrags des Europäischen Flüchtlingsfonds unter Mitarbeit von durch die EU beauftragte Beratungsunternehmen wie etwa Eurasylum Limited.[26] Für die EU ergibt sich entsprechend dieser Studie eine mögliche Gesamteinwohnerzahl von 3,8 Milliarden. Zum Vergleich: heute beträgt die Gesamteinwohnerzahl in der EU etwa 0,5 Milliarden. (2. Zahlenspalte, letzte Zeile).

**** *„Aus Marokko, dem Gastgeberland der Regierungskonferenz zur Annahme des Global Compakt verlautete es wörtlich: Die Augen von 244 Millionen internationaler Migranten werden auf uns gerichtet sein in dieser Woche."*

Die UN-Studie von 2001, die EU-Studie von 2010, die deutsche Grenzöffnung im September 2015 und nun der UN-Migrationspakt von 2018 kristallisieren sich als Meilensteine eines Prozesses heraus, der dazu angelegt ist, die Ureinwohner in den europäischen Ländern zu Minderheiten in ihren eigenen Ländern zu machen. Damit wird ein gewaltiges Konfliktpotential aufgebaut, das in letzter Konsequenz zur Zerstörung der Nationalstaaten führen wird.

	Total area EU-27 (km2)	Population EU-27 (1.1.2008 Eurostat)	Density	Population capacity calculated at density threshold	Adjusted: positive capacities only	Density distribution
Austria	83,870	8,282,984	98.76	75,587,016	75,587,016	2.0%
Belgium	30,528	10,584,534	346.72	19,943,466	19,943,466	0.5%
Bulgaria	111,910	7,679,290	68.62	104,230,710	104,230,710	2.7%
Cyprus	9,250	778,684	84.18	8,471,316	8,471,316	0.2%
Czech Republic	78,866	10,287,189	130.44	68,578,811	68,578,811	1.8%
Denmark	43,094	5,447,084	126.40	37,646,916	37,646,916	1.0%
Estonia	45,000	1,342,409	29.83	43,657,591	43,657,591	1.1%
Finland	338,000	5,276,955	15.61	332,723,045	332,723,045	8.7%
France	550,000	63,623,209	115.68	486,376,791	486,376,791	12.7%
Germany	356,854	82,314,906	230.67	274,539,094	274,539,094	7.2%
Greece	131,957	11,171,740	84.66	120,785,260	120,785,260	3.2%
Hungary	93,000	10,066,158	108.24	82,933,842	82,933,842	2.2%
Ireland	70,000	4,312,526	61.61	65,687,474	65,687,474	1.7%
Italy	301,263	59,131,287	196.28	242,131,713	242,131,713	6.3%
Latvia	65,000	2,281,305	35.10	62,718,695	62,718,695	1.6%
Lithuania	65,000	3,384,879	52.08	61,615,121	61,615,121	1.6%
Luxembourg (Grand-Duché)	2,586	476,187	184.14	2,109,813	2,109,813	0.1%
Malta	316	407,810	1290.54	-91,810	0	0.0%
Netherlands	41,526	16,357,992	393.92	25,168,008	25,168,008	0.7%
Poland	312,697	38,125,479	121.92	274,571,521	274,571,521	7.2%
Portugal	92,072	10,599,095	115.12	81,472,905	81,472,905	2.1%
Romania	237,500	21,565,119	90.80	215,934,881	215,934,881	5.6%
Slovakia	48,845	5,393,637	110.42	43,451,363	43,451,363	1.1%
Slovenia	20,273	2,010,377	99.17	18,262,623	18,262,623	0.5%
Spain	504,782	44,474,631	88.11	460,307,369	460,307,369	12.0%
Sweden	449,964	9,113,257	20.25	440,850,743	440,850,743	11.5%
United Kingdom	244,820	60,781,352	248.27	184,038,648	184,038,648	4.8%
EU-27	4,328,973	495,270,075	114.41	3,833,702,925	3,833,794,735	100.0%

Tabelle 1. Kopie aus der EU-Studie[27] „STUDY ON THE FEASIBILITY OF ESTABLISHING A MECHANISM FOR THE RELOCATION OF BENEFICIARIES OF INTERNATIONAL PROTECTION; JLX/2009/ERFX/PR/1005", Seite 112 (1-16): Laut dieser EU-Studie sei in Deutschland eine Gesamteinwohnerzahl von 274 Millionen verkraftbar (vierte bzw. fünfte Zahlenspalte).

Im Vorfeld der Ratifizierung des UN-Migrationspaktes am 11.12.2018 wurde durch die öffentlichen Medien lange Zeit nicht über ihn berichtet; er wurde totgeschwiegen. Eine Debatte darüber schien nicht erwünscht. Eine Diskussion im Bundestag wurde erst durch die AfD erzwungen; sie fand am 8.11.2018 statt, in der sie auf die Gefahren dieses Paktes hinwies, während die meisten Politiker der Altparteien darauf verwiesen, dass dieser Pakt rechtlich nicht bindend sei und Vorteile für Deutschland bringen würde. Die Petition an die Deutsche Regierung, den UN-Migrationspakt nicht zu unterzeichnen, wurde vom Petitionausschuss des Bundestages abgelehnt und von dessen Internetseite entfernt.[28] *„Insgesamt 19 Petitionen, eingereicht von Bürgern bezüglich des Paktes wurden vom Bundestag einfach wegzensiert (die Debatte wurde als Gefahr für den 'interkulturellen Dialog' bezeichnet), niemand sollte davon erfahren.“* [29,††††] Nach einer weiteren Quelle waren es am 28. 11. 2018, also zwei Wochen später, 21 Petitionen gegen den Migrationspakt, die auf der Seite des Bundestages nicht veröffentlicht worden sind.[30] Am 9.12. 2018, also ein Tag vor „Marrakesch“ waren es insgesamt 56 Petitionen gegen diesen Pakt.[31]

Erst nachdem sich im Netz die Informationen über den Pakt immer mehr verbreiteten und immer mehr kritische Stimmen dazu laut wurden, gingen die öffentlichen Medien vom medialen Totschweigen zum Gegenangriff über, indem man versuchte, die Kritiker zu widerlegen oder ihnen Fälschung bzw. falsche Interpretation zu unterstellen. So veröffentlichte BILD.de am 7. November 2018 einen Artikel unter der Überschrift *"Verschwörungstheorien im Internet - Die Wahrheit über den UN-Migrationspakt - Wie Netz-Aktivisten das UN-Abkommen bekämpfen – und wo sie einfach lügen ... Derartige Verschwörungstheorien kursieren seit Monaten im Internet. Die AfD behauptet sogar, der Pakt solle 'mehrere Millionen Menschen nach Europa und Deutschland umsiedeln'. Stimmt das? NEIN!"*[32], so der Wortlaut auf BILD.de. Das Auswärtige Amt teilte mit, dass es *„Falschmeldungen über den Migrati-*

---

†††† Am 15.11.18 war dieses zitierte Video bereits nicht mehr aufrufbar, Begründung: *„... Dieses Video enthält Inhalte die möglicherweise für bestimmte Zuschauer ungeeignet sind oder von diesen als anstößig empfunden werden.“* Dasselbe Video tauchte dann wieder unter einem anderen Link auf: https://www.youtube.com/watch?v=5QelxdN9m2o (s. Kapitel 2.9).

onspakt ... bekämpfen will."[33] Die Befürworter des Migrationspaktes und die Medien, BILD, Welt, DER SPIEGEL, Tagesschau, verweisen darauf, dass der Migrationspakt rechtlich nicht bindend sei. Sie alle sagen das gleiche*: „**Er ist unverbindlich**. Deshalb müssen wir uns keine Sorgen machen. Doch es stellt sich selbstverständlich die Frage: WARUM EINEN VERTRAG UNTERSCHREIBEN, WENN MAN SICH NICHT DARAN HÄLT? Wozu gibt es dann dieses Abkommen?"*[34] Die Behauptung *„**Er ist unverbindlich**"*, ist eine klare Irreführung der Menschen. Denn in einer Stellungnahme der Schweizer NGO „Global Forum on Migration and Development" (GFMD), die maßgeblich an der Ausarbeitung des Migrationspakts mitgewirkt hat, heißt es: *„Der Marrakesch-Gipfel bietet eine bedeutungsvolle Gelegenheit für die globale Migrationsgemeinschaft, um die Zukunftsperspektiven für die GFMD mit ihrer verbesserten Rolle zu reflektieren und um (den Weg) zu bereiten für die Annahme des allerersten Globalen Abkommens für Migration, welches allgemeine Prinzipien und **einklagbare Verbindlichkeiten** darlegt, um ein effektiveres Management von Migration sicherzustellen."*[35] Also doch **einklagbar**, das heißt rechtlich bindend.

Dazu der folgende Kommentar des Schweizer Rechtswissenschaftlers Hans-Ueli Vogt in einem Interview über den Migrationspakt:[36] *„Von der formellen rechtlichen Unverbindlichkeit, also dem Charakter als Soft Law, darf man sich auf keinen Fall täuschen lassen. Der Migrationspakt enthält einen ganzen Abschnitt über seine **Umsetzung**. Dort steht, dass die Staaten sich **verpflichten**, die Ziele und Bekenntnisse des Paktes zu erfüllen. Ein zu diesem Zweck eingerichtetes Forum **prüft regelmäßig**, welche Fortschritte die Staaten bei der Umsetzung machen. Die Staaten selber müssen Berichte dazu verfassen. Weiter soll der UNO-Generalsekretär der UNO-Generalversammlung alle zwei Jahre über die Umsetzung des Migrationspaktes Bericht erstatten. So funktioniert die Durchsetzung von Soft Law – formelle rechtliche Verbindlichkeit braucht es dafür nicht."*

„Zu diesem Urteil kommt auch der Bonner Völkerrechtler Matthias Herdegen: Man müsse 'ganz klar sehen, dass auch solche Dokumente als sogenanntes weiches Recht, Soft Law, die Auslegung und

Fortentwicklung des geltenden Rechts der verbindlichen Normen mitsteuern und damit natürlich auch am Ende rechtliche Wirkungen bekommen.'"[37]

Wenn die in Tabelle 1 zitierten Zahlen je Realität werden würden, gehörten dann nur noch weniger als 13 % der Gesamteinwohnerzahl zur autochthonen Bevölkerung. Dies würde in Europa zu totalem Chaos führen, während die afrikanischen Staaten einen Teil ihres Humankapitals, vor allem junge Menschen, verlieren, weil die meisten Migranten aus Afrika stammen und nach Europa strömen werden, und die in aller Regel jünger als 40 Jahre alt sein werden. Das würde in Europa zur allumfassenden Krise führen, auf deren Trümmern beabsichtigt ist, die NWO zu errichten. So jedenfalls die Vorstellung des Multimilliardärs David Rockefeller, der sagte: ***„Wir stehen am Rande einer weltweiten Umbildung, alles was wir brauchen, ist die richtige allumfassende Krise und die Nationen werden in die neue Weltordnung einwilligen.*** "[38]

In diesem UN-Migrationspakt *„...wird die Migration als 'Chance' und unausweichliches Schicksal für die Völker dargestellt. Der Pakt spricht explizit nicht von "Flüchtlingen", sondern von ca. '250 Millionen Migranten', die es derzeit global gebe und denen die Tür sperrangelweit aufgemacht werden soll. ... Parallel verpflichten sich aber die Länder, alle 'intoleranten' Kritiker der Masseneinwanderung und ihre 'Hassreden' strafrechtlich zu verfolgen, oder finanziell auszutrocknen.* "[39] Das heißt, nicht nur die Einwanderung von bis zu 250 Millionen Einwanderern in die europäischen Gesellschaften wird hierdurch Tür und Tor geöffnet, sondern jegliche Kritik daran unterbunden.[40] *„Es ist nicht weniger als der Versuch, jeden Widerstand der einheimischen Bevölkerung zu dämonsieren und zu verhindern gegen ein Projekt, das unsere (europäischen) Völker bereits zu MINDERHEITEN in ihren EIGENEN HEIMATLÄNDERN gemacht hat! ... Dies ist ein VÖLKERMORD-Projekt.* "[41] Das sagte der EU-Abgeordnete Nick Griffin von der „British National Party" schon 2013 in einer Debatte im EU-Parlament. Er hat schon damals klar erkannt, wohin die Reise geht.

Die Antwort auf die Frage im Bundestag, „...ob die Bundesregierung diesen Pakt unterschreiben wird? Wir werden zur Minderheit im eigenen Land werden; und wenn ja, erklären Sie uns bitte, warum Sie unterschreiben werden" lautete: „... *Aber selbstverständlich ist auch eine Option, in einem **sehr, sehr kleinen Umfang** auch Geflüchtete aufzunehmen, wie das im Übrigen auch andere Staaten tun. Aber ich kann Ihnen versichern, dass wir hier über Zahlen sprechen, die bei weitem nicht dem entsprechen, was die Bundesrepublik derzeit an Einwohnerinnen und Einwohnern hat.* "[42] Diese Antwort, die stellvertretend für die Bundesregierung der Staatsminister im Auswärtigen Amt, Michael Roth, im Bundestag gegeben hat, war keinesfalls eine Antwort auf die Frage, „ob die Bundesregierung diesen Pakt unterschreiben wird?" Sie war obendrein eine dreiste Täuschung![‡‡‡‡] Denn schon 2016 hatte unsere Regierung festgestellt, dass bis 2020 *„3,6 Millionen Flüchtlinge"* nach Deutschland kommen werden.[43] Und wenn man die Zahlen, die Eurostat[44] für die zu erwartende Zuwanderung veröffentlicht hat, zugrunde legt, dann wird im Jahre 2030 der Migrantenanteil in Deutschland bei mehr als 5,5 Millionen liegen, die hohen Geburtenraten der Zugewanderten noch nicht eingerechnet. Da kann man gewiss nicht von *„einem **sehr, sehr kleinen Umfang"*** sprechen. Und nicht zu vergessen, dass seit September 2015 pro Monat (!) im Durchschnitt 30 Tausend Zuwanderer über die offenen Grenzen nach Deutschland strömen, und ein Teil von ihnen, weitestgehend unbemerkt von der Öffentlichkeit, nach Deutschland eingeflogen[45,46] wird.

Diese bisher staatlich geförderte illegale Zuwanderung bekommt nach dem Inkrafttreten des UN-Migrationspaktes den Stempel „Legalität", was bisher aus rechtlicher Sicht „Illegalität" war. Diese Legalisierung wird ganz sicher zu einem weiteren Anstieg der Zuwanderung führen. In seiner Antwort spricht der Regierungsvertreter von **Geflüchteten**, während es bei dem UN-Migrationspakt eindeutig um **Migranten** geht, nicht um Geflüchtete. Und auch die klare Ansage, dass die Zahl der Neuansiedlungen deutlich unter der

---

[‡‡‡‡]Täuschen ist nach der Haager Landkriegsordnung erlaubt. Denn Deutschland befindet sich noch immer im Kriegszustand. Der 2.Weltkrieg ist noch nicht beendet, da es noch immer keinen Friedensvertrag mit Deutschland gibt.

jetzigen Einwohnerzahl der BRD bleiben wird, ist eine Verharmlosung und stellt eine Irreführung der Bevölkerung dar. Denn die meisten der Migranten werden nach Deutschland streben, da Deutschland die mit Abstand höchsten Sozialhilfestandards weltweit hat und deshalb wie ein Magnet auf die Umsiedlungswilligen dieser Erde wirkt. (Eine grobe zahlenmäßige Abschätzung der Migration nach Deutschland für das kommende Jahrzehnt erfolgt in Kapitel 4, Abschnitt „Neubesiedlung Deutschlands")

An dieser Stelle sei noch vermerkt, dass bei der Ausarbeitung des UN-Migrationspaktes die deutsche Bundesregierung federführend war. So konnte man am 25.11.2018 auf welt.de lesen:[47] *„Deutschland war offenbar viel stärker an der Ausarbeitung des UN-Paktes beteiligt, als das Kanzleramt bisher zugegeben hat. ... Recherchen der WELT AM SONNTAG ergaben, dass Deutschland an der Ausarbeitung sowohl des UN-Migrationspaktes als auch des Flüchtlingspaktes der Vereinten Nationen weit stärker beteiligt war, als das Kanzleramt bisher eingeräumt hat. Die Bundesregierung habe dazu ihre Zusammenarbeit mit den zuständigen UN-Organisationen 'weiter intensiviert', heißt es in einem Dokument des Auswärtigen Amtes. "*

Es soll auch noch einmal daran erinnert werden, dass es das Ziel der Eliten ist, die Nationalstaaten aufzulösen und deren monokulturellen Demokratien zu ersetzen durch Multiethnische Bevölkerungs-„Komplomerate", wozu dieser UN-Migrationspakt ein ganz wesentlicher Schritt ist, der nach und nach Bestandteil geltenden Völkerrechts werden wird. So sagte der Politikwissenschaftlers Yascha Mounk am 20.2.2018 in einem Interview in den Tagesthemen der ARD: *„... dass wir hier ein historisch einzigartiges Experiment wagen - und zwar eine mono-ethnische, monokulturelle Demokratie in eine multi-ethnische zu verwandeln. Das kann klappen; es wird, glaube ich, auch klappen, aber dabei kommt es natürlich auch zu vielen Verwerfungen.*"[48,49]

Dieses als "historisch einzigartig" bezeichnete Experiment ist die praktische Umsetzung des **Coudenhove-Kalergi-Plan**s, der die Vermischung aller Völker zum Ziel hat. Sie ist eine der Voraussetzungen für die Errichtung einer Eine-Welt-Regierung, das Kernstück der Neuen Weltordnung (NWO), angestrebt von einer global agierenden Elite, dem Tiefen Staat, deren Macht sich insbesondere aus ihrem unermesslichen finanziellen Reichtum speist. Im Auftrag dieser Eliten erfolgt dieses Experiment der Rassenvermischung in Deutschland und Europa unter der Regie der deutschen Kanzlerin, Angela Merkel, die 2010 den Europapreis der **Coudenhove-Kalergi Stiftung** verliehen bekommen hat. In Deutschland wird sie unterstützt durch die Altparteien, Kirchen, Behörden, politischen Gremien, Bürgerinitiativen, Stiftungen, durch ein Netzwerk von NGO's (Nichtregierungsorganisationen) und durch eine in den letzten Jahren kontinuierlich gewachsene, milliardenschwere Flüchtlingsindustrie. Propagandistisch wird sie begleitet durch die öffentlichen Medien, die die Elite schon frühzeitig zu ihren Verbündeten gemacht hat. Angela Merkel, und in deren Auftrag das Kanzleramt, steuert die Berichterstattung in den Zeitungen und im TV[50,51,52] und beeinflusst so maßgebend die Meinungsbildung in der Bevölkerung. Nur so ist es zu erklären, dass die Altparteien, ähnlich wie in der ehemaligen DDR, immer wieder bei den Wahlen zu überwältigenden Mehrheiten gelangen, obwohl ja die Abschaffung Deutschlands nicht im Interesse der deutschen Bevölkerung liegen dürfte. Denn wenn der Coudenhove-Kalergi-Plan praktisch umgesetzt wird, dann werden die Deutschen nicht nur ihre Heimat verlieren, sondern auch ihre Freiheit und ihre nationale Identität. Sowohl die demokratischen Verhältnisse als auch die soziale Marktwirtschaft werden ersetzt werden durch eine Herrschaft der Banken und Konzerne. Diese These mutet an wie eine Verschwörungstheorie und muss bewiesen werden. Dazu dieses Buch.

Diejenigen, die sich diesem Bevölkerungsexperiment verweigern, Gruppierungen wie Pegida, BärGiDa, Bagida, Legida, Identitäre Bewegung, Ein-Prozent-Bewegung und die junge Partei AfD, sehen sich einem starken medialen Gegenwind ausgesetzt, Ausgrenzung und Hetze durch die öffentlichen Medien und Politiker der Altparteien. Aber nicht nur das, auch die Gesetzgebung wird diesem Ziel der ethnischen Durchmischung der europäischen Völker untergeordnet. Dies geschieht auf zwei parallel laufenden Schienen, einmal der Legalisierung und Förderung von Zuwanderung durch Millionen von Menschen aus Afrika und dem arabischen Raum, praktisch ein Umsiedlungsprogramm nach Europa, zum andern ein beispielloser Kampf gegen Kritiker dieser Politik durch parallel erlassene Gesetze, die die Kritiker zum Schweigen bringen sollen. In diesem Sinne enthält auch der UN-Migrationspakt Forderungen, Kritiker der Massenmigration zu kriminalisieren, diese als „Hassverbrecher" juristisch zu verfolgen. Das bedeutet in letzter Konsequenz, dass der AfD möglicherweise das Verbot droht, da sie als einzige wirkliche Oppositionspartei im Bundestag deutliche und laute Kritik an diesem Pakt übt. Die Gefahr eines Verbots der einzigen wirklichen Oppsitionspartei im Bundestag ist ganz real geworden, nachdem die AfD Ende Januar 2019 durch das Bundesamt für Verfassungsschutz (BfV) als Prüffall eingestuft worden ist.

Ursächlich für die „Verwerfungen", die wir gegenwärtig in der Welt erleben, ist das Schuldgeldsystem (Kapitel 4, Abschnitt „Geldpolitik"). Die Eliten, die Politik und die Mainstreammedien aktivieren immer stärker alle Kräfte, um die Globalisierung voranzutreiben. Dabei werden sie auch getrieben von den Auswüchsen des Schuldgeldsystems und dem drohenden Finanzcrash, der schon seit Jahren von Experten vorhergesagt wird. Bei dem Prozess der Globalisierung wird die Vermischung und Zerstörung über Jahrtausende gewachsener Kulturen und Nationen in Kauf genommen, sogar bewusst forciert und eine Politik betrieben, die schlussendlich zur Vergesellschaftung der Schulden führen wird, indem die Bevölkerungen, die einfachen Menschen, die Kosten tragen werden. Damit dies sichergestellt ist und ganz im Interesse der Eliten abläuft, wurde für die EU das ESM-Vertragswerk (Kapitel 3, „ESM-Vertrag") geschaffen und die Bargeldabschaffung (Kapitel 5, Abschnitt „Einführung des RFID-Chips und Bargeldabschaffung") auf dem Bilderberger-Treffen im Juni 2016 in Dresden beschlossen,[53] beides zentrale Bausteine auf dem Weg zur NWO.
Dem beschleunigten Wachstum der Schulden auf der einen Seite steht auf der anderen Seite ein beschleunigtes Wachstum der Gewinne der Kreditgeber gegenüber; das ist dem Schuldgeldsystem immanent. Im herrschenden Schuldgeldsystem ist es niemals möglich, dass alle Schulden in Summe getilgt werden können. Stattdessen wachsen sie exponentiell, eine Folge des Zinseszins, das heißt, sie wachsen mit fortschreitender Zeit immer schneller. Die angestrebte NWO soll diesem, für die Volkswirtschaften so gefährli-

chen Schuldenwachstum wirksam begegnen. Das ist aber nur *ein* Ziel der Finanzeliten. Denn NWO bedeutet gleichzeitig die Weltherrschaft der Banken und Konzerne über die Völker. Einer der NWO-Befürworter, David Rockefeller (US Milliardär), drückte das auf dem Bilderberger Treffen in Baden-Baden 1991 so aus:[54] *„Die supranationale Souveränität von Welt-Bankern und einer intellektuellen Elite ist sicher der nationalen Selbstbestimmung, welche in den letzten Jahrhunderten praktiziert wurde, vorzuziehen."*

Was die NWO praktisch für die Menschen bedeutet, wird erst sichtbar werden, wenn dieses Bevölkerungsexperiment in seine Endphase eingetreten sein wird. In einem Youtube-Video[55] wird erklärt, was NWO in Wirklichkeit bedeutet.

- Abschaffung der Demokratie,
- Sozialleistungen wird es nicht mehr geben.
- Die entwurzelten Menschen werden sich dem diktatorischen System der Bankenherrschaft unterwerfen und als Arbeitssklaven zu Billigstlöhnen ihren Lebensunterhalt verdienen müssen.
- kein Privatbesitz (Grund und Boden, eigenes Haus),
- totale Überwachung, realisiert u.a. durch Abschaffung des Bargelds,
- die Übergangsphase einer multikulturellen Gesellschaft endet in einer Monokultur, eine Mischgesellschaft, wo die Menschen das Zugehörigkeitsgefühl für ihre Nation verloren haben.
- Zur Personenidentifikation erhält jeder einen Mikrochip unter die Haut implantiert
- Drastische Reduzierung der Weltbevölkerung
- Zur Verhinderung von Bürgerkriegen gegen die Elite erschafft sich die Elite eine Weltarmee, z.B. in Deutschland schwarzafrikanische Soldaten, in Australien türkische Soldaten usw., wie die Blauhelme heute.

Bei dem in der oben angegebenen Quelle aufgezeichneten Interview kann es sich möglicherweise um einen "Hoax" handeln, also eine Fälschung. Ich habe es trotzdem zitiert, weil es in wesentlichen Punkten mit den Zielen des „Komitees der 300" übereinstimmt (s. Anhang 1) und auch mit den Einschätzungen Carl Friedrich von Weizsäcker, der in seinem Buch "Der bedrohte Friede -

heute"[56] die Entwicklung der Welt nach dem Zusammenbruch der Sowjetunion vorausgesagt hat. (s. Anhang 2).

Viele Gesetze, die in den vergangenen Jahren geschaffen wurden, sind begründet worden mit dem Kampf gegen den Terror, dienen aber letztlich der Vorbereitung und dem reibungslosen Ablauf des Prozesses des Überleitens in die NWO. Sie dienen hauptsächlich dem Zweck, Widerstandsbewegungen gegen diesen Prozess beherrschen und deren Aktivisten, gesetzlich abgesichert, aus dem Verkehr ziehen zu können. Diese neuen Gesetze gehen einher mit einem Demokratieabbau noch nie dagewesenen Ausmaßes. Dass dies ohne großen Widerstand vonseiten der Bevölkerung hingenommen wird, ist eine Folge der über Jahrzehnte anhaltenden Indoktrination, die nach modernsten psycholigischen Erkenntnissen, die von Psychologen und Politikwissenschaftlern ausgarbeitet und immer weiter verfeinert worden sind, abläuft, finanziert durch die superreichen Eliten, flankiert und organisiert in sogenannten Think-Tanks. Diese Indoktrinationsmechanismen sind inzwischen derart ausgefeilt worden, dass die Bevölkerung diese Meinungsmanipulation als solche nicht mehr wahrnimmt. Die Meinungsmanipulation wird im Wesentlichen durch die öffentlichen Medien betrieben und verfolgt die Absicht, die Ziele der Elite entweder in positivem Licht darzustellen oder aber zu verschleiern, abzulenken und zu verwirren. Das geschieht durch gezielte Auswahl der in TV und Printmedien gebrachten Nachrichten und den gleichzeitig mitgelieferten Sichtweisen der Eliten, desweiteren durch Überflutung mit unwesentlichen Informationen und einer Art Fragmentierung, die es unmöglich macht, Zusammenhänge zu erkennen. Das Ergebnis ist Lethargie, Apathie, Interesselosigkeit und Verwirrung in weiten Teilen der Bevölkerung. Die Menschen sind kaum mehr in der Lage, größere Zusammenhänge in den politischen Abläufen zu erkennen. In großen Teilen der Bevölkerung herrscht absolutes politisches Desinteresse und Ignoranz. *„Trotz der nicht mehr zu ignorierenden Faktenlage (Eurokrise, Einwanderung, Ausländerkriminalität, Islamisierung, Muselterror, jahrelanger progressiver Rechtsbruch der Regierung usw.) kaum Interesse an Politik, absolute Gleichgültigkeit den immer katastrophaler werdenden Zuständen gegenüber. Weil einfach noch nicht genug Leidensdruck da* *ist.... Der Leidensdruck kommt jedoch erst, wenn das Kind längst in den Brunnen gefallen ist und die Kacke so richtig am Dampfen ist.* "[57] Das Nicht-mehr-über-Zusammenhänge-nachdenken bei vielen Bürgern hat zu einer tiefen Spaltung in der Bevölkerung geführt. Auf der einen Seite der größere Teil der Bevölkerung, der die vorgefertigten Meinungen, die vom Mainstream über TV und die Printmedien verbreitet werden, übernommen hat, auf der anderen Seite, diejenigen Bürger, die sich ihre kritische Sichtweise durch den Medieneinfluß noch nicht haben abtrainieren lassen. Die Erstgenannten sind praktisch die Unterstützer des Systems, zum einen bei Wahlen, zum andern auf der Straße bei Demonstrationen, wo dann nicht mehr hinterfragte Slogans auf Plakaten mitgeführt werden oder stundenlang und ohne Unterbrechung vorgefertigte Parolen hinausgeschrieen werden wie: „Deutschland ist bunt", „AfD böse", „Islam gut", „Putin böse" und so weiter.

Das, was wir gegenwärtig in der Politik und der Medienbeeinflussung der Massen erleben, ist charakteristisch für einen Neoliberalismus, wie er sich seit einigen Jahrzehnten in den westlichen Demokratien immer mehr Raum geschaffen hat. Der Neoliberalismus ist eine Herrschafftsform der Eliten, denen das Wort Demokratie als Feigenblatt dient. In Wirklichkeit betreiben die Eliten eine Umverteilung von „unten" nach „oben", wozu ihnen das Feigenblatt „Demokratie" sehr nützlich ist. Wir leben nicht mehr in einer Demokratie, wo das Volk, der „Souverän", bestimmt, was im Land geschieht. Wir leben in einer sogenannten „Repräsentativen Demokratie", in der der Neoliberalismus die Regeln bestimmt. Für die Repräsentative Demokratie gilt die Maxime: *„Wer das Land besitzt, der soll es auch regieren - Repräsentative Demokratie als Mittel der Demokratievermeidung"*, so eine Kapitelüberschrift in dem Buch[58] „Warum schweigen die Lämmer" von dem Kognitionsforscher Rainer Mausfeld.[§§§§] *„Der Neoliberalismus ist, will er auf den demokratischen Anschein nicht verzichten, also geradezu darauf angewiesen, dass die Umverteilungsmechanismen von unten nach oben und von der öffentlichen Hand in die private Hand auf allen Ebenen – von der EU bis zu den Kommunen – zunehmend*

[§§§§] Rainer Mausfeld ist Professor an der Universität Kiel, Lehrstuhl für Wahrnehmungs- und Kognitionsforschung

verrechtlicht werden."[59] Und diese Verrechtlichung führt zu Gesetzen, die dann gegen demokratisches Handeln (Petitionen, Demonstrationen, ...) in Stellung gebracht werden können. Da nunmehr der UN-Migrationspakt unterschrieben ist, wird es nicht mehr möglich sein, diesen durch demokratische Initiativen aus dem Volk heraus wieder rückgängig zu machen, weil dieses nach und nach zu internationalem Recht umgewandelt wird und so durch die Justiz schließlich gegen den Volkswillen durchgesetzt werden kann. Auch die parallel erlassenen Gesetze zur Bekämpfung von Kritikern dienen dazu, demokratisches Handeln zu verhindern, wie es zum Beispiel die Formulierung im UN-Migrationspakt[60], deutlich macht: *"Parallel verpflichten sich die Länder, alle 'intoleranten' Kritiker der Masseneinwanderung und ihre 'Hassreden' strafrechtlich zu verfolgen ..."*[61]

Der Verfassungsrechtler Hans Herbert von Arnim hat dieses System, in dem wir heute leben, so charakterisiert: *„Hinter der demokratischen Fassade wurde ein System installiert, in dem völlig andere Regeln gelten als die des Grundgesetzes. Das System ist undemokratisch und korrupt, es missbraucht die Macht und betrügt die Bürger skrupellos."*

Die Schaffung der „Vereinigten Staaten von Europa", EU, ist eine Voraussetzung für die Schaffung der NWO und ist nur ein Zwischenschritt auf diesem Weg. Dies sagte Winston Churchill bereits 1947 in einer Rede in London:[62] *„Die Schaffung einer autoritativen, allmächtigen Weltordnung ist das Endziel, das wir anzustreben haben. ... Ohne ein Vereinigtes Europa keine sichere Aussicht auf eine Weltregierung. Die Vereinigung Europas ist der unverzichtbare erste Schritt zur Verwirklichung dieses Zieles."* Um diesen Prozess in Richtung NWO sicherzustellen, wurde die EU-Kommission erschaffen, die keinen demokratischen Prozessen unterworfen ist, in denen nicht gewählte Lobbyisten das Sagen haben. Dem gegenüber steht das demokratisch gewählte Brüsseler EU-Parlament, das den Anschein erwecken soll, dass die europäische Gesetzgebung nach demokratischen Prinzipien erfolgt. Die Vergangenheit hat jedoch gelehrt, dass die entscheidende EU-Politik durch die EU-Kommission bestimmt wird, während das EU-Parlament lediglich eine Alibifunktion bei den Gesetzgebungs-

verfahren erfüllt. Das EU-Parlament ist also nichts anderes als ein Feigenblatt, um den Anschein demokratischen Handelns zu erwecken. Ein Beispiel für das undemokratische Vorgehen durch die Brüsseler EU-Kommission: Nachdem in Frankreich und den Niederlanden das Volk die geplante EU-Verfassung abgelehnt hatte, hat die EU-Kommission die EU-Verfassung in einem 2. Durchgang doch noch durchgesetzt, dieses Mal unter einem anderen Namen, dem sogenannten Lissabon-Vertrag. Auch die Einführung des Euro und die Erweiterung des Schengenraums ist durch die EU-Kommission durchgesetzt worden, obwohl es für beide Entscheidungen im Volk nie eine Mehrheit gegeben hätte.[63] Und dieser Prozess setzt sich kontinuierlich fort: die Förderung und Durchsetzung der Flutung Europas mit kulturfremden Migranten oder der Prozess der Übertragung wichtiger haushaltspolitischer Kompetenzen der Länder an die EU, wie zum Beispiel die Einführung eines EU-Finanzministers. Diese Willkür, die auch von vielen nationalen Parlamenten widerspruchslos akzeptiert wird, insbesondere dem deutschen Bundestag, haben inzwischen viele Menschen erkannt. Deshalb der eindringliche Appell eines Arztes, Dr. Rath, anlässlich eines Vortrags in Berlin, an die Menschen Europas:[64] *„Allen im Brüsseler EU-Parlament vertretenen Parteien, aus Deutschland sind dies die CDU, die SPD, FDP, die Grüne und die Linkspartei, ihnen allen rufe ich zu: ‚Wer jetzt den Aufbau der Diktatur in Brüssel weiter unterstützt, wer im Bundestag in naher Zukunft für die Übertragung entscheidender Bereiche der Finanzhoheit und anderer nationaler Rechte an die Politkommissare in Brüssel votiert, wer diese Entscheidungen unterstützt, Rechte, nationale Rechte an Kommissare zu übertragen, die weder wählbar noch abwählbar sind, wer das tut, wird politisch nicht überleben.“*
Dieser hier zitierte Aufruf vom 13.03.2012 an die Menschen Europas ist heute so aktuell wie nie zuvor. Wir werden nur überleben, wenn wir uns den Problemen und Herausforderungen unserer Zeit stellen. Doch dieser hier zitierte eindringliche Appell scheint in den vergangenen Jahren verhallt zu sein, ohne dass ein Ruck durch die Bevölkerung gegangen ist. Dass dies so ist, hat mit der Macht der öffentlichen Medien zu tun. Diese Macht der Medien hat es auch geschafft, dass die Menschen es hingenommen haben, ja sogar in der Mehrheit gar nicht wahrgenommen haben, dass Frau Merkel

seit 2005, jeweils im Schulterschluss mit der jeweiligen Regierungskoalition, in allen wesentlichen Politikfeldern das genaue Gegenteil von dem durchgesetzt hat, was sie vor den Wahlen versprochen hatte: Begrenzung und Reduzierung der Zuwanderung aus Drittstaaten, kein Multikulti, stärkere Kontrolle der Banken, keine Steuerzahler-Haftung für Pleite-Banken, keine Mehrwertsteuererhöhung, kein Atomausstieg, Reduzierung der Waffenexporte, keine PKW-Maut. Und schließlich die gesetzwidrige Öffnung unserer Staatsgrenzen für jedermann ohne Überprüfung deren Identität, sowie die von Nichtregierungsorganisationen (NGO) professionell betriebene Schleussung von Afrikanern über das Mittelmeer unter Duldung und sogar Förderung durch unsere Regierung.

Aus diesen Entscheidungen erwächst der Eindruck, dass die Bundeskanzlerin Angela Merkel gegen das eigene Volk regiert. Auch Ihre strikte Ablehnung von Volksentscheiden verstärkt diesen Eindruck. In dieser strikten Ablehnung drückt sich nichts anderes aus als das Streben der Eliten, die Idee der Demokratie so zu entleeren, dass sie auf den Wahlakt beschränkt bleibt.[65]

Wenn man die Erkenntnisse aus dem Youtube-Video *„WAHRHEITEN - UNERTRÄGLICH & SCHOCKIEREND - ...* “[66] berücksichtigt, kommt man zu der Erkenntnis: Die Politiker sind Getriebene, die ihre politischen Entscheidungen unter dem Druck von Lobbyorganisationen treffen, die ihrerseits wiederum Handlanger von mächtigeren, international agierenden Finanzeliten sind, die eine neue Weltordnung (NWO) anstreben, die sie auf dem Wege der Globalisierung, entsprechend einer geheimen Agenda, in die Tat umsetzen. Und diese Agenda wird durch die „geheime Weltregierung“ (Kapitel 3) vorgegeben, ausgearbeitet in sogenannten Think Tanks und gesteuert durch geheime Zusammenkünfte wie die „Bilderberger“, die Trilaterale Kommission und die „Münchner Sicherheitskonferenz“.

Diese Sicht der Dinge ist nicht neu. Sie wird aber immer wieder als *„Verschwörungstheorie“* abgetan, so auch im Wikipedia-Eintrag zur NWO.

Dieser Begriff *„Verschwörungstheorie“* dient dazu, eine inhaltliche Debatte über Inhalt und Wahrheitsgehalt zu unterbinden. Jedoch, wie in Kapitel 5 dargelegt wird, ist es mitnichten so, dass eine *„Verschwörungstheorie"* gleichbedeutend wäre damit, dass sie die Realität falsch wiedergäbe.

Es ist ganz anders: sie liefert eine Möglichkeit, tatsächliche Verschwörungen aufzudecken. Erst die Konfrontation einer *„Verschwörungstheorie"* mit der Realität erlaubt es, hinter die Kulissen zu schauen. Gerade in der heutigen, verwirrenden Weltlage, gekennzeichnet durch die zahllosen Kriege, Terroranschläge und Flüchtlingsströme, einer immer weiter wachsenden Kluft zwischen arm und reich und der wachsenden Gefahr des Ausbruchs eines atomaren Weltkrieges, künstlich angeheizt durch die Anti-Russland-Propaganda der Mainstream-Medien, ist ein „Hinter-die-Kulissenschauen" überlebenswichtig. Ein wichtiges Element bei dem „Hinter-die-Kulissenschauen" ist die Frage „*Cui Bono?"* (*Wem nützt es?*), die insbesondere in der Kriminalistik oft die einzige Möglichkeit ist, den oder die Täter zu überführen. So auch in der Politik. Dieses „Cui bono" ist die entscheidende Frage, die im Folgenden immer wieder gestellt werden wird. Denn: *„Wer ... ergründen will warum Entscheidungen und Situationen durch die aktuellen Leader so geschaffen werden, wie wir es erleben, kommt an der Frage Cui Bono nicht vorbei ... Wenn eine Sache wirklich niemanden nutzt, dann findet sie auch nicht statt!"*[67]

Die NWO als *„Verschwörungstheorie"* (laut Wikipedia) ist für uns Anlass, diese im „Experiment", der Realität, zu überprüfen. Wir werden in diesem Buch zeigen, dass es sich bei der NWO sowie der oben aufgestellten Behauptung „Die Politiker seien Getriebene", zwar um eine „Verschwörungstheorie" handelt, kommen aber zu dem Ergebnis, dass diese „Verschwörungstheorie" eine sehr realistische Beschreibung der Wirklichkeit ist. Weiter werden wir zeigen, dass eine Reihe anderer, von verantwortlichen Politikern und Wirtschaftsbossen, von den großen Medienstationen weltweit verbreiteten „Wahrheiten", ebenfalls „Verschwörungstheorien" sind, die aber, im Gegensatz zu der der NWO, die Realität falsch wiedergeben oder wiedergegeben haben.

Bei den „Bilderberger"- und „Münchner Sicherheitskonferenzen",
die seit 1954 bzw. 1963 jährlich abgehalten werden, nehmen
Regierungschefs, die Hochfinanz Westeuropas, der USA und
Kanadas sowie führende Industrielle, hochrangige Militärs und
Geheimdienstchefs und die Chefetagen der größten und
bekanntesten Medienunternehmen der Welt teil. In diesen
Konferenzen wird ohne Transparenz, ohne öffentlich zugängliche
Protokollierung, wo sich die Teilnehmer zur Verschwiegenheit
verpflichten müssen, das verhandelt, was anschließend in der
internationalen Politik umgesetzt wird. Die Vertreter gelten als die
geheime Weltregierung.[68] Bei der Durchsetzung dieser Agenda
spielen die öffentlichen Medien eine ganz entscheidende Rolle.
Denen kommt die Aufgabe zu, die Bevölkerung im Sinne der Ziele
der Geheimen Weltregierung zu beeinflussen und zu manipulieren.

Der US-amerikanische Regisseur, Drehbuchautor und Produzent
Mike Nichols:[69] *„Eine Handvoll Menschen kontrollieren die Medi-
en der Welt. Derzeit sind es etwa noch sechs solcher Menschen,
bald werden es nur noch vier sein und es wird dann alles erfassen:
alle Zeitungen, alle Magazine, alle Filme, alles Fernsehen. ... Heute gibt es nur eine Meinung, die zu formen vier, fünf Tage dauert –
dann ist sie jedermanns Meinung."*
Und in Deutschland wird das, was in den öffentlichen Medien berichtet wird, wesentlich von US-amerikanischer Seite beeinflusst,
ja sogar vorgegeben, wie wir spätestens seit den Enthüllungen des
Jounalisten Dr. Udo Ulfkotte wissen. So beschreibt er in seinem
Buch „Gekaufte Journalisten"[70], welcher Filz zwischen deutschen
Medienanstalten und US-dominierten Nichtregierungsorganisationen (NGO) besteht, wie *Atlantikbrücke, Aspen-Institut, German
Marshall Fund, European Council on Foreign Relations, ...* , und
wie deutsche Journalisten in die deutsch-amerikanische Allianz
eingebunden sind und geködert werden. *„... der Großteil unserer
Beichterstattung ist inzwischen gekauft."*[71] Deutschlands größte
Zeitung, die BILD, gehört dem Axel-Springer-Verlag, in dessen
Grundsatzbestimmungen steht, dass alle Medien des Verlags verpflichtet sind, sich für die transatlantische Allianz einzusetzen und
dass man verpflichtet wird, US-amerikanische liberale Werte zu
propagieren. Und jeder Journalist, der für die Medien dieses Ver-

lags arbeiten will, muss sich in seinem Arbeitsvertrag mit diesen Grundsatzbestimmungen durch Unterschrift einverstanden erklären.[72]

Diese Medienbeeinflussung hat heute typische Züge von **Indoktrination**, *„eine besonders vehemente, keinen Widerspruch und keine Diskussion zulassende Belehrung. Dies geschieht durch gezielte Manipulation von Menschen durch gesteuerte Auswahl von Informationen, um ideologische Absichten durchzusetzen oder Kritik auszuschalten"* (Wikipedia). Genau das ist seit etwa 10 Jahren Alltag in Deutschland. Der Zustand und die Geisteshaltung vieler Deutscher spiegelt sich in solchen Schlagworten wider: „Schuldkultur", Geringschätzung der eigenen Identität, Verteufelung alles Deutschen, propagandistische, moralisierende und gleichgeschaltete Medien, Kampf gegen Rechts, Herabsetzung des Normalen, Vergötterung des Abnormen (Lesben, Schwule und Transsexuelle), „Alternativlosigkeit", „rot-grünes Meinungskartell", Hofieren und Verharmlosung des Islam, Gender Mainstreaming, staatliche Einmischung in alle Lebensbereiche.
Diese Indoktrination erfolgt über ein umfangreiches Arsenal von Techniken aus dem Giftschrank der Psychologie. Und dem Einfluß dieser Techniken können wir uns nur schwer entziehen, weil unsere Psyche nun einmal so funktioniert, wie sie funktioniert.[73]

Unter der Kanzlerin Angela Merkel hat sich Deutschland in den letzten 10 Jahren immer stärker zu einer links-grünen Republik verändert. Unter ihrer Führung hat sich die CDU aus einer „Partei der Mitte" mit konservativen Werten zu einer Partei gewandelt, die heute Themen der Linken und Grünen vertritt. Und sie bekämpft heute eine neue Partei, die in die nun vakant gewordene „Mitte" in der Parteienlandschaft hineingestoßen ist, die AfD. Das Partei- und Wahlprogramm der AfD stimmt inhaltlich in vielen wesentlichen Punkten mit dem der alten CDU aus dem Jahre 2000 überein, wird aber durch die Altparteien und die „politisch korrekten" Medien mit allen Mitteln bekämpft. Ausdruck dieses Linksschwenks der CDU ist das Zulassen und die Förderung der Zuwanderung biblischen Ausmaßes kulturfremder Menschen nach Deutschland seit der Grenzöffnung im September 2015. Dies ist nichts anderes als die Umsetzung links-grüner Doktrin: "No border, no nation", "Kein Mensch ist illegal". Bankenrettung und konzernnahe Politik der Merkel-Regierung entsprechen zwar nicht der links-grünen Doktrin, doch wiegen die Globalisierungsbestrebungen der Merkel-Regierung viel schwerer, wodurch eine Gemeinsamkeit hergestellt ist mit den links-grünen „Volksvertretern". Dies liefert die Voraussetzung dafür, dass bei vielen grundsätzlichen Abstimmungen im Bundestag die links-grünen Parteien einhellig mit den Regierungsparteien abstimmen. Was die Bankenrettung und konzernnahe Politik der Merkel-Regierung betrifft, so ist dies im Sinne der Finanzeliten. Mit dieser Politik bedient Frau Merkel deren Interessen; denn sie weiß genau, wenn sie eine Politik gegen die Banken machen würde, würde sie das ihr Kanzleramt kosten, so wie es Christan Wulff mit seinem Präsidentenamt ergangen ist.[74] Dafür würden schon die gleichgeschalteten öffentlichen Medien sorgen; denn diese sind Teil der Machtstruktur. Durch ihren propagandistischen Einfluss können sie das Wahlverhalten der Bevölkerung ganz wesentlich beeinflussen.

Wegen dieser Gemeinsamkeiten zwischen der derzeitigen Regierungskoalition unter Merkel und den links-grünen Parteien war nicht zu erwarten, dass die Bundestagswahl im September 2017 zu einer Änderung in der deutschen Politik führen würde, was sich ja auch bestätigt hat. Der Einzug der AfD in den Bundestag hat daran nichts geändert; infolge ihrer zahlenmäßigen Dominanz im Bundestag können die links-grün verorteten Parteien ihre Agenda der Ausdünnung des deutschen Volkes weiter fortsetzen. Somit scheint der Weg Deutschlands in den Untergang vorgezeichnet. Das Bleiberecht für einen Großteil der kulturfremden Zuwanderer, deren gesetzlich verbriefter Familiennachzug und deren hohe Geburtenrate werden in den kommenden Jahren zu einer merklichen „Ausdünnung" der deutschen Bevölkerung führen.

Wie aber ist es möglich oder zu erklären, dass der überwiegende Teil der in Regierungsverantwortung stehenden Politiker in einhelliger Gemeinsamkeit mit den meisten Organisationen und Einrichtungen in diesem Land (Parteien, Kirchen, Stiftungen, ...) die Zerstörung Deutschlands als Nation vorantreiben können und kaum auf Widerstand stoßen, obgleich es warnende Stimmen (Tilo

Sarrazin, Eva Hermann, Norbert Hofer, Erika Steinbach, Alexander Gauland) und Gruppierungen (Pegida, BärGiDa, Bagida, Legida, Identitäre Bewegung, Ein-Prozent-Bewegung und die Partei AfD) gibt? Diese werden kaum gehört und sogar durch einen Großteil der Bevölkerung abgelehnt. Dies hat mit der Macht der öffentlichen Medien zu tun. Denn „... *das Volk denkt schließlich, was die Medien denken.*"[75] Nur starke und interessierte Menschen schaffen es, aus dem Gedankengemäuer auszubrechen, das in der Schule angelegt und durch die Medien verfestigt wird.

Das **Mittel** für die Durchsetzung ihrer politischen Ziele ist für die *superreichen Finanzeliten* und für die *Linken* und *Grünen* **identisch**: die ethnische Heterogenisierung der Bevölkerung. Die *superreichen Finanzeliten* und die *Linken* und *Grünen* sind praktisch (Quasi-) Verbündete, indem sie beide diese ethnische Heterogenisierung, d.h. die Durchmischung der Bevölkerung mit kulturfremden Menschen, anstreben. Für die erstgenannten ist diese ethnische Heterogenisierung Voraussetzung dafür, fügsame Produzenten und Konsumenten heranzuziehen, für die Linken ist es das Mittel, ihr Ziel, die Realisierung des Kommunismus doch noch durchzusetzen, nachdem die großen Experimente der Vergangenheit (Stalin, Mao, Pol Pot) gescheitert waren. Für die Grünen ist es das Mittel, ihre Chancen bei den Wahlen zu erhöhen. Die Gefahr für eine solche angestrebte ethnische Durchmischung der Bevölkerung ist heute in Deutschland besonders groß, da die einst konservative CDU unter Merkel einen enormen Linksruck erfahren hat.

Die Linken, und im Großen und Ganzen auch die Grünen, folgen der von ihrem Apologeten Saul Alinsky vorgezeichneten Strategie, wozu „*neben einer den Gegner lähmenden Taktik auch der Ansatz, Institutionen wie Kirche, Behörden, politische Gremien, Bürgerinitiativen und Ähnliches zu infiltrieren*"[76] gehört.

Wesentliche Ziele, die bei der Durchmischung der deutschen (und europäischen) Bevölkerung mit fremden Ethnien angestrebt werden, sind:

    1) Absenkung des mittleren Intelligenzquotienten (IQ)

2) Erhöhung der Wahlchancen für die Parteien der Linken und Grünen
3) Erhöhung des Konfliktpotenzials; Nutznießer sind die Finanzeliten, Stichwort „Teile und herrsche".

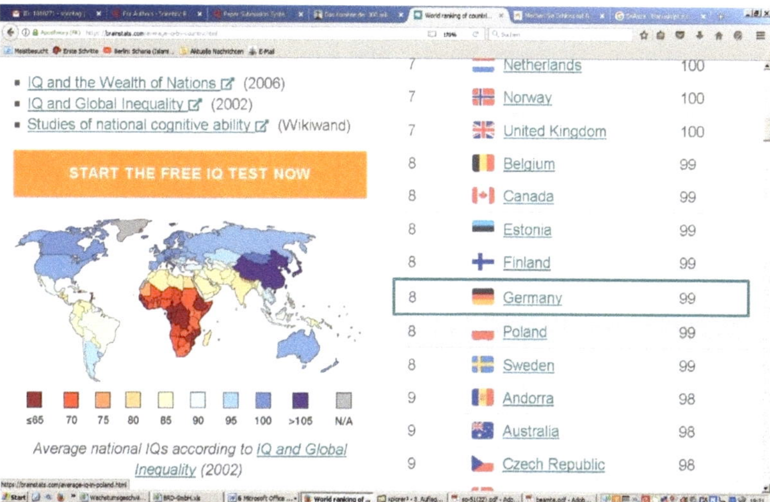

Grafik 1: IQ-Verteilung in der Welt (Screenshot[77])

Der IQ der nach Deutschland und Europa Zugewanderten ist um durchschnittlich 20 Punkte niedriger im Vergleich zu den europäischen Völkern.[78,79,80] Eine sachliche Diskussion über die Ursachen für diesen Unterschied wird von den „politisch korrekten" Medien jedoch nicht gefördert; wer ihn in Zusammenhang mit genetischen Unterschieden bringt, wird als rassistisch stigmatisiert.[81] Zum Beispiel wurde der US-amerikanische Molekularbiologe James Watson, einer der Entdecker der Doppelhelix der DNA, wofür er den Nobelpreis erhalten hatte, von seiner einstigen Forschungsstätte entlassen, und ihm wurden auch alle akademischen Ehren aberkannt, weil er wiederholt geäußert hatte, dass *„dunkelhäutige Menschen aufgrund ihrer genetischen Veranlagung weniger intelligent seien als Hellhäutige"*.[82]

Weitere Ziele bei der Durchmischung der deutschen (und europäischen) Bevölkerung mit fremden Ethnien sind:

1) Zerstörung der Familie,
2) Einführung des Gender Mainstreamings als übergeordnetes Bildungsziel für die heranwachsende Jugend,
3) Förderung des Geburtenrückgangs (Pille, Abtreibung),
4) Verweichlichung des Mannes,
5) Ziellosigkeit und Sinnlehre in die Köpfe zu hämmern durch „Brot und Spiele" und Konsum („Shoppen", TV-Unterhaltung, Fußball ...),
6) Senkung des Bildungsniveaus,
7) „Verdummung" der Jugend, Begrenzung deren Wissenshorizontes und Einhämmern von Idealen, die den Zielen der Globalisierungsbestrebungen dienen.

All das dient der Wehrlosmachung des Volkes.

Während das (End-)Ziel der *Finanzeliten* auf der einen Seite und der Linken und Grünen auf der anderen Seite verschieden sind, sind die Mittel, ihr jeweiliges Ziel durchzusetzen, dieselben. Dies macht es in der Praxis so unerhört schwer, sich gegen die Globalisierungspläne in Richtung NWO zu wehren. Man muss aber auch konstatieren, dass die Linken und Grünen ihr Ziel, den Sozialismus und Kommunismus, nicht erreichen werden können, weil die *Finanzeliten* über die wirksameren Mittel und Instrumentarien verfügen, finanziell und politisch, sowie wegen der Tatsache, dass die internationalen Konzerne und Medien von den *Finanzeliten* beherrscht werden. Das heißt, die Linken und Grünen sind "Steigbügelhalter" für die *Finanzeliten*. Wenn die *Finanzeliten* ihr Ziel erreicht haben, werden die Linken und Grünen als deren (Quasi-)Verbündete fallen gelassen und sich, genauso wie ihre heutigen „konservativen Gegner", im Heer der entwurzelten Arbeitssklaven der internationalen Konzerne wiederfinden. Dieser Weg mit diesem Ergebnis ist somit vorgezeichnet, und er wird auch bereits von einem Teil der Linken erkannt, wie der folgende Satz belegt, zitiert aus „Linke Zeitung" vom 22.12.17, belegt: *„Wenn die Mitglieder der Partei DIE LINKE, die eine wirklich antifaschistische, antikapitalistische, dem Frieden dienende Politik machen wollen, die lauten „antideutschen" Sektierer, die nicht der LINKEN, sondern* *ganz anderen Herren dienen, nicht in die Schranken weisen, werden sie in absehbarer Zeit mit ihnen untergehen.* "[83]

Auf die internationale Bühne übertragen, ist das Weltgeschehen etwa vergleichbar mit dem in Deutschland, allerdings mit gewissen Modifikationen, weil sich eine Reihe von Staaten dem widersetzen. Bei diesen Staaten wird ein Regimewechsel durch die Elite von außen angestrebt durch Destabilisierung unter Ausnutzung nationaler Oppositionskräfte (Ungarn, Serbien, Rumänien, Mazedonien, Bulgarien)[84], wobei von außen finanzierte, im jeweiligen Land eingerichtete NGOs und westliche Geheimdienste eine entscheidende Rolle spielen, was schließlich zum Putsch führen kann (Ukraine), oder zu Revolutionen (Arabischer Frühling), ebenfalls wieder durch äußeren Einfluss über NGOs und westliche Geheimdienste, oder durch Kriegsdrohung (Iran, Nordkorea) oder Krieg (Vietnam, Guatemala, Libanon, Afghanistan, Irak, Libyen, Syrien, Jemen ...). Welche Bedeutung den NGOs im internationalen Geschehen heute zukommt beschreibt Allen Weinstein, Mitverfasser der Gründungsakte der NGO National Endowment for Democracy, so: *„Vieles von dem, was wir heute tun, wurde vor 25 Jahren verdeckt von der CIA erledigt.*"[85]

Scheinbar im Widerspruch zu diesem Weltgeschehen scheint das Trump-Bashing durch die öffentlichen Medien zu stehen, obwohl Trump ja auch zur superreichen Finanzelite gehört. Die Antwort ist schlicht: weil er sich den Globalisierungsbestrebungen der übrigen Finanzeliten entgegenstellt, was sich in seinem Wahlslogan *„Make America Great Again"* manifestiert.

Eine Überlebensfrage lautet: Kann man die beschriebenen negativen Entwicklungen noch stoppen und umkehren? Was können wir gegen diese Stretegie, die von der Regierung verfolgt und den öffentlichen Medien sekundiert wird, tun?

2. 9/11 - Initialzündung für die MENA-Kriege und den „Kampf gegen den Terror"

„Dass die offizielle Geschichte des 11. September ein Sack voll Lügen ist, gilt in der alternativen Gemeinde als erwiesen ..."[86]

„... wir konnten uns einfach nicht vorstellen, wie es sein kann, dass die Regierung so etwas selber inszeniert ohne unzählige Menschen einzuweihen, von denen keiner auspacken würde und wie es sein kann, dass alle Medien die gleiche Version erzählen, wenn sie doch falsch ist - und wer würde denn Zivilisten des eigenen Volkes opfern? - unvorstellbar, dass so etwas möglich sein kann..." zitiert aus einer der Rezensionen zum Buch „Impossible Mission 9/11".[87] Der Autor dieses 2018 erschienenen Buches, Oliver Janich, stellte die Frage "**Wie** haben sie es gemacht?" Die Zerstörung der Twin Towers in New York am 11. September 2001. Im vorliegenden Buch stelle ich die andere Frage: "**Warum** haben sie es gemacht?" Und bei der Beantwortung dieser Frage spielt eine weitere Frage eine wesentliche Rolle: "Wem nutzt es?" Ohne 9/11 wären die anschließenden Kriege in der Welt nicht möglich gewesen. Nur mit einem solch großen "Terroranschlag" konnte die US-amerikanische Bevölkerung dazu "überredet" werden, die anschließenden MENA-Kriege (MENA = Middle East and North Afrika) zu "tolerieren" bzw. "mitzutragen". Ohne 9/11 wäre der Afghanistan-Krieg nicht möglich gewesen. Auch nicht der Irak-Krieg; der irakische Diktator wurde zwar nicht mit dem Geschehen um 9/11 in Verbindung gebracht, aber durch den Afghanistan-Krieg war die amerikanische Öffentlichkeit bereits so auf die

Doktrin des Weissen Hauses in Washington "eingestimmt" worden, dass kaum größerer Widerstand mehr von ihr zu erwarten war. Der Afghanistan-Krieg und alle weiteren, im Anschluß daran durch die USA-Administration geführten Kriege und kriegerischen Intervertionen auf der Welt liefen unter der gleichen Parole "Kampf gegen den Terror". Und diese Parole "Kampf gegen den Terror" lieferte auch die Legitimation und auch den Vorwand für alle anderen Maßnahmen und neuen Gesetze zur Einschränkung von Freiheiten und Ausdehnung allumfassender Überwachung der Bürger.

Oliver Janich analysiert in seinem Buch Gesprächsprotokolle der staatlichen Behörden, Analysen, den offiziellen Untersuchungsbericht ("Commission report") und später frei gegebene Dokumente und fasst die Widersprüche, die die offizielle Darstellung in sich birgt, zusammen. Der augenscheinlichste Widerspruch: Wie ist es möglich, dass zwei Flugzeuge den Einsturz von drei (!) Wolkenkratzern verursacht haben, dass alle drei in freier Fallgeschwindigkeit in ihre eigenen Fundamente gestürzt sind und, im Vergleich zur Masse der Wolkenkratzer, die Schuttberge verschwindend klein waren? Trotz dieser offensichtlichen Widersprüche beharren die Regierungen und die öffentlichen Medien der westlichen Welt auf der einen verbreiteten offiziellen Version, dass dieser Terroranschlag von Osama bin Laden geplant und durch ein verschworenes Team von islamischen Selbstmordattentätern ausgeführt worden ist. Alle Wissenschaftler, Statiker, Ingenieure, Professoren, Piloten, Feuerwehrleute und weitere Zeugen, die dieser Geschichte widersprechen, werden als Verschwörungstheoretiker bezeichnet und damit als unglaubwürdig hingestellt. *"Die Vertreter der offiziellen Theorie disqualifizieren alle Experten, die widersprechen, als 'Verschwörungstheoretiker', egal ob es sich um über 3000 Wissenschaftler, Statiker, Ingenieure, Professoren, Piloten und Feuerwehrleute handelt, die sich in der 911-Truth-Bewegung sammeln."* [88]

Da 9/11 die Begründung für den sich anschließenden unendlichen "Krieg gegen den Terror" lieferte, ist es wichtig, die tatsächlichen Hintergründe und Verantwortlichen zu ermitteln, auch heute noch, fast zwei Jahrzehnte nach diesem Jahrhundert-Terroranschlag. Es mahnt uns, die Aufklärung der Widersprüche zwischen der offiziellen Darstellung des Terroranschlags 9/11 und den überlieferten Tatsachen immer und immer wieder zu fordern. Denn in diesem „Krieg gegen den Terror" sind bisher etwa 1,7 Millionen Menschen getötet worden, von denen etwa 90 % Zivilisten waren.[89]

Eine „Verschwörungstheorie" gegen die offizielle Version von 9/11 besagt, dass die US-Regierung und/oder mit ihr verbundene Geheimdienste vorher von den Anschlägen gewusst und sie zugelassen oder sie sogar aktiv geplant und unterstützt hätten.[90] Die Zwillingstürme und der 3.Wolkenkratzer (WTC7)[91] seien durch eine „kontrollierte Sprengung" zum Einsturz gebracht bzw. beschädigt und das Pentagon[92] durch eine Drohne attakiert worden (5m großes Loch in der Fassade des Pentagon[93]) worden. Bemerkenswert ist, es gab insgesamt *„11 Augenzeugen des 11.Septembers 2001 in New York, die anschließend unter mysteriösen Umständen ums Leben kamen. Was diese Zeugen gemeinsam haben ist, dass ihre Aussagen alle die Wahrheit hinter dem Inside Job von 9/11 untermauerten"*[94] (siehe dazu auch die Dokumentation von Kla-TV-5132)[95]. Der offizielle, 580 Seiten lange "Commission report" von 2004 liefert weder eine plausible Erklärung für den Einsturz des WTC7, der von keinem Flugzeug getroffen worden war, noch für eine Reihe weiterer Widersprüche, die die offizielle Darstellung von 9/11 enthält.[96,97] Und es ist überhaupt nicht erwiesen, dass Osama bin Laden tatsächlich der Drahtzieher der Terroranschläge war; denn gegen ihn hat das FBI nach eigenen Angaben keine konkreten Beweise.[98] Dass Bin Laden mit hoher Wahrscheinlichkeit nicht der Drahtzieher der Anschläge von 9/11 gewesen ist, kommt auch noch von einer ganz anderen Seite, von der *British Financial Services Authority*.[99] Diese hatte *„Bin Laden und seine Gefolgsmänner vom Verdacht des Insiderhandels freigesprochen"*. Man muss dabei wissen, *„der Handel mit Put-Optionen von Firmen, die ihre Hauptvewaltung in den WTC Türmen hatten, nahm eine Woche vorher* (vor 9/11) *drastisch zu."* Bei MORGAN STANLEY von durchschnittlich 27 Put-Optionen pro Tag auf 2157. Bei MERRILL LYNCH von 252 pro Tag auf 12215. Diese mit „Panikverkäufen an der Börse" gleichzusetzenden massenhaf-

ten Käufe von Put-Optionen legen nahe, dass die dahinter stecken-
den Käufer von dem bevorstehenden 9/11-Anschlag gewusst haben
mussten, ihn vielleicht sogar mit geplant hatten. Denn auch hier
sollte man wieder fragen *„Wem nutzt es?"* Und der ehemalige
Staatschef Italiens, Francesco Cossiga (1985 bis 1992) erklärte, die
Geheimdienste CIA und Mossad führten die Terroranschläge vom
9. September 2001 durch.[100] 2007 schrieb Cossiga, (Bezugneh-
mend auf die Anschläge vom 11. September 2001): „ *,Alle demokratischen Kreise in Amerika und Europa, insbesondere jene der
italienischen Mitte-links, wissen jetzt, dass der verhängnisvolle
Anschlag von der amerikanischen CIA und dem Mossad geplant
und durchgeführt wurde mit der Hilfe der zionistischen Welt, den
arabischen Ländern die Schuld zu geben und die Westmächte dazu
zu bewegen, im Irak und in Afghanistan zu intervenieren'.* "[101] Das
ist eine klare und eindeutige Stellungnahme eines Staatsmannes,
der sich der Tragweite dieser Aussage mit Sicherheit bewusst gewesen ist. Sie wird auch gestützt durch die Meinung von 2200
Architekten,[102] dass der Einsturz des WTC7 wie eine gezielte
Sprengung ausgesehen habe und die eine neue Untersuchung der
Ereignisse um 9/11 fordern. *„Mittlerweile sind es über 2500
Architekten und Ingenieure, die sagen: 'Es kann nicht aufgrund
von Bürobränden eingestürzt sein.'* "[103]
Und weil „9/11" auch heute noch und für die weitere Zukunft die
weltweiten Kriege, Drohnenmorde, Sanktionen und Abhörpro-
gramme (NSA) gegen Staaten, die sich dem Machteinfluss der
USA entziehen wollen, rechtfertigt, möchte ich an dieser Stelle
etwas detaillierter darauf eingehen; denn eine unabhängige Analyse von 9/11 können wir von unseren öffentlichen Medien nicht
erwarten, wie zum Beispiel eine ZDF-Doku nahelegt.[104] Dabei
kommt dem oben erwähnten Aspekt, dass die US-Regierung
und/oder mit ihr verbundene Geheimdienste vorher von den geplanten Anschlägen gewusst und sie zugelassen oder sie sogar
aktiv geplant und unterstützt hätten,[105] große Bedeutung zu. So hat
der Journalist Paul Schreyer[106] eine Reihe von Fakten zusammen-
getragen, die folgendes Szenarium nahelegen: Die CIA hatte
Kenntnis von einer bevorstehenden Flugzeugentführung erhalten,
die von Al Qaida zur Freipressung eines in den USA inhaftierten
fundamentalistischen Anführers geplant wurde, dem sogenannten

„Blinden Scheich" (Omar Abdel Rahman). Unter Ausnutzung dieser geplanten Flugzeugentführung, so schreibt Paul Schreyer, [107] hat die CIA geplant, *„ein katastrophales und beschleunigendes Ereignis – wie ein neues Pearl Harbor"*[108] herbeizuführen. Im Kapitel *„Entführte Entführer"*, schreibt er, dass es bereits 2001 technisch möglich war, die Kontrolle eines Flugzeuges vom Piloten auf einen nicht mehr abschaltbaren Autopiloten zu übertragen, der dann einer von außen wählbaren, von GPS gestützten Route folgt. *„Hauptindiz für den Einsatz einer Fernsteuerung ist tatsächlich die außergewöhnlich hohe Geschwindigkeit und Präzision der Endanflüge"* an die WTC-Türme, die per Handsteuerung durch menschliche Piloten kaum möglich sei, zumal durch ungeübte „Piloten" wie im vorliegenden Fall. Parallel gab es im Vorfeld zu diesem Terrorangriff Militärmanöver, die ihren Höhepunkt am 11. September erreichten, und zwar mit einer geplanten, simulierten Flugzeugentführung, so dass den Teilnehmern an diesem Manöver nicht sofort klar war, ob es sich um einen simulierten oder echten Terroranschlag handelte und dieser als Teil des Manövers angesehen wurde. Diese Sichtweise, dass die Kamikadze-Flugzeuge von außen ferngesteuert worden sind, wird auch unterstützt durch Erkenntnisse, die in einem Youtubevideo[109] thematisiert werden.

Ganz entscheidend zur Beurteilung von 9/11 ist auch der Einsturz des Gebäudes WTC7, der erst 7 Stunden nach den beiden WTC-Türmen, um 17:20 Uhr, erfolgte, obwohl es von keinem Flugzeug getroffen worden war. Und *„die BBC berichtete ca. 30 Minuten zu früh* (um 16:55 Uhr) *vom Einsturz des WTC7. Das Gebäude war während der Live-Reportage im Bildhintergrund noch völlig intakt zu sehen."*[110] *„Dadurch wurde schlagartig klar, dass es ein 'Drehbuch für 9/11 gegeben haben muss und die BBC vom Verlauf der 9/11-Anschläge ganz offensichtlich ein Vorwissen hatte. Solch ein Vorwissen konnte der Nachrichtensender jedoch nur von den wahren Drahtziehern bekommen haben, die für den Einsturz der WTC-Türme und dem WTC7 verantwortlich waren. ... Man kommt also nicht um den Schluss herum, dass die US-Regierung als Urheber einer absurden Flugzeugentführer-Theorie, und die westlichen Massenmedien seit nunmehr 17 Jahren unter einer Decke stecken müssen. Das würde auch erklären, weshalb die Medien im Ver-*

bund mit den US-Regierungsstellen anerkannte physikalische Gesetzmäßigkeiten weiterhin in unfassbarer Sturheit ignorieren und leugnen. " [111] Viele Experten[112] sind der Überzeugung, dass alle drei WTC-Gebäude durch gezielte Sprengung zum Einsturz gebracht worden sind, was durch den nahezu freien Fall nahegelegt wird und die große Ähnlichkeit zu Gebäuden, die tatsächlich durch gezielte Sprengung zum Einsturz gebracht werden. Hinzu kommt, dass es physikalisch unmöglich ist, dass *„ein asymmetrischer Einschlag* (wie bei WTC1 und WTC2) *einen symmetrischen Einsturz bewirken"* (kann) [113]. Die Analyse von Einzelbildern aus einer Videosequenz des Senders NBC zeigte, dass im 75. und 79. Stockwerk des WTC2 jeweils eine Serie von kleineren Explosionen in unmittelbarer zeitlicher Nähe zum freien Fall des Gebäudes erfolgt sind.[114]

Es bleibt natürlich die Frage, wie es möglich sein soll, die Sprengvorrichtungen in den WTC-Gebäuden anzubringen, ohne dass dies durch die Öffentlichkeit wahrgenommen wird? So stellt ein Artikel, erschienen in der WELT fest:[115] *„Ohnehin ist es unmöglich, die aufwendigen Vorbereitungen für eine kontrollierte Sprengung zu verstecken: Es müssen unzählige Kilometer Kabel verlegt werden, tausende Löcher für das spezielle Dynamit in die tragenden Strukturen auf fast allen Stockwerken gebohrt und die Sprengladungen mit speziellen Matten verdämmt werden."* Dazu gibt Paul Schreyer[116] die folgende Antwort: *„Tatsächlich gab es vor 9/11 zum Beispiel ein umfassendes Renovierungsprogramm für das komplexe Fahrstuhlsystem der Türme, das unauffälligen Zugang zur inneren Gebäudestruktur ermöglichte."*

Und O. Janich beschreibt in seinem Buch, dass eine Künstlergruppe namens „Gelatin" sich im 91. Stockwerk des Nordturms im August 2001 eingemietet hatten und ihren Wirkunsbereich durch Bau eines Clubhauses aus Karton für Besucher unsichtbar gemacht hatten.

Nicht unerwähnt sollte in diesem Fall auch sein, dass noch am selben Tage des Anschlags der Bauexperte Donald Trump, der spätere US-Präsident, dem Fernsehsender Fox5 NY ein Live-Interview gegeben hatte, in dem er sagte:[117] *„Ich kann mir nicht* *vorstellen. dass sich Flugzeuge so durch den Stahl fressen! ... Sie mussten Bomben haben, die gleichzeitig explodierten!' "*

Abbildung 2: "Dustification" ("Zerstaubung") Eines der WTC-Türme im Moment des Einsturzes.[118]

Abbildung 3: WTC: Vor und unmittelbar nach dem Einsturz.[119] Wo sind die Trümmer?

Zu diesem Interview gibt es auch ein Video mit dem Originaltext des Interviews. In der Beschreibung zum Video steht der Kommentar:[120] *„Warum werden diese Aussagen von unseren Mainstream-*

Medien heute nicht mehr beleuchtet? Sie könnten den heutigen US-Präsidenten, Donald Trump, dem sie ja ansonsten alle Schande vorwerfen, als 'Verschwörungstheoretiker' betiteln! Dass dies nicht getan wird - stattdessen sogar andere Ausschnitte aus dem Interview in den Vordergrund gedrängt werden – zeigt deutlich, dass die Mainstream-Medien lieber auf einen weiteren Angriff auf Trump verzichten, als Gefahr zu laufen, dass die Wahrheit ans Licht kommt!" Die Hypothese, die WTC-Türme seien gesprengt worden, hat Unterstützung erhalten durch Untersuchungsergebnisse von unabhängigen Wissenschaftlern der Universität Kopenhagen, mehreren Unis in den USA und Mitarbeitern eines australischen Unternehmens, die im Rahmen einer zweijährigen Forschungsarbeit den Staub von Ground Zero untersucht haben.[121] Sie haben dabei unter anderem Reste von Sprengstoff der Kategorie Nano-Thermit nachgewiesen, einem relativ neuen Sprengstoff, der erst seit Mitte der 90er Jahre bekannt ist, sogenanntes Nano- oder Superthermit.

Es gibt aber auch noch eine andere Hypothese zur Zerstörung der WTC-Türme, nämlich die, dass diese durch *Strahlenwaffen* herbeigeführt worden ist, über die das US-Militär bereits 2001 verfügte. Abbildung 2 scheint eine solche Interpretation zu unterstützen. Mit solchen Strahlenwaffen, so wird vermutet, sei auch die Zerstörung von Santa Rosa (Kalifornien) Mitte Oktober 2017 und der verheerende „Waldbrand" in Athen am am 26.7.2018 herbeigeführt worden. Diese Katastrophen wurden in den öffentlichen Medien als Folge von verheerenden Waldbränden interpretiert. Diese Interpretation steht aber im Widerspruch dazu, dass bei diesen beiden Katastrophen die Häuser restlos zu Staub zerfallen, Bäume aber stehengeblieben sind.[122,123,124]
Auch bei den WTC-Türmen war auffällig, dass die Schuttberge nach der Zerstörung verschwindend klein waren im Vergleich zur Gesamtmasse der ursprünglichen Türme (siehe Abbildung 3). Und es ist überliefert, dass während der Katastrophen in Kalifornien und Athen Flugzeuge in der Luft waren. Es ist nicht auszuschließen, dass diese Flugzeuge die entsprechende Technik an Bord gehabt haben könnten. Dazu hat Dr. Judy Wood, Materialwissenschaftlerin und Forensikerin, ihrem Video über ihre Analyse der

Zerstörung der WTC-Türme 9/11 folgendes vorangestellt: *„Wir sprechen über die Tatsache, dass die meisten Menschen das sehen, was sie erwarten, was sie sehen wollen, was ihnen gesagt wurde, was sie sehen sollen, was der herkömmliche, gesunde Menschenverstand ihnen sagt, was sie sehen sollen, nicht das, was im unverfälschten Zustand direkt vor ihren Augen ist.“*[125] Dr. Judy Wood meinte damit, dass wir alle im Angesicht der fallenden WTC-Türme sahen und glaubten, dass diese in sich zusammengestürzt seien, aber nicht, dass sich die fallenden Stahl- und Betonteile zu Beginn und sogar noch während der Abwärtsbewegung in der Luft pulverisierten; sie sind mitten in der Luft zu Staub geworden. *"Die Gebäude sind tatsächlich größtenteils zu Staub geworden, bevor sie auf den Boden aufschlugen."*[126] Dr. Judy Wood hat dafür den neuen Begriff *"Dustification"* (*"Zerstaubung"*) geprägt. Dass wir das so nicht sahen, lag einerseits an den Kommentatoren, die die Live-Bilder kommentierten, andererseits daran, dass wir so etwas zuvor noch nie gesehen haben. Das heißt, das, was wir sehen, ordnen wir in unsere Erfahrungsmuster ein, geprägt durch persönliche Erfahrungen und durch äußere Einflüsse auf unser Denken, auf unsere Wertevorstellungen.

Und damit sind wir schon bei einem Hauptproblem unserer Zeit, der Manipulation unseres Denkens und unserer Vorstellungen über die uns umgebende Welt, die heute wesentlich geprägt werden durch die öffentlichen Medien, TV, Zeitungen, Internet. Denn, *„unmittelbar nach dem angeblichen Einsturz der Zwillingstürme waren die erwarteten Trümmer auf dem Boden nicht vorzufinden. Das Fehlen der Trümmer war so auffällig, dass sogar der Nachrichtensprecher fragte ‚Wo ist der ganze Schutt?‘ (Peter Jennings) ...Wenn sie* (die Türme) *zu Boden eingestürzt wären, würden wir einen Schutthaufen sehen, der zwei 110-geschossigen Gebäuden entspräche. Das war aber nicht so.‘ (Dr. Judy Wood) ...‚Der beste Erklärungsversuch von den Ingenieuren, welche die Gebäude bauten, für die fehlende Menge von 400 Metern pro Turm ist, dass große Mengen einfach verdampften.‘ (Robert Krullwich) “*[127]

Ein immer wieder vorgebrachtes Argument der Vertreter der offiziellen Theorie gegen die obigen Hypothesen ist, *„dass viel zu* *viele Menschen daran beteiligt sein müssen und es zu viele Zeugen geben müsste, die plaudern könnten."* Doch vergessen wir nicht, dass es viele Zeugen gab, die der offiziellen Version widersprachen, aber daran gehindert wurden, Zeugnis vor den Behörden abzulegen, weil sie zuvor aus ominösen Gründen aus dem Leben schieden.[128,129] Und andere Zeugenaussagen wurden unter den Tisch gekehrt, wie zum Beispiel diese: *„Zeugen, darunter Polizisten, berichten, sie hätten gesehen, wie vom Woolworth-Gebäude eine Rakete auf das WTC abgefeuert wurde."*[130]

Obigem Argument nimmt O. Janich in seinem Buch „Impossible Mission 9/11"[131] den Wind aus den Segeln, indem er eine Theorie der Planung und des Hergangs des Jahrhundertattentats 9/11 entwickelte, die alle bekannten wesentlichen Fakten berücksichtigt, und das besondere, es wären nur relativ wenige Menschen in die Planung und Durchführung der Anschläge erforderlich gewesen. Zentraler Punkt seiner Theorie ist, dass gar keine Flugzeuge in die WTC-Türme geflogen sind, sondern mittels Video-Manipulation die Flugzeuge nachträglich – innerhalb kürzester Zeit (17 Sekunden[*****]) – in die Filmaufnahmen hineinkopiert worden sind, aber diese manipulierten Videos den Zuschauern als „real" und in „Echtzeit" im TV präsentiert worden sind. *„In der kurzen Zeitspanne zwischen Live-Aufnahme und Ausstrahlung fügt ein Computergraphiker das vorgefertigte Bild eines Flugzeugs ein ... Zwischen Aufnahme und Ausstrahlung lagen nur 17 Sekunden, was genug Zeit war, um das Flugzeug einzufügen, aber nicht genug, um alles auf Fehler zu prüfen."*[132] Und dieser Fehler bestand darin, dass die (unzerstörte) Nase des einkopierten Flugzeugs auf der gegenüberliegenden (!) Seite des Turms sichtbar wurde, d.h., das Flugzeug müsse demnach unzerstört den massiven Turm durchschlagen haben, was physikalisch unmöglich ist: Aluminium kann nämlich keine stahlbewährte Außenfront eines Gebäudes unzerstört durchdringen. Es gibt noch weitere Videoanalysen der „Live"-Aufnahmen des Geschehens um 9/11, die Video-Manipulation nachweisen.[133,134] Die Details beschreibt O. Janich nachvollziehbar

---

[*****] Diese 17 Sekunden sind der Zeitunterschied zwischen der im TV zu sehenden Explosion (09:03:02 Uhr) und der seismologisch registrierten Explosion (09:02:45 Uhr).

in seinem Buch. Und wenn Janich's Theorie zutrifft, bedeutet dies, dass Verantwortliche der öffentlichen Medien an den entscheidenden Schaltstellen Teil dieser Verschwörung gewesen sein müssen. Diese These wird auch unterstützt durch die vorzeitige Bekanntgabe im TV, dass das WTC7 zerstört worden sei, dieses im Hintergrund aber noch unzerstört stand, wie oben erwähnt. *„Und wir wissen, dass das Militär und die Geheimdienste Agenten zur Psychologischen Kriegsführung in große News-Netzwerke wie CNN eingeschleust hat.“* [135] Dass die Medien Teil des inszenierten „Spiels“ gewesen sein müssen, folgt auch aus den veröffentlichten akustischen Wiedergaben von Handy-Anrufen, die in großer Zahl von Passagieren aus den entführten Flugzeugen an deren Angehörige getätigt worden sein sollen. Dass dies aber technisch gar nicht möglich war, wird in einem Youtube-Video belegt.[136] Und bemerkenswert ist auch der Befund, dass Passagiere aus den Passagierlisten der Kamikadze-Flugzeuge später als lebend vorgefunden worden sind.

Wer weiß, vielleicht treffen beide Hypothesen zu, nämlich dass die Zerstörung durch Sprengung **und** durch Strahlenwaffen erfolgt ist, um ganz sicher zu gehen. Denn bei einem solchen Unternehmen versuchen die Akteure in ihrer Planung alle Unsicherheiten so weit wie möglich auszuschließen, damit es auch mit 100%iger Sicherheit funktioniert. Denn: *„Was wäre, wenn die echten Boeings die platzierten Bomben unkontrolliert zur Explosion gebracht hätten? Oder die Leitungen zu den Bomben beschädigt? ... Wenn nur die kleinste Kleinigkeit schief gegangen wäre, hätten die Gebäude nicht gesprengt werden können und alle Beweise lägen auf dem Tisch. Würde das irgendjemand bei einem so gigantischen Verbrechen riskieren?“* [137]

Es gibt noch weitere Hypothesen, wie die Zerstörung der WTC-Türme geplant und vonstatten gegangen sein könnte; eine sehr interessante Hypothese ist in einem Video[138] aus dem Jahre 2012 beschrieben, danach sollen bereits während des Baus der WTC-Türme offiziell Kernsprengladungen unterhalb des bzw. im Fundament eingebaut worden sein, um nach deren Nutzungsdauer den späteren planmäßigen Abriß unkompliziert durchführen zu können.

Der Autor begründet in diesem Video die Sprengladungen damit, *„dass beim Bau der Zwillingstürme des World Trade Centers in New York ein Notfallsystem zur atomaren Zerstörung integriert worden war. Dieses basierte auf großen thermonuklearen Sprengladungen, die jeweils einer Sprengkraft von etwa 150 kTonnen TNT entsprachen, die sich etwa 50 m unterhalb des Fundaments der beiden Türme befanden.“* Diese These sowie die Wood'sche These der "Dustification" ("Zerstaubung") der Türme, herbeigeführt durch *Strahlenwaffen,* wurde in Janich's Buch thematisiert, und in dem Video[139] detailliert untersucht und mit physikalischen Argumenten untermauert.

Fazit: Man kann sicher davon ausgehen, dass der offizielle Abschlussbericht "Commission report" aus dem Jahre 2004, der den Einsturz von WTC7 nicht gewürdigt hat, einem Vertuschungsreport gleichkommt. Wenn also die WTC-Türme durch Sprengung, durch Strahlenwaffen und/oder Atomsprengladungen zerstört worden sind, dann ist dies ein so unglaublicher Vorgang, so menschenverachtend, so monströs, dass man eher geneigt ist, der offiziell verbreiteten Version Glauben zu schenken, die viel einfacher und eingängiger erscheint als die hier beschriebene, solange man alle Widersprüche und Ungereimtheiten außen vor läßt. Dennoch, wenn wir hier wieder fragen: „wem nützt es?“, kommt man unweigerlich zu der Antwort: den Machtinteressen der Elite in den USA, die den anglo-amerikanischen Herrschaftswillens weltweit durchsetzen will. Und dazu ist es erforderlich, die eigene Bevölkerung gefügig zu machen in dem Sinne, dass sie bereit ist, die Kriege, die weltweit unter dem Namen „Terrorbekämpfung“ geführt werden, zu tolerieren und mitzutragen. Und genau das haben sie mit 9/11 erreicht. Man kann nur hoffen, dass irgendwann die Wahrheit ans Licht kommt; das wird spätestens dann geschehen, wenn die Archive geöffnet werden müssen, und die Verantwortlichen für die Anschläge wahrscheinlich dann nicht mehr leben. Die Öffnung der Archive wird dann aber nur geschehen, wenn bis dahin nicht alle demokratischen Instanzen abgeschafft worden sind im Zuge der Errichtung der NWO, die dann ihre eigenen Gesetze schreiben wird.

3. Die Neue Weltordnung

„Die Pandemie bietet ein seltenes, aber enges Zeitfenster, um unsere Welt zu reflektieren, neu zu definieren und zurückzusetzen.“
(Klaus Schwab, Gründer und Vorstandsvorsitzender des
World Economic Forum)

Globalisierung

*„Wir können eine politische Union nur durch eine **Krise** erreichen.“*
(Wolfgang Schäuble[140])

*„Wenn die **Krisen** größer werden, werden die Fähigkeiten, Veränderungen durchzusetzen größer.“*
(Wolfgang Schäuble[141])

*„Wir stehen am Rande einer weltweiten Umbildung, alles was wir brauchen, ist die richtige allumfassende **Krise**, und die Nationen werden in die neue Weltordnung einwilligen.“*
(David Rockefeller[142])

Wie in einem Flugblatt mit dem Titel *„Bilderberger – Bilder Was ???“*, verteilt anlässlich der Bilderberger-Konferenz in Dresden 2016[143], zu lesen war *„... benötigen die Bilderberger **Krisen**, damit ihre geplante Neuordnung der Welt von den Völkern akzeptiert wird.“* Dieser Fakt kommt auch in den diesem Kapitel vorangestellten Zitaten zum Ausdruck, zum einen das von dem Vertreter der **superreichen Eliten**, David Rockefeller, zum andern das von dem **Politiker** Wolfgang Schäuble. Damit dürfte auch dem gutgläubigsten Deutschen klar geworden sein, was das Ziel der Eliten ist und dass führende Politiker die Interessen dieser Eliten vertreten, und dass diese an der Errichtung einer Neuen Weltordnung

(NWO) mitwirken. Und um das **Ziel** NWO zu erreichen, müssen **Krisen** her. So gesehen erscheint die „Flüchtlingskrise" in einem völlig anderen Licht, als es uns Politik und öffentliche Medien Glauben machen wollen. Wie wir in Kapitel 4 nachweisen werden, ist die „Flüchtlingskrise" eben keine Völkerwanderung, die naturgegebenen Gesetzmäßigkeiten folgt. Nein, sie ist durch die Eliten absichtsvoll und strategisch geplant, u.a. auch durch die MENA-Kriege (MENA = Middle East and North Afrika) herbeigeführt worden, um so die große **Krise** herbeizuführen. Und, um diese MENA-Kriege führen zu können und dem eigenen Volk als notwendig „verkaufen" zu können, schufen die Eliten die eine große **Krise**, das Jahrhundertattentat 9/11 (Kapitel 2).

Abbildung 4: Karikatur, die die Abhängigkeiten symbolisieren. Der „Puppenspieler", der die Fäden der EU-Marionette in den Händen hält, hängt selbst an Fäden[144].

Was David Rockefeller mit der *„allumfassenden Krise"* meint, kann zum Beispiel ein neuer Weltkrieg sein oder ein Bürgerkrieg zwischen Einheimischen und zugewanderten Migranten, wenn deren Zahl eine bestimmte, kritische Grenze übersteigt, oder eine Revolution, die aus dem Ruder läuft und auf benachbarte Länder übergreift.

*«Seit 1989 ist der ganze Globus nicht nur das Feld anglo-amerikanischen Herrschaftswillens, sondern auch das Feld neuer sozialer Experimente geworden. Weltweit ist eine Zweiklassengesellschaft entstanden. Was sich siebzig Jahre lang in Russland abspielte, hat begonnen, sich auf dem ganzen Planeten abzuspielen: Nicht nur die Rechte eines Volkes werden gegenwärtig mit Füßen getreten, sondern die Rechte aller Völker, die sich der Macht und dem Willen der Supermacht nicht beugen; nicht einem Volk wird eine Planwirtschaft aufgezwungen, die ganze Welt hat sich den Diktaten der WTO (World Trade Organization) und anderen Organisationen mit noch schöneren Namen zu beugen, was zu einer weiteren Globalisierung von Arbeitslosigkeit, Armut und Gewaltbereitschaft führen wird. **Die Globalisierung, von der ausschließlich eine relativ kleine anglo-amerikanische Elite und ihr Gefolgstrupp in der übrigen Welt profitiert, ist weltweit im Begriff, Formen des sozialen Zusammenlebens zu erzwingen, die reine Karikaturen von allem sind, was menschenwürdig genannt zu werden verdient.»* [145]*

„Eine kleine Gruppe von Menschen, von denen wir noch nie gehört haben, regiert uns, bildet unsere Meinung, formt unseren Geschmack und suggeriert uns unsere Ideen. Diese kleine Gruppe zieht die Fäden der öffentlichen Meinung, kontrolliert so die offizielle Regierung und plane die Zukunft.“ [146]

Diese Worte zeichnen ein Bild der globalen Entwicklungstendenzen, wie sie seit dem Zusammenbruch des Ostblocks in der Welt sichtbar werden. Diese globalen Entwicklungstendenzen kennzeichnen den Weg zu einer Neuen Weltordnung (NWO), die von den internationalen Finanzeliten, dem militärisch-industriellen Komplex, ThinkTanks und Geheimbünden wie die „Bilderberger“, der „Trilateralen Kommission“ den „European Round Table of Industrialists“, „European Financial Services Round Table“, „Entrepeneur's Roundtable“[147] vorangetrieben werden. Es *„treffen sich hier weltfremde und elitäre Leute, die, oftmals gegen jede Sachkenntnis sich anmaßen, Entscheidungen zu treffen, die einen großen Teil der Welt beeinflussen. Entscheidungen, die sie treffen, sind ausschließlich auf den persönlichen Machterhalt und die Bereicherung der Wirtschafts- und Finanzeliten gerichtet.“*[148] Be-

merkenswert ist, dass die Konstituierung der Bilderberger durch
die CIA unterstützt worden ist, sie finanzierte zumindest das erste
Treffen im Hotel Bilderberg.[149]
Sogar die jährlich stattfindende Münchener Sicherheitskonferenz
dient der Koordinierung and Absprachen dieser Eliten auf dem
Weg zu dieser NWO.[150] *„Wer den Informationen der
Mainstreammedien traut, könnte glauben: Auf der Münchener
Sicherheitskonferenz treffen sich Spitzenpolitiker die miteinander
diskutieren, wie die Welt ein Stück weit friedlicher werden
kann.“*[151] Wenn man aber hinter die Kulissen schaut, stellt man
fest, dass dies nicht der Fall ist. *„In Wahrheit wird eine Welt unter
der globalen Führung einer kleinen Elite angestrebt, deren Hauptziel die vollständige Kontrolle über Menschen, Geld, Energie,
Land- und Wasserwirtschaft sein soll. Die Taktik zur Erreichung
dieses Ziels ist immer dieselbe: Rufe Krisen hervor, wie z. B. die
Eurokrise, Flüchtlingskrise oder Kriege wie in Syrien, die immer
nach demselben Muster ablaufen: Nach dem bewusst inszenierten
Chaos wird dann ein Ausweg angeboten, die eigene Sicherheit und
Ordnung (z. B. Frieden) in Aussicht gestellt, frei nach dem Frei-
maurerprinzip „Ordo ab chao“ (Ordnung aus dem Chaos). Brand-
stifter und Feuerwehrmann sind dabei immer ein- und dieselbe
Person. Ziel ist, dass die Bevölkerung nach dem inszenierten Chaos freiwillig ihre Rechte aufgibt und einer totalen Überwachung
zustimmt.“*[152] Auf den Münchener Sicherheitskonferenzen sind
zum großen Teil dieselben Teilnehmer vertreten wie auf den Bilderberger-Treffen. Und Informationen über Inhalte, die auf der
Münchner Sicherheitskonferenz besprochen werden, findet man in
den öffentlichen Medien ebenfalls nicht. Die 2017 in München
während der Münchener Sicherheitskonferenz stattfindende Demonstration gegen die Kriegstreiberei wurde in den abendlichen
Hauptnachrichten von ARD und ZDF komplett totgeschwiegen.
*„Statt friedensbewegten Bürgern kamen ausschließlich Politiker
und „Experten“ der Eliten zu Wort, um der deutschen Öffentlichkeit in den sogenannten „Nachrichten“ militärische Aufrüstung
und Feindbildung in den Kopf zu trichtern.“*[153]
Seit den 1990er Jahren hat sich die Münchener Sicherheitskonferenz wieder zu einer Kriegskonferenz gewandelt. So sagte Willy
Wimmer, ehemaliger Parlamentarischer Staatssekretär im Vertei-

digungsministerium anlässlich der Münchener Sicherheitskonferenz 2018: *„Ich betrachte sie* (die Münchener Sicherheitskonferenz) *auch als Kriegskonferenz und nicht als Sicherheitskonferenz. ... Es ist der Nachweis für eine, aus meiner Sicht, fast kriminelle westliche Politik der letzten Jahrzehnte, die Welt wieder dahin zurückzubringen, wo sie sie 1990 verlassen haben, nämlich den kalten Krieg wieder neu aufzulegen. Es ist nichts anderes."*[154]

Auch die Treffen der Trilateralen Kommission, die sogar mehrmals im Jahr stattfinden, dienen diesen Zielen und der Koordinierung.
Eine solche NWO können wir so nicht wollen; denn sie ist zerstörerisch und unmenschlich. Es handelt sich dabei um eine Verschwörung der Finanzeliten, bei der die „Bilderberger" eine tragende Rolle spielen. Bei den jährlich stattfindenden Bilderberg-Konferenzen nehmen ca. 120 und 130 Personen teil, die im Geheimen tagen, ohne Transparenz, ohne öffentlich zugängliche Protokollierung dessen, was dort verhandelt wird, wo sich die Teilnehmer zur Verschwiegenheit verpflichten müssen. Unter ihnen sind Regierungschefs, die Hochfinanz Westeuropas, der USA und Kanadas sowie führende Industrielle, hochrangige Militärs und Geheimdienstchefs und die Chefetagen der größten und bekanntesten Medienunternehmen der Welt. Sie gelten als geheime Weltregierung. *„Was sie* (die Elite) *besprochen hat, erfährt die Welt offiziell nie. **Sie spürt es nur.** Bildzeitung (11.Juni2011)"*[155]
„Hauptziel der Bilderberger ist die Globalisierung. Sie wollen keine Landesgrenzen. Zur Umsetzung benötigen die Bilderberger Krisen, damit ihre geplante Neuordnung der Welt von den Völkern akzeptiert wird. Nichts geschieht zufällig. Kriege, Wirtschaftskrisen oder Völkerwanderungen sind das Ergebnis der Schachzüge, die im Hintergrund gezogen werden. Zahlreiche „Änderungen" des Systems sind auf die Bilderberger zurückzuführen. Eigens von ihnen erschaffene Organe (z.B. EU, NATO, UNO) sind mächtige Einrichtungen und stellen einige von vielen Tentakeln der globalen Kontroll- und Machtmechanismen dar. Wer maßgebend gegen die „Prinzipien" der Bilderberger handelt, stellt eine Bedrohung für die ‚Neue Weltordnung' dar und wird mundtot gemacht, was erklärt, warum Wahrheitsbewegungen in die rechte Ecke gedrängt werden."[156]

Der obigen Feststellung, dass EU, NATO, UNO, ... von den Mächten hinter den Bilderbergern erschaffen worden sind, könnte man jetzt widersprechen, weil diese ja zeitlich bereits vor den Bilderbergern gegründet worden sind. Jedoch, die treibenden Kräfte, die hinter den Bilderbergern stehen, hat es auch schon vor deren Konstituierung im Jahre 1954 gegeben. Das kommt zum Beispiel auch in dem folgenden Zitat zum Ausdruck: *"Die vier Botschafter (der Siegermächte des zweiten Weltkrieges) brauchten über das Berlin-Abkommen nicht viel zu verhandeln. Sie brauchten nur den Text zu unterzeichnen, den die Bilderberger ausgearbeitet hatten."* (Henry Kissinger: 1993 bei einem Treffen im Haus der Weltkulturen in Berlin)[157] Diese Feststellung besagt auch, dass Hitler mit seinem Krieg letztlich unfreiwilliger Helfer war auf dem Weg zur Errichtung einer NWO, deren Konturen sich heute ganz deutlich abzeichnen.

Der Eindruck, dass die UNO selbst ein Machtinstrument der Elite ist, tritt immer deutlicher zu Tage im Zusammenhang mit den Bestrebungen, in der Welt eine Massenmigration durchzusetzen, manifestiert im „UN-Migrationspakt" und im „UN-Flüchtlingspakt" und deren vorbereitenden Dokumenten „Bestandserhaltungsmigration (Abteilung Bevölkerungsfragen - Vereinte Nationen)"[158] von 2001, der „New Yorker Erklärung" von 2016 und dem Bericht des UN-Generalsekretärs „Migration zum Nutzen aller gestalten" von 2017.[159]

Die **Krisen** sind also gewollt, sie werden angestrebt; die NWO-Protagonisten arbeiten systematisch auf die allumfassende Krise hin, um dann aus der Krise heraus die neue Ordnung zu erschaffen. *„Hinter dem 'Ordo ab Chao', Ordnung aus dem Chaos, steckt ein PLAN. Der EURO ist eingeführt worden, damit er zusammenbricht."*[160] Genauso äußerte sich auch Jacques Attali zur EURO-Krise, federführender Politiker bei der Abfassung des ersten Maastrichter Vertrages: *„Die Krise sei nicht nur vorhersehbar gewesen, man habe sie sogar bewusst geplant, um eine starke europäische Haushaltsföderation zu schaffen."*[161]
Dass gerade auch in Deutschland auf die große allumfassende Krise hingearbeitet wird, sieht man nicht nur an der Einführung des

Euro und die, alle Vorstellungen übertreffende Staatsverschuldung durch Einführung des ESM-Vertrages, sondern auch an den anderen Entwicklungen im Lande: Die Verwahrlosung der Infrastruktur, die Verarmung großer Teile der Bevölkerung, das Zulassen von NoGo-Areas in den Städten, die Flutung mit kulturfremden Menschen, die Ungleichbehandlung von Kriminellen der ANTIFA und Zugewanderten auf der einen Seite und den deutschen Bürgern auf der anderen Seite, der Kampf gegen die deutsche Automobilindustrie, die gleichzeitige schnelle Abschaffung der Kraftwerke auf Basis von Atomkraft und fossilen Brennstoffen, was bisher das Rückgrat einer sicheren Energieversorgung war. All dies sind Bausteine auf dem Weg zur beabsichtigten großen Krise. Sie dienen den Eliten dazu, Bedingungen zu schaffen, die zu der beabsichtigten großen Krise führen, um danach auf den „Trümmern" die NWO zu errichten.

Es ist aber auch noch ein ganz anderer Aspekt wichtig, ohne dessen Kenntnis man die Entwicklungen in Deutschland nicht verstehen kann: *„Ein regierbares, geeinigtes Europa ist jedoch nicht möglich, wenn das eine Land reich, das andere Land arm ist. Da sich flächendeckender Reichtum und Wohlstand aus den unterschiedlichsten Gründen und Gegebenheiten nicht in jedem europäischen Land entwickeln lassen, und dies auch gar nicht in unserem Interesse liegen kann, ist eine schnellstmögliche Angleichung durch Herabstufung kapitalreicher, wirtschaftsgesunder Länder an ärmere Länder unbedingt anzustreben. ...Diese Herabstufung werden wir durch Maßnahmen erreichen, indem wir intakte Länder, und hier denke ich in erster Linie an Deutschland, einbinden werden, die Verschuldung anderer Länder zu tragen und deren Defizite auszugleichen. ...Eine fortschreitende Schwächung wäre somit gewährleistet und erhielte (in Anerkennung der Notwendigkeit von Rettungsschirmen) durchaus ihre offizielle Legitimation. Die Wichtigkeit einer Verschuldung Deutschlands – und zwar über Generationen hinaus – muss keiner wirtschaftspolitischen Beurteilung standhalten, sondern als gesellschaftspolitische Notwendigkeit verstanden werden. So ist es auch der Bevölkerung zu vermitteln, denn ansonsten werden wir früher als erwartet auf Widerstand stoßen. ...Die Akzeptanz in der Bevölkerung ist zum jetzigen Zeitpunkt (noch) notwendig. **Da es den Prozess der notwendigen***

Schwächung Deutschlands mit unterstützenden Maßnahmen zu beschleunigen gilt, möchten wir zeitgleich die Möglichkeit jedweder Einwanderung anregen und unterstützen. Und zwar massivst. ...Hier wird es auch in den nächsten Jahren wichtig sein, alle Möglichkeiten auszuschöpfen, die sich uns bieten. Das Land mit Zuwanderung zu fluten, sollte von allen als notwendig verstanden werden. **Die deutsche Regierung ist aufgefordert, die Umsetzung ihres Auftrags (entsprechend der Vorjahre) auch weiterhin, nach Kräften, zu verfolgen.** ...Protest und Aufbegehren wird, wenn es denn überhaupt in größerem Maße dazu kommen sollte, nur aus dem rechten Lager erwartet. Diesem wird sich die breite Masse nicht anschließen – das Risiko gesellschaftlicher Ächtung wäre (dank jahrzehntelanger erfolgreicher Erziehungsarbeit) einfach zu hoch. ...Wenn sich die Hinweise auf religiös-militante Ausschreitungen muslimischer Migranten auch häufen, es sei angemerkt, dass diese uns doch viel mehr nützen als schaden. Trägt ihr Einfluss nicht dazu bei, den Identitätsverlust der Deutschen zu beschleunigen? Entsteht nicht dadurch ein weitaus gemäßigteres Volk, als wie es uns in der Vergangenheit die Stirn bot? ...Halten wir uns noch einmal vor Augen, worum es uns letztendlich geht: Wir möchten bis zum Jahre 2018...".*[162]

Im Video[163] zu diesem Manuskript ist zu lesen: *„Es stand exakt das politische Programm darauf, wovon wir heute Augenzeugen sind."* Wenn man sich obiges Zitat auf der Zunge zergehen lässt, so ist ganz offensichtlich, dass beides, die Flutung Deutschlands mit Zuwanderern und der ESM-Vertrag (im Verbund mit dem Euro), insbesondere dem Zweck dient, den Prozess der Schwächung des wirtschaftsstarken Deutschlands voranzutreiben, als Voraussetzung des Einigungsprozesses zur EU. Ebenso dient die Praxis des Geldtransfers ins Ausland (Kindergeld, Krankenversicherung für die in der Türkei lebenden Eltern von hier in der BRD lebenden türkischen Mitbewohnern, die geplante Schaffung einer EU-einheitlichen Arbeitslosenversicherung[164], die üppige finanzielle Austattung der Zugewanderten sowie die Finanzierung der Flüchtlingsindustrie) der immer stärkeren Verschuldung Deutschlands und damit seine weiter voranschreitende Schwächung. Zur Erinnerung: *„Ein regierbares, geeinigtes Europa ist jedoch nicht möglich, wenn das eine Land reich, das andere Land arm ist."*

Ich glaubte zuerst, dass dieses Zitat ein Hoax, eine Fälschung, sein könnte. Jedoch *„seine Echtheit (des Manuskripts) wird allein dadurch bewiesen, dass seit 2012 exakt das umgesetzt wird, was man in diesem Redemanuskript fand ... Wenn man den Text liest, passt jedes Wort zum Geschehen in Deutschland ... und das kann nur Merkels Plan sein. "*[165]

Weiter ist in dem Video zu lesen: *„Das Internet ist voll mit geschickt platzierten Seiten, auf denen all jene lächerlich gemacht werden, die den Bilderberger-Konferenzen und deren Teilnehmern misstrauen. Insbesondere wenn unliebsame FAKTEN ans Tageslicht gebracht werden, werden diese schnell als Übertreibung von **Verschwörungstheoretikern** hingestellt. "*

Die Bilderberger repräsentieren aber nur die Spitze des „Eisbergs", der durch das sogenannte „Komitee der 300" verkörpert wird, einer mächtigen Gruppe von unermesslich reichen Menschen, die im Hintergrund die Fäden ziehen, *„die keine nationalen Grenzen kennt, über dem Gesetz aller Länder steht und die alle Aspekte der Politik, der Religion, des Handels und der Industrie, des Banken- und Versicherungswesens, des Bergbaus, des Drogenhandels und der Erdölindustrie kontrolliert - eine Gruppe, die niemandem als ihren eigenen Mitgliedern gegenüber verantwortlich ist. "*[166] Die Bilderberger sind praktisch die 2. Garde[167] und stellen das Bindeglied dar zwischen dem „Komitee der 300" und den wichtigen, international bedeutsamen Vertretern aus Politik und Medien, um die Schwerpunkte der zukünftigen internationalen Politik sowie Personalfragen zu beeinflussen und Personalentscheidungen für die Führungsposten in der Politik vorzubereiten und zu organisieren. Die mit auf die Bilderberg-Konferenzen eingeladenen Vertreter der öffentlichen Leitmedien übernehmen im Anschluss solcher Treffen die propagandistische Beeinflussung der jeweiligen Wählerschaft in den Ländern. Diese Zusammenhänge werden deutlich, wenn man vergleicht, welche Persönlichkeiten des öffentlichen Lebens auf Bilderberger-Konferenzen eingeladen waren und später in hohe politische Ämter gewählt worden sind. So wurden der Präsidentschaftskandidat Obama sowie die CDU-Parteivorsitzende Merkel auf Bilderberger-Konferenzen eingeladen und beide kurz darauf Präsident / Kanzlerin, ebenso Frau von der Leyen kurz danach

Verteidigungsministerin. Hier eine Liste solcher Korrelationen zwischen Einladungen auf eine Bilderberger-Konferenz und anschließendem „Ritterschlag":[168,169]

• Barack Obama, Teilnahme 2008, danach US-Präsident;

• Gerhard Schröder und Angela Merkel, Teilnahme 2005, danach Misstrauensvotum Schröder und neue deutsche Kanzlerin Merkel;

• Georg Kiesinger ab 1955 Teilnahme / 1966 Kanzler

• Helmut Schmidt 1973 Teilnahme / 1974 Kanzler

• Helmut Kohl 1980 Teilnahme / 1982 Kanzler

• Jean-Claude Trichet, Teilnahme 2003, danach Präsident der Europäischen Zentralbank;

• José Manuel Barroso, Teilnahme 2003, danach Präsident der Europäischen Kommission;

• Tony Blair, Teilnahme 1993, danach Chef von Labour und britischer Premierminister;

• Bill Clinton, Teilnahme 1991, danach US-Präsident;

• Margaret Thatcher, Teilnahme 1977, danach britische Premierministerin;

• van Rompuy 2009, danach ständiger EU-Präsident

• Étienne Davignon, langjähriger Ehrenpräsident der Bilderberg-Konferenzen war von 1981 bis 1985 Vizepräsident der Europäischen Kommission

• Wolfgang Schäuble, Teilnahme 2003; die CSU und Teile der CDU wollten Schäuble Anfang März 2004 zur Wahl des Bundespräsidenten vorschlagen (Wikipedia), hatten sich aber schließlich, gemeinsam mit der FDP auf Horst Köhler als gemeinsamen Kandidaten geeinigt. Stattdessen wurde Wolfgang Schäuble unter Angela Merkel zum Finanzminister berufen, der in dieser Funktion ganz entscheidend den ESM-Vertrag unterstützt und mit vorangetrieben hat, ein Vertrag, der eins der ganz großen Projekte der Bilderberger war. Der ESM-Vertrag (im Verbund mit dem Euro) verkörpert ein wesentliches Teilziel der Bilderberger, nämlich den Prozess der Schwächung des wirtschaftsstarken Deutschlands voranzutreiben, als Voraussetzung des Einigungsprozesses zur EU.

• Jürgen Schrempp, Teilnahme 1994, danach Chef der Daimler Benz AG;

Bzgl. Jürgen Schrempp, ehem. Vorsitzende der Daimler-Chrysler AG, und seines Vorstandsvorsitzenden Hilmar Kopper, beide langjährige Teilnehmer an den Bilderbergkonferenzen,[170] ist bemerkenswert, dass beide verantwortlich sind für den größten Verlust, die die Daimler-Benz Aktiengesellschaft jemals in ihrer fast 100-jährigen Geschichte erleiden musste, insbesondere durch die teure Fusion mit dem US-Autokonzern Chrysler, der gescheiterten Allianz mit Mitsubishi, das Milliardendefizit beim Smart, ...[171] Man könnte sich die Frage stellen, ob dies Absicht war und dem Einfluss von „Bilderberg" zuzurechnen ist. Wenn dies zuträfe, würde es sich einreihen in die vielen politischen Entscheidungen, die unsere Regierung in den letzten Jahrzehnten gefällt hat.

Sind diese Korrellationen alles Zufälle? Nein! Schon 1988 schrieb der Zeitungsherausgeber Will Hutton, „The Observer", selbst Teilnehmer an Bilderberg-Konferenzen: *„Bilderberg gehört zu den wichtigsten Zusammenkünften des Jahres ... Der dort gefundene Konsens definiert den Rahmen, in dem Politik weltweit gemacht wird.* "[172]
Angela Merkel löste in der Bundestagswahl 2005 Gerhard Schröder als Bundeskanzler ab. Man kann vermuten, dass auch dies kein Zufall war. Gerhard Schröder hatte zwar als Bundeskanzler im Rahmen seiner Agenda 2010 das deutsche Sozialsystem und den Arbeitsmarkt im Sinne der im Hintergrund agierenden Lobbygruppen reformiert und damit zu einer Verarmung großer Teile der Bevölkerung beigetragen. Jedoch durch seine Weigerung, sich am Krieg gegen den Irak zu beteiligen, konnte er nicht mehr auf die Unterstützung der Hintergrundmächte rechnen. Deshalb erscheint es logisch, dass er durch die neue Bundeskanzlerin Merkel abgelöst wurde. Die Regierungen in Deutschland werden zwar durch den Souverän, das Volk, gewählt. Man darf jedoch nicht den propagandistischen Einfluss der öffentlichen Medien auf das Wahlverhalten der Bevölkerung unterschätzen, wodurch, wie wir oben gelernt haben, das Denken der Menschen und damit natürlich auch deren Wahlentscheidung ganz wesentlich beeinflusst werden kann. Dadurch, dass die Vertreter der Chefetagen der öffentlichen Medien auch Teilnehmer der Bilderberger-Treffen sind, muss man davon ausgehen, dass diese im Sinne der dort gefassten Beschlüsse agie-

ren. Auch die Möglichkeit von Wahlmanipulationen ist nicht völlig auszuschließen, wie dies die letzte Landtagswahl in NRW gezeigt hat.[173]

Ergänzend sollte man noch erwähnen, dass auch Christian Lindner 2013 sein Debut auf dem Bilderbergertreffen hatte und wenige Monate danach neuer FDP-Chef wurde, *„dessen FDP nach den Wahlen in NRW groß gefeiert wird und den AfD-Wählern eine ‚demokratischere' Alternative für Deutschland bieten soll."*[174]

Beim Bilderberger-Treffen im Juni 2016 in Dresden kam durch einen Insider heraus, dass die Abschaffung des Bargelds, der Ukraine-Konflikt und die Förderung der Flüchtlingsströme nach Europa ganz oben auf der Agenda standen.[175] *„Tatsache ist, dass in den letzten Jahrzehnten, speziell nach den Bilderberger Veranstaltungen, spürbare Veränderungen stattgefunden haben (Euroeinführung, Lehman-Pleite, Ukraine-Krise, Flüchtlingskrise u.v.m.). Der Bilderberger Ehrenpräsident und Ex-EU-Kommissar Etienne Davignon gab vor einigen Jahren selbst zu, dass diese Gruppe den Euro erschaffen hat."*[176]

Sollte es doch mal nicht so laufen, wie auf den Bilderberger-Treffen geplant, gibt es Gegenmaßnahmen ungeahnten Ausmaßes, wie z.B. der orchestrierte Kampf der „politisch korrekten" Medien gegen den neu gewählten Präsident der USA, Trump oder die Verhinderung Al Gore's als US-Präsident im Jahre 2000 und dessen Ersetzung durch Bush junior, dessen „Inthronisierung" einem Putsch ins Weisse Haus gleich kam.[177] Es wird sicher auch kein Zufall gewesen sein, dass das letzte Bilderberger-Treffen in den USA stattfand, vom 1. bis 4. Juni 2017, wo der nicht vorgesehene Präsident Trump den Bilderberger-Zielen im Wege steht.

Über Inhalte auf den Bilderberger-Treffen wird man so gut wie nichts in den Mainstreammedien finden. Die oben geschilderten Zusammenhänge werden von der Bevölkerung nicht als solche wahrgenommen, weil diese durch die öffentlichen Medien verschleiert werden. Deren Nachrichtensendungen, Talkshows und Kommentare sind in sehr vielen Fällen keine objektive Darstellung, sondern Propaganda;[178,179] die Hintergründe und Ziele der Globalplayer bleiben dem einfachen Volk verborgen. Denn *„... das Volk denkt schließlich, was die Medien denken."*[180]

Da die westlichen Staaten hoch verschuldet sind, sind sie erpressbar geworden.[181] Sie sind auf die Gewährung von Krediten angewiesen. Die Kreditvergabe und die Höhe der Zinsen für die Kredite hängen zwar von der Kreditwürdigkeit des jeweiligen Staates ab, bewertet durch die Rating-Agenturen, aber zu einem erheblichen Maße auch von dem Wohlwollen der Geldgeber gegenüber den jeweiligen Schuldnerstaaten. Die Kredite können versagt oder gekündigt werden, wenn die jeweilige Regierung sich den Forderungen der Geld-, bzw. Kreditgeber verweigert. Sie können Regierungen stürzen. *„Die Rating-Aenturen stürzen jetzt sogar Regierungen wie in Irland und Portugal. Und niemand regt sich darüber auf. Früher war das mal ein Wahlrecht der Bevölkerung. Heute läuft das völlig anders.“*[182] Staaten können in den Ruin getrieben werden und sogar Kriege provoziert werden, wie der Jugoslawienkrieg gezeigt hat. Da hatte die Kündigung von Krediten zu Verteilungskämpfen zwischen den verschiedenen Volksgruppen um die noch vorhandenen Geldmittel geführt, was schließlich in einen Krieg mündete.[183] D.h., die superreichen Eliten sind in der Lage, über das Mittel Geld die globale Entwicklung in der Welt entsprechend ihren Wunschvorstellungen zu beeinflussen. Genau das haben bereits 2011 der weltbekannte Sänger Mikis Theodorakis und Manolis Glezos als drohendes Scenario für unsere Demokratien treffend beschrieben: *„Eine Handvoll internationaler Banken, Ratingagenturen, Investmentfonds – eine globale Konzentration des Finanzkapitals ohne historischen Vergleich – möchte in Europa und der Welt die Macht an sich reißen. Sie bereitet sich auf eine Beseitigung der Staaten und unserer Demokratie vor, indem sie die Waffe der Schulden nutzt, um die Völker Europas zu versklaven und anstelle der unvollständigen Demokratie, in der wir leben, eine Diktatur des Geldes und der Banken zu errichten.“* Zu demselben Ergebnis kommt der ehemalige Generalsekretär der CDU, Heiner Geisler: *„Es treffen sich hier weltfremde und elitäre Leute, die, oftmals gegen jede Sachkenntnis sich anmaßen, Entscheidungen zu treffen, die einen großen Teil der Welt beeinflussen. Entscheidungen, die sie treffen, sind ausschließlich auf den persönlichen Machterhalt und die Bereicherung der Wirtschafts- und Finanzeliten gerichtet.“*[184] Und in diesem Kontext sollte man sich noch einmal des Ausspruchs von Franklin D. Roosevelt erinnern:[185] *„The* *real truth of the matter is that a financial element in the large centers has owned the government ever since the days of Andrew Jackson.*"†††††

Und John F. Kennedys sagte 1961 öffentlich:[186] „*Denn wir haben es mit einer monolithischen und rücksichtslosen weltweiten Verschwörung zu tun, die sich hauptsächlich auf verdeckte Mittel zur Erweiterung ihres Einflussbereichs stützt - auf Infiltration statt Invasion, auf Subversion statt freier Wahlen, auf Einschüchterung statt Selbstbestimmung, auf Guerillas in der Nacht anstatt Armeen bei Tag. Es ist ein System, welches beträchtliche menschliche und materielle Ressourcen in den Aufbau einer eng geknüpften, hocheffizienten Maschinerie verstrickt hat, die diplomatische, geheimdienstliche, ökonomische, wissenschaftliche und politische Operationen kombiniert.*" Und am 15.11.1963, eine Woche vor seiner Ermordung, soll er gesagt haben: „*Es gibt einen Plan in diesem Land, alle Männer, Frauen und Kinder zu versklaven. Bevor ich dieses hohe und ehrenwerte Amt verlasse, werde ich diesen Plan bloßstellen.*"‡‡‡‡‡ Dieses letztgenannte Zitat charakterisiert das eigentliche Ziel, das hinter den Bestrebungen zur Globalisierung steckt.[187] Das zuvor wiedergegebene Kennedy-Zitat charakterisiert den Weg zu diesem Ziel. Das genau steckt hinter den Bestrebungen zur Globalisierung. Einige der Personen, die zu diesen superreichen Eliten gehören, sind George Soros, David Rockefeller, Henry Kissinger und der Rothschild-Clan. David Rockefeller stellte 1991 fest "*Wir sind der Washington Post, der New York Times, dem Time Magazine und anderen großen Publikationen dankbar, deren Chefredakteure an unseren Treffen in der Vergangenheit teilnahmen und die Zusage der Vertraulichkeit fast 40 Jahre lang respektierten. Es wäre unmöglich für uns gewesen, unsere Pläne für die Welt zu entwickeln, wenn wir all die Jahre im Rampenlicht der Öffentlichkeit gestanden hätten. Nun ist unsere Arbeit jedoch soweit durchdacht und bereit in einer Weltregierung zu münden. Die supranationale Souveränität von Welt-Bankern und einer intellek-*

---

††††† "Die reine Wahrheit ist, dass der Hochfinanz die Regierung gehört, und zwar seit den Tagen von Andrew Jackson."
‡‡‡‡‡ Es gibt Zweifel daran, dass Kennedy das tatsächlich gesagt hat; dennoch bringe ich es hier, weil dieses nach meiner Auffassung genau das wiedergibt, was hinter der Globalisierung steckt.

tuellen Elite ist sicher der nationalen Selbstbestimmung, welche in den letzten Jahrhunderten praktiziert wurde, vorzuziehen." [188] Dieses Zitat benennt

1) das große Ziel der Finanzeliten, nämlich **Ersetzen der Nationalstaaten durch eine supranationale Bankenherrschaft,**
2) das Prinzip der **Geheimhaltung der Pläne der Finanzeliten vor der Weltöffentlichkeit** und
3) die **Komplizenschaft der öffentlichen Medien mit den Finanzeliten.**

Man kann davon ausgehen, dass mit den im Zitat genannten „Treffen" unter anderem die Bilderbergertreffen und die Münchner Sicherheitskonferenzen gemeint sind.

Das was Mikis Theodorakis und Manolis Glezos 2011 festgestellt haben, wird von Mayer Amschel Rothschild bestätigt: *„Let me issue and control a nation's money and I care not who writes the laws."*[§§§§§] Und unter dem Suchbegriff „Jacob Rothschild" findet man im Internet[189] z.B., *„ ...I am the most powerful man in the world, & head of the Banking clan. We own your Federal Reserve, media, government, political parties, & money. For over 200 years we have funded both sides of every war..."*[******] Dieses "beide sich in einem Krieg gegenüberstehenden Parteien" mit Waffen zu beliefern hatte auch schon den 2.Weltkrieg befeuert,[190,191] ebenso den 1.Irakkrieg gegen Iran, 1980-88, über den George Friedman sagte:[192] *„Er (Ronald Reagan) finanzierte beide Seiten, so dass sie gegeneinander kämpften und nicht gegen uns. Das war zynisch, bestimmt nicht moralisch, aber es funktionierte."* U. Aybirdi gibt in seinem Buch „Die Lügengeschichte – Wer die Welt wirklich regiert" an: *„Im Zeitraum 1981 bis 1985 wurden Waffen an den Irak für 23,9 Milliarden US-Dollar geliefert, an den Iran im gleichen Zeitraum Waffen im Wert von 6,4 Milliarden Dollar."*[193] Die

---

[§§§§§] *„Gebt mir die Kontrolle über die Währung einer Nation, und es ist mir egal, wer die Gesetze schreibt."*
[******] *., „ ...Ich bin der mächtigste Mann in der Welt und Kopf des Banken-Clans. Wir besitzen die Federal Reserve, die Medien, Regierung, politischen Parteien und das Geld. Seit über 200 Jahren haben wir beide Seiten jeden Krieges finanziert ..."*

Waffenlieferungen, die nicht allein von den USA kamen, sorgten ganz entscheidend für eine Verlängerung des 1.Irakkriegs, *„da es faktisch bereits 1982 beiden Kriegsparteien an Nachschub für Waffen mangelte."*[194]

Zur Sicherung ihrer Macht und zur Gewinnmaximierung wollen die superreichen Finanzeliten eine autoritäre, supranationale Weltregierung errichten, in dem der Mensch nur noch als Ware „Arbeitskraft" gehandelt wird und mobil überall in der Welt einsetzbar ist, wo persönliche und nationale Identitäten als Störfaktoren so weit wie möglich zurückgedrängt werden sollen. Eine Voraussetzung dafür ist die systematische Zerstörung von Familienstrukturen und nationalen Identitäten. Dies wird zu noch mehr Reichtum und Macht der Eliten führen, aber zur weiteren Verarmung großer Teile der Bevölkerung. In diesem Sinne wird z.Zt. die Globalisierung massiv vorangetrieben. Wenn wir uns in Deutschland umsehen, sind wir bereits mittendrin in dieser Entwicklung: Der Anteil der unter der Armutsgrenze lebenden Menschen hat in der BRD in den letzten 10 Jahren rapide zugenommen, der Einfluss der Gewerkschaften wurde zurückgedrängt, Freihandelsabkommen, die die die großen internationalen Konzerne mit unermesslicher Macht ausstatten, werden hinter verschlossenen Türen ohne Beteiligung der Parlamente verhandelt. In kleinen Entscheiderrunden werden Gesetze formuliert, die dann von den Parlamenten nur noch abgesegnet werden sollen und auch werden, wie z.B. der Vertrag zum sogenannten Europäischen Stabilitätsmechanismus (ESM),[195] ein grundlegendes Gesetz, das den deutschen Bundestag seiner freien Verfügung über ihre Finanzmittel beraubt.

ESM-Vertrag

Entsprechend diesem ESM-Vertrag sind die ESM-Mitglieder *"**bedingungslos und unwiderruflich** verpflichtet, bei Aufforderung jeglichem ... Kapitalabruf binnen 7 (sieben) Tagen nach Erhalt dieser Aufforderung nachzukommen"*.[196] Das Grundkapital, derzeit 700 Mrd Euro, kann durch die oberste Behörde, den Gouverneursrat, geändert werden, ohne dass die Regierungen der Teilnehmerländer ein Vetorecht haben. Die Mitglieder des Gouverneursrates genießen gerichtliche Immunität, verfügen aber *"über volle Rechts- und Geschäftsfähigkeit für ... das Anstrengen von Gerichtsverfahren ... Der ESM kann selber klagen, aber nicht verklagt werden."* Das heißt, die neue Behörde zum ESM kann uns verklagen, wir sie aber nicht. *"Alle Beteiligten genießen Immunität? Es gelten keine Gesetze? Keine Regierung kann etwas unternehmen? Europas Staatshaushalte in einer, und noch dazu nicht gewählten Hand? Ist das die Zukunft Europas? Ist das die neue EU? Ein Europa ohne souveräne Demokratie? Wollen wir das?"*[197]

Diese Fragen haben Kritiker dazu veranlasst, dagegen zu klagen, dass Deutschland dem ESM-Vertrag beitritt, was 2012 ein **Urteil des Bundesverfassungsgerichts** zur Folge hatte: *„Die Richter entschieden ..., dass Deutschland bei Hinterlegung der Ratifikationsurkunde völkerrechtlich verbindlich klarstellen musste, dass es sich nur bei einer bestimmten Auslegung des Textes an den Vertrag gebunden fühlt. Dies betrifft einerseits die Einhaltung der absoluten Obergrenze der deutschen Haftung, die nicht ohne Zustimmung des Bundestags angehoben werden dürfe. Andererseits beziehen sich die geforderten Vorbehalte auf die umfassenden Informationsrechte von Bundestag und Bundesrat. Diese dürfen laut Urteil nicht durch die Schweigepflicht der ESM-Mitarbeiter und die Unverletzlichkeit der ESM-Unterlagen beschränkt werden."*[198] In diesem Zitat kann man unter der Überschrift *„Hat die Entscheidung des Verfassungsgerichts 2012 den ESM verändert?"* lesen: *„Nein. Der ESM-Vertrag konnte nach dem Urteil des Bundesverfassungsgerichts vom September 2012 in seiner ursprünglichen Form in Kraft treten."*

Genau so läuft es auch mit anderen nationalen Kompetenzen, die nach und nach abgeschafft werden und neue, überregionale Gesetze geschaffen werden, die von nicht demokratisch gewählten Leuten, die in der EU-Kommission versammelt sind, in Hinterzimmern erdacht und anschließend dem EU-Parlament zur Abstimmung vorgelegt werden.

„Der Tag würde kommen, da die Regierungen gezwungen wären, zuzugeben, dass ein integriertes Europa eine vollendete Tatsache ist, ohne dass sie bei der Festlegung seiner Grundlagen auch nur das Geringste zu sagen hätten. Alles, was ihnen noch bliebe, wäre, ihre sämtlichen autonomen Institutionen zu einer einzigen Bundesverwaltung zu verschmelzen und dann die Vereinigten Staaten von Europa zu verkünden.'" [199]

Genau in diesem Sinne sind gegenwärtig die Verantwortlichen in der EU unterwegs.

Rassenvermischung

„Das Ziel ist die Rassenvermischung!" [200,201]
(Nicolas Sarkozy, 2008)

Was auch noch hinter der sogenannten „Flüchtlingskrise" steckt, ist das erklärte Ziel der **Rassenvermischung.** Am 17.Dezember 2008 hielt der ehemalige französische Präsident Nicolas Sarkozy, der zu diesem Zeitpunkt das Amt des Vorsitzenden des Europäischen Rates innehatte, eine öffentliche Rede, in der er das erklärte Ziel der EU-Administration bekanntgab: die „Rassenvermischung" der europäischen Völker. Er forderte, selbst wenn die Völker dem nicht zustimmen würden, muss es gegen den Willen der Völker durchgesetzt werden. Hier der Wortlaut dieser Redepassage:

„Was also ist das Ziel? Das Ziel ist die Rassenvermischung! Die Herausforderung der Vermischung der verschiedenen Nationen ist die Herausforderung des 21. Jahrhunderts. Es ist keine Wahl, es ist eine Verpflichtung! Es ist zwingend! Wir können nicht anders, wir riskieren sonst Konfrontationen mit sehr großen Problemen ... deswegen müssen wir uns wandeln und werden uns wandeln. Wir

werden uns alle zur selben Zeit verändern. Unternehmen, Regierung, Bildung, politische Parteien, und wir werden uns zu diesem Ziel verpflichten ... "[202] Weil diesem Ziel die Bevölkerungen niemals zustimmen würden, fragt man es auch nicht. In Deutschland werden Volksabstimmungen, insbesondere auch bei grundlegenden Richtungsentscheidungen über die Zukunft des Landes, durch die Kanzlerin generell abgelehnt. Eingedenk dieser Erkenntnis setzte Sarkozy seine Rede mit den Worten fort: „...***Wenn das* (die Rassenvermischung) *nicht vom Volk freiwillig getan wird, dann werden wir staatliche zwingende Maßnahmen anwenden!***"[203] (Das hat Sarkozy als Vorsitzender des Europäischen Rates öffentlich in Palaiseau verkündet. Es kann jeder nachlesen.)

Dieses Ziel der geplanten **Rassenvermischung**, das zur Zeit in Europa forciert wird, wird im allgemeinen durch die Politiker und die öffentlichen Medien verschleiert durch solche Begriffe wie „Flüchtlingskrise", „Migrationskrise", „Asylkrise", „Völkerwanderung", „Willkommenskultur", *„unterschiedliche Ausreden, unterschiedliche Lügen!"* [204]. Jedoch, wenn man aufmerksam die Nachrichten, sogar auch die Mainstream-Nachrichten verfolgt, kommt es, beabsichtigt oder unbeabsichtigt, gelegentlich zu „ehrlicher" Berichterstattung bzw. Information über diesen Plan der **Rassenvermischung**. So antwortete Yascha Mounk, Politikwissenschaftler an der Harvard University, am 20.2.2018 in einem Interview in den Tagesthemen der ARD auf die Frage der Moderatorin *„warum ist denn das Grundvertrauen in die etablierte Politik so zurückgegangen?"* Hier die Antwort:[205,206] ***"... dass wir hier ein historisch einzigartiges Experiment wagen - und zwar eine mono-ethnische, monokulturelle Demokratie in eine multi-ethnische zu verwandeln. Das kann klappen; es wird, glaube ich, auch klappen, aber dabei kommt es natürlich auch zu vielen Verwerfungen"***.

Zu dieses Experiment, das jetzt bereits über viele Jahre von der EU, der UNO und von Regierungen der EU-Mitgliedsstaaten aktiv vorangetrieben wird, wurden deren Völker nicht befragt, ob sie dieses Experiment überhaupt wollen. In einem Video[207] dazu werden Hintergründe thematisiert. Im Begleittext dieses Videos wird u. a. dieser Kommentar abgegeben: *„Niemals vergessen. In diesem Experiment sind wir die Laborratten und die „Verwerfungen" erleben wir täglich auf unseren Straßen. Wehrt euch gegen den*

Großen Austausch! Quelle zitiert nach Fair-use Policy: http://www.ardmediathek.de/tv/Tagesth... ‚EXPERIMENT' Völkeraustausch Europa - Freut euch, ihr werdet auf Beschluss der Europäischen Kommission und der Vereinten Nationen umgevolkt!" Genau das ist es, was der Autor mit sarkastischen Worten beklagt. Die europäischen Völker sind Versuchskaninchen (*„Laborratten")* in einem einmaligen, gewaltigen Bevölkerungsexperiment mit ungewissem Ausgang. Dieses Experiment beinhaltet ja nicht ein friedliches Nebeneinander-Leben von Menschen unterschiedlicher Rassen (Weiße und Schwarze), die sich in ihren Prägungen ethnisch, kulturell und religiös voneinander unterscheiden. Nein. Das Ziel ist eine hellbraune Mischrasse mit einem niedrigeren mittleren Intelligenzquotienten (IQ), die besser durch die Eliten beherrschbar ist. Wie bereits im Kapitel 1 thematisiert, ist der IQ der Menschen in Afrika deutlich niedriger als der von Europäern (s. Grafik 1: IQ-Verteilung in der Welt).[208]

Es gibt verschiedene Hypothesen, die versuchen, diese IQ-Unterschiede zu erklären. In Studien wurde versucht, Korrelationen herzustellen zwischen dem IQ einerseits und dem Klima des jeweiligen Landes, den mittleren Einkommen, den Bildungssausgaben, der Religion und der körperlichen Gesundheit andererseits.[209,210,211] *„Oftmals noch überraschend, aber wissenschaftlich inzwischen nachgewiesen ist, dass ein wärmeres Klima einen merklich schlechten Einfluss auf den Intelligenzquotienten hat."*[212] Diese Hypothese, als *„inzwischen nachgewiesen"* eingeordnet, scheint jedoch einem genaueren Blick auf die bekannten Daten nicht standzuhalten. Denn es gibt eine Reihe von Ländern mit hoher mittlerer Temperatur, deren Einwohner mit einem überdurchschnittlich hohen IQ gesegnet sind. So nehmen Singapur, Hongkong und Taiwan Spitzenpositionen im internationalen IQ-Vergleich ein (IQ = 108, 108 und 106), obwohl deren durchschnittliche Tageshöchsttemperaturen relativ hoch sind (31,5°C, 26,1°C und 27,1°C), während die Länder mit den niedrigsten IQ-Werten, Gabun, Sao Tome & Principe und Äquatorialguinea (IQ = 60, 58 und 56) etwa vergleichbare Temperaturwerte aufweisen (29,8°C, 28,6°C, 30,2°C)[213]

Eine andere Hypothese besagt: Die Ursache für den niedrigen IQ könnte in der Inzucht zu suchen sein, die in islamisch geprägten

Ländern weit verbreitet ist, bekannt als „Cousin-Ehen".[214,215] Entsprechend den Angaben in dieser Quelle *„leidet etwa die Hälfte der Bevölkerung in der islamischen Welt, in den meisten Fällen seit vielen Generationen an Inzucht."* Und dies hat offensichtlich nicht nur Einfluss auf den IQ, sondern auch auf die körperliche, geistige und psychische Gesundheit. Es wird auch eine Verbindung gesehen zwischen dem IQ und der Tendenz zu Gewalt und Terror. *„Der dänischen Polizei zufolge ist das inzestuöse Verhalten ein Faktor für das kriminelle Verhalten muslimischer Migranten, da sie eine geringere Intelligenz aufweisen. Diese These wird durch die Kriminologieforschung bestätigt, die seit langem eine Verbindung zwischen gewalttätigem und kriminellem Verhalten und einer geringeren Intelligenz hergestellt hat. Ebenso ist es einfacher, Menschen mit geringer Intelligenz per islamische Schriften und Befehle zu beeinflussen und zu verführen, bis sie Menschen terrorisieren, andere Menschen verletzten und Kriege gegen Menschen führen – einschließlich der „moderaten" Muslime, die nicht nach einer wörtlichen Auslegung der islamischen Schrift leben."*[216] Diese Erkenntnis kann auch den überdurchschnittlich hohen Anteil von (muslimischen) Migranten bei Straftaten in Deutschland erklären.[217]

Eine andere Erklärung für den niedrigeren IQ in vom Islam dominierten Ländern ist: *„Sämtliche Riten und Ge- und Verbote dienen im Islam dem Zwecke, das Individuum bis in seine intimsten Bereiche zu kontrollieren, es zu entmündigen, seine Fortpflanzungsstrategien mittels der Verhinderung der weiblichen Selektion bei der Partnerwahl zugunsten der genetischen Deformation zu manipulieren und es in ein emotional sowie gesellschaftliches Überwachungssystem hineinzuzwängen."*[218]

Trotz dieser Erkenntnis wird in Deutschland die Migration aus arabischen und afrikanischen Ländern, die ja vorwiegend dem islamischen Kulturkreis angehören, forciert vorangetrieben mit dem Ziel der ethnischen Rassenvermischung. Für diese Vermischung werben die öffentlichen Medien, die Politik, Verbände, die Kirche. Wenn der Politikwissenschaftler Yascha Mounk im oben zitierten Interview von Verwerfungen spricht, welche Art Verwerfungen meint er? Etwa der sich bereits jetzt abzeichnende starke Anstieg von Gewalt und Kriminalität auf den Straßen, insbesondere in den Ländern wie Schweden, Italien, Frankreich, wo dieses Experiment seinen Anfang nahm, aber auch inzwischen in Deutschland? Auch die Gefahr der Islamisierung mit all seinen negativen Begleiterscheinungen wie Einführung von Shariarecht, Frauenunterdrückung usw. wächst ständig, und der Islam wird durch die Regierungen und öffentlichen Medien unter dem Deckmantel der Toleranz hofiert, propagiert und gefördert.

Im oben genannten Video[219] nennt dessen Autor das Judentum als treibende Kraft hinter diesem großen „Experiment". Dabei zitiert er die *Gründerin von „Padeia", dem „European Institute for Jewish Studies" in Schweden, Barbara Lerner Spectre, Zionistin und orthodoxe Jüdin:* "Europe is not going to be the **monolithic** societies that they once were in the last century and I think we're gonna be part of this throes of that transformation, which must take place. It's a huge transformation for Europe to make they are now going to a **multicultural mode** and Jews will be resented because of our leading role, but without that leading role in that transformation Europe will not survive. "[220], [††††††] Zusammengefasst, dieser Übergang von **monokulturellen Gesellschaften** hin zu einer **Multikulturellen Gesellschaft** muss angeblich geschehen, sonst würde Europa nicht überleben, und die treibende Kraft hinter diesen Bestrebungen sei das Judentum.[221] Obwohl eine solch klare Positionierung, wie sie in diesem Zitat gegeben wird, von einer einzelnen Insiderin kundgetan worden ist, aber, nach meiner Kenntnis, noch von keinem anderen jüdischen Vertreter in dieser Offenheit und Eindeutigkeit öffentlich kundgetan worden ist, kann man nicht ausschließen, dass führende jüdische Eliten tatsächlich die treibende Kraft hinter diesem „Experiment" sind. Zum Beispiel sind die beiden Bundeskanzler, die die Politik der letzten Jahrzehnte in Deutschland entscheidend bestimmt haben, Helmut Kohl und Angela Merkel, tief verbunden mit den jüdischen bzw. zionistischen

---

[††††††] *„Europa wird nicht mehr aus den **monolithischen** Gesellschaften bestehen, die sie im vergangenen Jahrhundert einst waren, und ich denke, wir schicken uns an, Teil der Geburtswehen dieser Transformation zu sein, die stattfinden muss. Es ist eine riesige Transformation, die jetzt gemacht werden muss auf dem Weg zu einem **multikulturellen** Modus, und Juden werden verachtet wegen ihrer führenden Rolle, aber ohne diese führende Rolle in dieser Transformation wird Europa nicht überleben."*

Kreisen in Israel. Beide sind Ordensträger der höchsten jüdischen Freimaurer-Loge, des „B'nai B'rith". Und Kohl war darüber hinaus auch Inhaber der höchsten Auszeichnung des Weltjudentums, dem „Josephs-Ordens", gleichzeitig auch prominentes **Mitglied der „Bilderberg-Society C.F.R. (1976)** („Commission on Foreign Relations" - C.F.R.), sowie zahlreicher weiterer Orden des Weltjudentums.[222]

Trotz dieser starken Indizien gehe ich aber davon aus, dass es kein rein jüdisches Programm ist, was derzeit in Europa vorangetrieben wird, sondern, viel naheliegender, das Programm der superreichen Eliten, die vor allem in den USA, Kanada und Großbritanien konzentriert sind und die sich, so erfährt man immer wieder, wahrscheinlich in speziellen Zirkeln (Illuminaten, Freimaurer) organisieren. Zu dieser Gruppe superreicher Eliten gehören selbstverständlich auch viele Juden. Das Entscheidende ist jedoch, was auch die Macht dieser Personen im Hintergrund ausmacht, ihre Geheimhaltung, ihre straffe Organisation und ihre gewaltige Finanzmacht, mit dem sie Politiker und Medien in ihre Abhängigkeit gebracht haben und, daraus resultierend, ihr übermächtiger Einfluss auf die Politik, die öffentlichen Medien, und somit auch auf das Denken der Menschen. Diese Abhängigkeit von Politikern wird auch gezielt erreicht durch das Ausspähen deren Privatlebens, wodurch diese in bestimmten Fällen erpressbar sind; Stichwort NSA-Ausspähaffaire, deren gewaltiges Ausmaß erst durch die Enthüllungen von Edward Snowden bekannt geworden ist. Auf diese Weise haben die Finanzeliten Geheimdienste, Politiker, das FBI und viele andere Institutionen und Einrichtungen unter ihre Kontrolle gebracht und mit ihren eigenen Leuten infiltriert, auch ein Heer von NGO's geschaffen, die sie im Laufe der Jahre gegründet haben und die sich der Kontrolle der jeweiligen Regierungen weitestgehend entziehen; sie haben sie quasi zu ihren Handlangern gemacht. Auch die UNO, EU und andere internationale Institutionen wie der Internationale Gerichtshof (IGH), die NATO, HUMAN RIGHTS WATCH; AMNESTY INTERNATIONAL; ÄRZTE OHNE GRENZEN; REPORTER OHNE GRENZEN; IWMF, PRO ASYL e.V und viele andere[223] sind in deren Händen. Sie sind es auch, die den Militärisch-Industriellen Komplex beherrschen bzw. Teil dessen sind, die die Initiatoren für die MENA-Kriege (MENA = Middle East and North Afrika) waren.

Angriffe auf unsere Grund- und Freiheitsrechte

„Denn die radikalsten Angriffe auf Grund- und Freiheitsrechte gehen in der Bundesrepublik nicht von Terroristen und sogenannten Gefährdern aus, sondern vor allem vom Gesetzgeber, von Behörden, aber auch von Gerichten und Unternehmen."
(Grundrechte-Report 2018[224])

Wie im vorhergehenden Abschnitt beleuchtet, folgt die Politik der EU dem Ziel **„Rassenvermischung"**[225] Im Europäischen Parlament werden Gesetze zur Einschüchterung der Menschen erlassen, um damit möglichem Widerstand aus der Bevölkerung wirksam begegnen zu können. Einzelne EU-Staaten unterstützen diesen Prozess durch eigene Gesetzesinitiativen bezüglich[226]
-   *Polizeiüberwachung,*
-   *Kontrolle und Zensur*
-   *Bespitzelung*
„So trat in Spanien das neue Sicherheitsgesetz in Kraft. Die Teilnahme an einer unangemeldeten Demonstration kann mit einem Bußgeld von bis zu 600.000 € belegt werden, ebenso das Twittern darüber und das Filmen und Fotografieren von Polizeibeamten. In Frankreich wurden schon vor längerem die ersten Meinungsverbrecher inhaftiert. Mit Meinungsverbrechern sind zum Beispiel Taxilenker, Komiker und Jugendliche gemeint, die nicht den nötigen moralischen Respekt vor den Anschlägen auf Charlie Hebdo zeigten. Anfang Mai wurde noch mal nachgelegt: Eine Totalüberwachung durch die französischen Geheimdienste bedarf nun keiner richterlichen Genehmigung mehr; der bloße Verdacht genügt. In Österreich liegt der Entwurf für ein neues Staatsschutzgesetz vor. Wenn der österreichische Geheimdienst durch bestimmte Überwachungsmaßnahmen besser bewerten kann, ob nur schon die Wahrscheinlichkeit einer Gefährdung der inneren Sicherheit vorliegt,

dann sind die Kontrollmaßnahmen legal."[227] *„Der offensichtlichste Umbau in einen Polizeistaat soll in Großbritannien erfolgen: Demnächst soll jede Publikation im Internet, in den sozialen Netzwerken oder in gedruckter Form vorab einer polizeilichen Genehmigung bedürfen. Wer extremistische Ansichten äußert oder die Funktionsfähigkeit der Demokratie bedroht, darf zensiert werden ... In Deutschland hat der Bundestag am 16. Oktober 2015 dem umstrittenen Gesetz zur Wiedereinführung der Vorratsdatenspeicherung zugestimmt.*"[228] In der BRD wurde ein Zensurgesetz, das Maas'sche Netzwerkdurchsetzungsgesetz (NetzDG), eingeführt. Desweiteren wurde am 8. Juni 2017 in der BRD ein Gesetz zur Einschränkung von Grundrechten erlassen, wo im Paragraph 89 zu lesen ist: *„Die Grundrechte der **körperlichen Unversehrtheit** (Artikel 2 Absatz 2 Satz 1 des Grundgesetzes), des **Brief-, Post- und Fernmeldegeheimnisses** (Artikel 10 Absatz 1 des Grundgesetzes) und der **Unverletzlichkeit der Wohnung** (Artikel 13 des Grundgesetzes) werden nach Maßgabe dieses Gesetzes **eingeschränkt**.*" Dieser Titel gilt komplett oder überwiegend ab 25.05.2018, § 89 - Bundeskriminalamtgesetz (BKAG) Artikel 1 G. v. 01.06.2017 BGBl. I S. 1354 (Nr. 33).[229] Im Entwurf zu diesem Gesetz stand ursprünglich noch der Passus: *„... und des Schutzes vor Auslieferung (Artikel 16 Abs. 2 Satz 1 des Grundgesetzes) werden nach Maßgabe dieses Gesetzes **eingeschränkt**.*"[230] Dieser letzte Passus, der die Auslieferung deutscher Staatsbürger an das europäische Ausland regelte, ist in der letzten Fassung gestrichen worden, weil er in einem separaten Gesetz verankert wurde, dem Europäisches Haftbefehlsgesetz der Europäischen Union (EUHbG). Nach Maßgabe dieses EUHbG müssen deutsche Staatsbürger auch dann in ein europäisches Ausland ausgeliefert werden, wenn er dort einer Straftat beschuldigt wird, die in Deutschland aber keine Straftat ist.[231]

Bezüglich der Einschränkung von Grundrechten und der ***Unverletzlichkeit der Wohnung*** wurde noch einmal nachgelegt: Am 6.11.2020 *„debattierte der Bundestag das „Dritte Gesetz zum Schutz der Bevölkerung vor einer epidemischen Notlage von nationaler Tragweite", das – anders als das Vorgängergesetz vom 27. März – die Einschränkungen von Grundrechten jetzt gesetzlich definiert. Bisher räumte das Gesetz der*

Exekutive weitgehende Möglichkeiten ein, Rechte durch Verordnungen einzuschränken." ... *„Durch Artikel 1 Nummer 16 und 17 werden die Grundrechte der Freiheit der Person (Artikel 2 Absatz 2 Satz 2 des Grundgesetzes), der Versammlungsfreiheit (Artikel 8 des Grundgesetzes), der Freizügigkeit (Artikel 11 Absatz 1 des Grundgesetzes) und der Unverletzlichkeit der Wohnung (Artikel 13 Absatz 1 des Grundgesetzes) eingeschränkt."*[232]

Am 25.05.2018 ist auch die EU-Datenschutzgrundverordnung (DSGVO) in Kraft getreten. Dieses Gesetz ist ein massiver Angriff auf unsere Meinungsfreiheit: *"Freie Journalisten erkennen* (in ihr) *den größten Angriff aller Zeiten auf alternative Medien, die Meinungsfreiheit und jeden aufklärenden Journalismus. ... Ohne Einwilligung dürfen persönliche Fotos künftig nur noch von der sogenannten institutionalisierten Presse sowie für den für sie arbeitenden Journalisten und Unternehmen angefertigt und gespeichert werden."*[233] Andernfalls drohen Strafen bis zu 20 Millionen €. Das ist ein Ermächtigungsgesetz, auf dessen Grundlage jeder Bürger in der EU verfolgt werden kann, wenn er Fotos oder Videos, zum Beispiel von Demonstrationen verbreitet, ins Netz stellt. Dies ist, entsprechend diesem Gesetz, nur noch den öffentlichen Medien erlaubt und Pressefotografen, die für die öffentlichen Medien arbeiten. Unabhängige Medien dürfen das nicht mehr, weil es ja unmöglich ist, von allen Personen, die man auf einer solchen Demonstration ablichtet, deren Einverständnis einzuholen. Enthüllungen über Politiker, mafiöse Strukturen, kriminelle Machenschaften, False Flag-Unternehmungen der Geheimdienste sind durch Whistleblower oder durch unabhängige Medien nicht mehr möglich. Mit diesem Gesetz wird es so gut wie unmöglich gemacht, kriminelle Machenschaften, Mafiastrukturen, Verschwörungen aufzudecken. Dieses Gesetz, das laut offizieller Begründung dem Datenschutz dienen soll, dient in Wirklichkeit dem Täterschutz. Täterschutz steht über Opferschutz, ein Charakteristikum für ein diktatorisches, totalitäres System.
Da die öffentlichen Medien von dieser Regelung ausgeschlossen sind, können diese ihre regierungskonforme Politik und Gehirnwä-

sche der Bevölkerung weiterhin fortsetzen, ohne dass unabhängige Medien die Möglichkeit haben, deren tendenzielle Berichterstattung und Medienlügen aufzudecken. Desweiteren könnte dieses DSGVO-Gesetz den *"Todesstoss für Hunderttausende Klein- und Mittelbetriebe"* bedeuten, weil diese die mit diesem Gesetz verbundenen teuren Maßnahmen bzgl. Datenschutz nicht leisten können. *„Es werden zur Zeit 60000 Prüfer ausgebildet innerhalb der BRD, die die Einhaltung dieser DSGVO ab Mai 2018 überprüfen und dazu aufgefordert sind, drakonische Strafen zur Abschreckung zu verhängen. Und diese drakonischen Strafen bewegen sich von 4% des Bruttoumsatzes einer Firma bis zu maximal 20 Millionen €.* "[234]

In der EU ist ein **Toleranzgesetz**[235] in Vorbereitung, und es ist geplant, eigens für die Überwachung der Menschen eine besondere Behörde zu schaffen, um Meinungen, die im Widerspruch zu den in der EU vorgegebenen stehen, zu verfolgen und deren Bestrafung zu sichern. *„Während man in Deutschland 2013 damit beschäftigt war, sich über die Ausspionierung der EU und seiner Bürger durch den US-Geheimdienst NSA zu empören, wurde im EU-Parlament über ein Papier beraten, das die Überwachung seiner Bürger in den Mittelpunkt stellt ... Zum Zweck der Implementierung soll jeder der 28 EU-Mitgliedsstaaten eine eigene Dienststelle einrichten, die die Einhaltung der Richtlinien im Kampf gegen Vorurteile, Rassismus, ethnische Diskriminierung, religiöse Intoleranz, totalitäre Ideologien, Fremdenfeindlichkeit, Antisemitismus, Antifeminismus, Islamophobie und Homophobie überwacht. Die Behörde soll vorzugsweise innerhalb des Justizministeriums, ggf. auch des Innenministeriums operieren. Eine unabhängige Kommission aus bedeutenden Persönlichkeiten, die nicht im Dienst des Staates stehen, soll die Umsetzung der Richtlinie überwachen... Folgende Handlungen (werden in dem Gesetzentwurf) als* **schwere Straftaten** *aufgeführt: Diffamierende Äußerungen gegenüber einer Gruppe und ihrer Mitglieder, die zu Verleumdung und Gewalt anstiften, die Mitglieder dieser Gruppe der Lächerlichkeit preisgeben oder falschen Anschuldigungen aussetzen. Als „Falsche Beschuldigungen" gelten beispielweise „Zigeuner sind Diebe" oder 'Moslems sind Terroristen'. Jugendliche, die eines solcher Vergehens für* *schuldig befunden werden, sollen ein **Rehabilitationsprogramm** durchlaufen, in dem ihnen eine 'Kultur der Toleranz' anerzogen werden soll.*" [236] In Bezug auf die Bevormundung der Bürger ist dieses „Toleranzgesetz" eine weitere Steigerung gegenüber dem Netzwerkdurchsetzungsgesetz (NetzDG). *Mit solchen Gesetzesmaßnahmen wird also der künftigen Eineweltregierung das Beherrschen ihrer fast völlig entmündigten Bürger noch leichter gemacht.*"[237]

Dass dieses Toleranzgesetz bereits sehr weit gediehen ist, macht Oliver Janisch[238] deutlich, indem er den „UN-Migrationspakt", der am 11.12.2018 in Marrakesch beschlossen wurde, unter die Lupe nimmt. Dieser „UN-Migrationspakt" ist ein ganz entscheidender Baustein auf dem Weg zur Globalisierung, der Errichtung der NWO.

Seit ungefähr 15 Jahren wird die weltpolitische Entwicklung in Richtung einer globalisierten NWO beschleunigt vorangetrieben. Eine solche NWO ist das Ziel der superreichen Eliten und Geheimgesellschaften in der Welt, die schon heute eine ungeheure Macht über Regierungen und Medien international ausüben. Das entscheidende Mittel dieser Macht ist das Geld. Kern dieses Machtkartells ist das „Komitee der 300", deren Ziel es ist, die Menschen zu versklaven.‡‡‡‡‡‡ *„Ziel ist die totale Kontrolle über den Menschen.*"[239] Dazu die Frage, die Andreas Popp, der Gründer der Wissensmanufaktur, stellt: *„was es eigentlich ist, dass unsere Berufspolitiker ohne Not bereit sind, ihr eigenes Volk aufzugeben, es gegen die Wand fahren zu lassen, es quasi zu zerstören? ... Statt die Armut in der ausgebeuteten Welt zu beenden, werden nun eine globale Ausweitung der Verelendung angestrebt. ... Ich denke die Gründe für diese Verhaltensweise* (der Politiker) *sind einfacher zu erklären. Eine spezielle charakterliche Auslese für die hohen politischen Positionen im Rahmen unseres Mehrheitswahlrechtes drängt sich auf. Es geht offenbar ausschliesslich um die persönli-*

---

‡‡‡‡‡‡ Die Zahl „300" im „Komitee der 300" hat eher symbolische Bedeutung, weil zu diesem Komitee offenbar eine wesentlich größere Zahl von Menschen zählt. Gelegentlich wird die Zahl 300 auch auf die Zahl der Familien bezogen, die mit dem Komitee 300 in Verbindung gebracht werden.

chen Vorteile. Man hat sich halt an der ständig vollen Krippe gut eingerichtet."

So wie hier auf die charakterlichen Schwächen der Entscheidungsträger in der Politik Bezug genommen wird, sind es bei der Elite (die die NWO errichten wollen) ebenfalls Menschen mit charakterlichen Schwächen. Beiden ist gemeinsam: sie sind rücksichtslos, skrupellos und empathielos, Eigenschaften, die typisch sind für Psychopathen. Das heisst, wir werden von Psychopathen in den Untergang getrieben. Diese These wird zu einem späteren Zeitpunkt noch einmal aufgegriffen, vertieft und begründet.

Corona – Der Wegbereiter für die digitale Transformation und die Zerstörung der Schöpfung

„Wir werden sehen, wie die Kontaktverfolgung eine beispiellose Kapazität und einen quasi wesentlichen Platz in der Waffenkammer hat, die zur Bekämpfung von COVID-19 benötigt wird, und gleichzeitig positioniert ist, um ein Wegbereiter für die Massenüberwachung zu werden."[240]

__„Was uns konkret erwartet:__
Zusammengefasst ist die __Absicht des Komitees der 300__ , die folgenden Gesellschaftsverhältnisse zu etablieren: eine __Eine-Welt-Regierung__ und __ein Währungssystem__ mit einer __einzigen Währung__ unter einer permanenten, nicht-gewählten, aber __erblichen Machtstruktur__, die ihre Nachfolger selbst aus ihren Reihen auswählt, um auf eine Wiederkunft der Feudalstruktur des Mittelalters hinzuarbeiten, in der dann die __Eine-Welt-Bevölkerung__ verdummt dahinvegetieren wird."[241] (Details s. Anhang 1)

Übertrieben? Mitnichten. Wer mit kritischem Blick die globalpolitischen Entwicklungen der letzten Jahrzehnte Revue passieren lässt und auch die zahlreichen kritischen Bücher über diese Entwicklungen gelesen und zur Kenntnis genommen hat, wird feststellen, dass wir uns auf diesem Wege befinden. Von unserer Demokratie ist nur noch eine Hülle übriggeblieben. Der Kognitionsforscher Rainer Maus schreibt dazu: *„Demokratie bedeutet heute in Wirklichkeit eine Wahloligarchie ökonomischer und politischer Eliten, bei der zentrale Bereiche der Gesellschaft, insbesondere die Wirtschaft, grundsätzlich jeder demokratischen Kontrolle und Rechenschaftspflicht entzogen sind"* [242]. *„In den vergangenen Jahrzehnten wurde die Demokratie in einer beispiellosen Weise ausgehöhlt. Demokratie wurde durch die Illusion von Demokratie ersetzt, die freie öffentliche Debatte durch ein Meinungs- und Empörungsmanagement, das Leitideal des mündigen Bürgers durch das des politisch apathischen Konsumenten."* [243] In diesem Zusammenhang sei auch an die Prognosen des Physikers, Philosophen und Friedensforschers C. F. von Weizsäcker erinnert, der die Bedrohungen für unsere Gesellschaft bereits zu einem sehr frühen Zeitpunkt erkannt hat, niedergeschrieben in seinem Buch *„Der bedrohte Friede – heute"*.

Die Voraussetzungen dafür, dass sich gegen diese Entwicklung mit dem Endziel der Installation der NWO kein Widerstand in der Mehrheit der Bevölkerung regt, wurden durch die öffentlichen Medien und ihre Indoktrination geschaffen.

Am meisten verwundert es aber, dass im Zusammenhang mit der Corona-Pandemie fast alle Staaten auf der Erde die gleichen Maßnahmen zur Eindämmung des Coronavirus ergriffen haben, so wie sie von der Weltgesundheitsorganisation WHO gefordert worden sind. Und das, obwohl diese Pandemie in Wirklichkeit nicht schlimmer ist als die saisonalen Grippeepidemien, die jedes Jahr im Winter wiederkehren.[§§§§§§] Der Grund ist die finanzielle Erpressung durch WHO und IWF. Sie zwingt viele Länder dazu, sich einer diktatorischen Agenda zu beugen, die in die soziale Katastrophe führt. *„Seltsam: Beinahe überall auf diesem Planeten findet die gleiche aberwitzige Art von „Infektionsschutz" statt. Von Chile über Nigeria bis Myanmar: Seuchenschutz 2020 sieht fast überall gleich aus. Wieso definieren, messen und behandeln die meisten Staaten, selbst im tiefsten Afrika, die Corona-Seuche genau so, wie*

[§§§§§§] Das ist eine Behauptung, die im Teil 2 dieser Buchreihe begründet wird: „2025 – Das Endspiel *oder* der Putsch von oben".

Damit ist offensichtlich, dass diese internationalen Organisationen, WHO, IWF, Weltbank, im Auftag der multimilliardärschweren Elite unterwegs sind. Sie sind diejenigen Organisationen die die Agenda zur Installierung der NWO vorantreiben. Dasselbe hatten wir auch schon in Bezug auf die UNO und ihren untergeordneten internationalen Organisationen festgestellt, die die Migrationsagenda vorangetrieben haben. Die Elite hat es also geschafft, kraft ihrer extrem großen Finanzkraft und Lobby, alle wesentlichen Entscheiderfunktionen in diesen internationalen Organisationen mit ihren eigenen Protagonisten zu besetzen, die jetzt die Interessen der Elite bedienen und durchsetzen, entsprechende Gesetze erlassen und die Voraussetzungen dafür schaffen, dass die Elite die Macht in der Welt übernehmen kann. Ein Vordenker in dieser Richtung war Klaus Schwab, der Gründer und Vorstandsvorsitzende des Weltwirtschaftsforums (**World Economic Forum**), der in seinem zuletzt erschienenen Buch, „Covid-19: DER GROßE UMBRUCH" den GREAT RESET anpreißt, um danach die NWO zu errichten.

Zu der These, dass die UNO und die zugehörigen globalen Institutionen zu Werkzeugen der multimilliardärschweren Elite geworden sind, passt auch, dass am *„13. Juni 2019 Klaus Schwab, Präsident des Weltwirtschaftsforums (WEF) und UN-Generalsekretär António Guterres eine Partnerschaft zwischen ihren beiden Organisationen unterzeichnet haben. Dies geschah trotz der enormen*

Auswirkungen, die dies auf die Menschheit hat, ohne direkte Aufmerksamkeit der Medien. Im Großen und Ganzen bedeutet dies, dass die Macht über unser Leben mit einem Federstrich auf die großen globalen Unternehmen und ihre Eigentümer übertragen wurde.

Die Vereinbarung umfasst sechs Schwerpunkte:

- *Finanzierung der UN-Agenda 2030*
- *Klimawechsel*
- *Gesundheit*
- *Digitale Zusammenarbeit*
- *Gleichstellung der Geschlechter und Befreiung der Frauen*
- *Bildung und Kompetenzentwicklung.*

Ziel der Partnerschaft ist es, die UN-Nachhaltigkeitsagenda und die 17 globalen Ziele zu beschleunigen."[245] Diese 17 globalen Ziele klingen vernünfig, und kein Mensch würde etwas gegen diese Ziele einzuwenden haben. *„Im Wesentlichen sollen die 17 Ziele für nachhaltige Entwicklung:*

- *Armut und Hunger beenden und Ungleichheiten bekämpfen*
- *Selbstbestimmung der Menschen stärken, Geschlechtergerechtigkeit und ein gutes und gesundes Leben für alle sichern*
- *Wohlstand für alle fördern und Lebensweisen weltweit nachhaltig gestalten*
- *Ökologische Grenzen der Erde respektieren: Klimawandel bekämpfen, natürliche Lebensgrundlagen bewahren und nachhaltig nutzen*
- *Menschenrechte schützen – Frieden, gute Regierungsführung und Zugang zur Justiz gewährleisten*
- *Eine globale Partnerschaft aufbauen*"[246]

Jedoch, wenn man auf die Seite des **World Economic Forum** geht, erfährt man, welche Schwerpunkt-Themen tatsächlich im Fokus dieses Plans stehen:

- *„Geoengineering, zu deutsch 'Chemtrails und HAARP'[*******], übersetzt 'Manipulation des Wetters' und 'Vergiftung unserer Umwelt'.*
- *Biotechnology, zu deutsch 'Gentechnische Veränderung von Pflanze, Tier und Mensch', übersetzt 'Manipulation und Korrektur der Natur'.*
- *Human Enhancement, zu deutsch 'Menschenverbesserung', übersetzt 'Eugenik', 'Menschenzucht'.*
- *Genom Engineering, zu deutsch 'industrielle Menschenherstellung', übersetzt 'Designerbabys'.*
- *Neuroscience, zu deutsch 'Manipulation unseres Gehirns, unseres Geistes', übersetzt 'Steuerung des freien Willens und Verhaltens der Menschen', 'Entmenschlichung der Menschheit'.“*

Das heißt, im Schatten dieser **Agenda 2030** für nachhaltige Ziele werden ganz andere Programme initiiert und durchgesetzt. Diese stehen nicht für Beendigung von Armut und Hunger, für Selbstbestimmung der Menschen und Wohlstand für alle und Frieden. Das Gegenteil ist der Fall: Die Projekte *Geoengineering, Biotechnology, Human Enhancement, Genom Engineering und Neuroscience'* dienen der Zerstörung des Menschen und der Menschheitsgemeinschaft. Und das ist es, was im Schatten der Agenda 2030 forciert vorangetrieben wird. Ich nenne es die **Agenda 2025**. Sie repräsentiert den eigentlichen Plan der Elite, die die Errichtung der NWO forciert und die der offiziellen Agenda 2030 übergeordnet ist. Die Agenda 2030 ist nur das „Feigenblatt", hinter dem die GROßE TRANSFORMATION der Welt vollzogen wird, der GREAT RESET. Diese Jahreszahl 2025 taucht nicht nur in dem NASA-Dokument (Abbildung 1) auf, sondern in noch weiteren wichtigen Dokumenten, die die Pläne der Elite zur Entwicklung der Welt offenlegen, dem Wetterkriegs-Dokument[247] („Weather as a Force Multiplyer: Owning the Weather in 2025"), der Deagel-Liste[248] (in der die Prognosen für das Bruttoinlandsprodukt und die Bevölkerungszahlen aller Länder der Welt für das Jahr 2025 gelistet sind)

[*******] Beispiele für ein HAARP-Waschbrettwolkenmuster und einen „Chemtrail-Himmel" sind auf den Umschlagseiten dieses Buches abgebildet. (Weitere Bilder dazu im Teil 2 der Buchreihe: „2025 – Das Endspiel oder der Putsch von oben")

sowie im Plan zur Errichtung der „Vereinigten Staaten von Europa" zum Jahr 2025 und damit die Abwicklung der europäischen Nationalstaaten.

„Wer jetzt noch nicht kapiert, dass Corona die digitale Transformation ist und dass diese Digitalisierung die Ermordung der Menschen und der Schöpfung ist, dass diese Digitalisierung in unsere Körper und Seelen hineinkriechen möchte, um uns den freien Willen zu rauben und uns zu ferngesteuerten, superdoofen Äffchen zu machen. Wer jetzt noch meint, dass die Digitalisierung ein normaler und gesunder Schritt in der Menschheitsgeschichte ist, der hat wirklich keinerlei Kontrolle über seinen Verstand, über sein Herz, über sein Leben. Die digitale Transformation ist die Ermordung der Schöpfung. Und die Digitalisierung ist eine absolute Fehlentwicklung, es ist die Pointe der Fehlentwicklung Moderne... es ist der Schlußstein, die antichristliche, antimenschliche Agenda, sie wird uns entmenschlichen, und mit Meilenstiefeln, und so, dass es die meisten gar nicht merken. Und dann bin ich lieber heute so wie (?) und schreie es heraus, als morgen ein gedemütigtes, ferngesteuertes Wrack, ein Zombi der Mafia." [249]

„Dies bedeutet, dass die Technologiegiganten der Welt (die Teil der WEF-Arbeitsgruppen sind) die Probleme der Welt durch den Einsatz von KI, Satelliten, Robotik, Drohnen und dem Internet der Dinge sowie mit synthetischen Lebensmitteln auf der Speisekarte lösen werden." [†††††††,250]

Die oben zitierten Waffen gegen die Menschheit, **Geoengineering, Biotechnology, Human Enhancement, Genom Engineering und Neuroscience'** sind Thema des 2. Bandes dieser Buch-Reihe: „2025 - Das Endspiel *oder* Der Putsch von oben".

[†††††††] WEF – World Economic Forum; KI – Künstliche Intelligenz

Infektionsschutzgesetz - ein Ermächtigungsgesetz?

Anlass dafür, dass die Bundesregierung eine Neufassung des Infektionsschutzgesetzes (IfsG) am 18.11.2020 zur Abstimmung in den Bundestag einbrachte, war, dass die Corona-Maßnahmen, die sie davor auf dem Wege von Verordnungen erlassen hatte, in verschiedenen Gerichtsverfahren gekippt worden waren, weil sie nicht durch Gesetze abgesichert waren. Das IfsG wurde mit den Stimmen von CDU/CSU, SPD und Grünen beschlossen, bei 8 Gegenstimmen aus CDU/CSU, einer Gegenstimme je aus SPD und Bündnis90/Die Grünen. FDP, Linke und AfD haben geschlossen gegen dieses Gesetz gestimmt.

„Opposition, Wirtschaftsverbände und Juristen **kritisieren** *das Vorhaben. Sie sehen zu starke* **Eingriffe in die Grundrechte** *und fordern mehr Mitsprache der Parlamente bei den Corona-Maßnahmen. Der Gesetzentwurf der Regierung schreibe die Konzentration der Entscheidungsmacht im Hause von Gesundheitsminister Jens Spahn (CDU) fort, sagte Linke-Chefin Katja Kipping am Dienstag. Die Linke will dem Entwurf nach Angaben von Fraktionschef Dietmar Bartsch nicht zustimmen. Auch die FDP lehnt ihn ab: „Für uns ist der* **Handlungsspielraum** *der Regierung beim* **Eingriff in Grundrechte** *unverändert zu groß", sagte Fraktionschef Christian Lindner."*[251]

Noch schärfer war die Ablehnung gegen dieses Gesetz in den Alternativen Medien. Im Vorfeld erhielten die Abgeordneten Tausende von Mails, in denen sie aufgefordert wurden, gegen dieses Gesetz zu stimmen. Tausende Demonstranten hatten sich am 18.11. vor dem großflächig abgesperrten Reichstag versammelt, um gegen dieses Gesetz zu demonstrieren. Diese Demonstration wurde schließlich durch die Polizei aufgelöst und die Demonstranten mehrfach aufgefordert, den Platz zu verlassen, was diese mehrheitlich nicht taten, trotz Regenduschen durch die Wasserwerfer der Polizei. Grundtenor der Demonstranten war: **Wehret den Anfängen! Verhindert das Ermächtigungsgesetz! Wir sind hier wegen unserer Kinder und Enkel.** Dieses Gesetzesvorhaben wurde direkt mit dem Ermächtigungsgesetz im 3. Reich verglichen, das am 24.03.1933 gegen die Stimmen der SPD im Reichstag beschlossen worden war. Die Folgen kennen wir. Ist dieser Vergleich übertrieben? Gehen wir schematisch vor und betrachten das IfsG im Detail, so stellen wir fest: Im Gesetzestext kommt das Wort „…**ermächtigung**" 29 mal vor, das Wort **„ermächtigt"** 22 mal. Unter dem Strich bedeutet das, dass der Gesundheitsminister auf der Grundlage dieses Gesetzes **ermächtigt** wird, willkürlich Maßnahmen zu erlassen, die nicht mehr im Bundestag zur Abstimmung gebracht werden müssen. Es ist also in der Tat ein Ermächigungsgesetz. Die entscheidende Frage ist nun: Kann man das und die sich daraus ergebenden Folgen und Konsequenzen mit dem Ermächtigungsgesetz von 1933 vergleichen? Eingedenk der Agenda 2025 (s. vorherigen Abschnitt), muss man sich auf das Schlimmste gefasst machen. Da hilft auch kein „so schlimm wird es schon nicht kommen". Denn wir befinden uns in einem Krieg, dem 3. Weltkrieg. So die Grundaussage einer Predigt in der Evangelische Freikirche Riedlingen e.V., wie sie am Beginn des Prologs, Seite 8, zitiert worden ist.

4. Migration nach Europa

„Der Migrationspakt ist ein Trojanisches Pferd"
(Dr. Gottfried Curio)

Flüchtlingsströme –
Zerstörung der Nationalstaaten

*„Mit dem Geld der Merkel-Flüchtlingskrise könnten
200 Millionen echte Flüchtlinge ausreichend in der Nähe ihrer
Heimatländer betreut werden, und in Deutschland gäbe es keine
Vergewaltigung von autochthonen Menschen, keine Zunahme von
Kriminalität und Mord, Terrorismus, keinen Verlust von Sicherheit
und sozialer Erosion. "*
(zitiert aus einem Aufruf an die Deutschen)

*"Hier findet die größte bevölkerungspolitische Umstrukturierung
in der Geschichte der Bundesrepublik statt und kein Deutscher ist
je gefragt worden."* Diese Feststellung traf Horst Teltschik, Ex-Berater von Helmut Kohl.[252] Die Flutung Deutschlands und Europas mit Migranten folgt einem Plan, einer Agenda. Ziel dieser Agenda ist es, die europäische Bevölkerung zu Minderheiten in ihren eigenen Ländern zu machen. Und langfristig soll durch genetische Vermischung der weissen Rasse mit den Zugewanderten aus Afrika und dem arabischen Raum eine Mischrasse entstehen Das sagte Nicolas Sarkozy bereits im Jahre 2008 in seiner Funktion als Vorsitzender des Europäischen Rates: *„Das Ziel ist die Rassenvermischung!"*[253,254] (Kapitel 3, Abschnitt "Rassenvermischung"). Durch diese Rassenvermischung wird auch eine deutliche Absenkung des IQ erreicht im Vergleich zu den heutigen Europäern. UNO und EU schaffen die gesetzlichen Rahmenbedingungen zur praktischen Umsetzung dieser Agenda, wozu u.a. die folgenden offiziellen UNO- und EU-Papiere zählen:
-    EU-Studie aus 2010, „STUDY ON THE FEASIBILITY OF
     ESTABLISHING A MECHANISM FOR THE

RELOCATION OF BENEFICIARIES OF
INTERNATIONAL PROTECTION;
JLX/2009/ERFX/PR/1005", wonach für Deutschland für die
Zukunft eine Steigerung der Gesamteinwohnerzahl von heute
82 Millionen auf 274 Millionen angegeben wird. [255]

- Bereits 2001 hatte die UNO in ihrer Studie
  „Bestandserhaltungs-migration (Abteilung Bevölkerungsfragen
  - Vereinte Nationen)"[256] festgestellt, dass bis zum Jahre 2050
  eine bestimmte Zuwanderung nach Deutschland notwendig sei,
  um *„die Bevölkerung im erwerbs-fähigen Alter (15 bis 64
  Jahre) konstant zu halten ..."* So läge beispielsweise in
  *Deutschland die Gesamtzahl der Einwanderer nach Szenario
  IV bei 24 Millionen (bzw. 487.000 pro Jahr) gegenüber 17
  Millionen (bzw. 344.000 pro Jahr) nach Szenario III."*

- der „UN-Migrationspakt", der am 14. Juli 2018 in Marrakesch
  beschlossen und am 11.Dezember 2018 von vielen UN-Staaten
  unterzeichnet worden ist, wonach alle Landesgrenzen für eine
  unbegrenzte Zahl von Migranten geöffnet werden
  sollen.[‡‡‡‡‡‡‡,257]

- das EU-Papier mit dem Titel *"Verbesserung der legalen
  Migrationskanäle: Kommission schlägt EU-Neuansiedlungs-
  rahmen vor"* vom 3. Juli 2016.

Parallel dazu werden in den Herkunftsländern der potentiellen
Zuwanderer nach Europa Werbeaktionen durchgeführt, um den
Menschen die Vorteile einer Umsiedlung nach Europa
schmackhaft zu machen, s. z.B. Abbildung 5.

[‡‡‡‡‡‡‡] *„Aus Marokko, dem Gastgeberland der Regierungskonferenz zur Annahme
des Global Compakt verlautete es wörtlich: Die Augen von 244 Millionen internationaler Migranten werden auf uns gerichtet sein in dieser Woche."*

Abbildung 5a: „*Die Kurzanleitung auf dem Flyer beginnt mit einem Bild, das Wanderungswilligen den schnellsten Weg nach Deutschland zeigt. Man beachte hierbei, dass alle Länder, die gegen Islamisierung sind, als feindliche Länder bezeichnet werden ...*

Abbildung 5b: *Weiter geht es mit der Erklärung, dass sich Flüchtlinge registrieren lassen sollen und wie sie Kontakte zur islamis(tis)chen Gemeinschaft halten. Implizit wird hier dazu geraten, sich in Deutschland an ein Büro von Millî Görüş (übersetzt = ‚Nationale Sicht‘) zu wenden. In vielen Staaten ist Millî Görüş wegen islamistischer Tendenzen umstritten .*

Abbildung 5c: *Der weitere Teil des Flyers, der in der arabischen Welt sehr oft geteilt wird, macht sprachlos. Dort heißt es, dass für ein Leben in Deutschland keine Integration notwendig ist. Es wird aufgefordert, sich an den Koran zu halten und seine eigene Kultur weiterzuleben. Daneben steht eine Auflistung von (Geld-) Leistungen, die Neubürger dank... zu erwarten haben.*

Abbildung 5d: *Ferner gibt es auf dem Informationsblatt eine Liste mit Tipps, wie man eine Abschiebung oder den Konflikt mit den Behörden vermeidet. Töten, schwere Körperverletzung und Massenvergewaltigungen sind in Deutschland verboten. Der Flyer schreibt jedoch deutlich, dass die Polizei folgende Taten ignoriert: Diebstahl, Shop-/Passantenüberfall, mittelschwere Körperverletzung und die Belästigung einheimischer Frauen ...* "[258]

In einem Artikel von Dr. Udo Ulfkotte vom November 2015, *„Vereinte Nationen fordern Bevölkerungsaustausch von Deutschland"*, kann man lesen: *"Die Vereinten Nationen fordern für die EU-Länder wie Deutschland, Frankreich und Italien einen 'Bevölkerungsaustausch' mit Migranten aus Nahost und Nordafrika. Offenkundig ist der Asyl-Tsunami von langer Hand geplant.... In dem erst jetzt bekannt gewordenen UN-Bericht »Replacement Migration« (ST/ESA/SER A./206) der Bevölkerungsabteilung der UN (UN Population Division) aus dem Jahr 2001 wird die Öffnung Deutschlands für 11,4 Millionen Migranten gefordert, auch wenn das innerhalb Deutschlands zu sozialen Spannungen (»rise to social tensions«) führen werde."*[259]
Der Titel dieser UN-Studie „Replacement migration", heißt wortwörtlich ins Deutsche übersetzt „Austauschmigration". In der offiziellen deutschen Übersetzung wird dieser Begriff jedoch nicht verwendet, sondern der weniger auf einen Austausch hindeutende Begriff „Bestandserhaltungsmigration (Abteilung Bevölkerungsfragen - Vereinte Nationen)"[260] §§§§§§§ In dieser UN-Studie sind verschiedene Szenarien entwickelt worden, wonach bis zum Jahre 2050 eine bestimmte Zuwanderung nach Deutschland notwendig sei, um *„die Bevölkerung im erwerbsfähigen Alter (15 bis 64 Jahre) konstant zu halten ... So läge beispielsweise in Deutschland die Gesamtzahl der Einwanderer nach Szenario IV bei 24 Millionen (bzw. 487.000 pro Jahr) gegenüber 17 Millionen (bzw. 344.000 pro Jahr) nach Szenario III."* Die nahe liegende Alternative, in Deutschland die Familienpolitik zu ändern, damit es sich junge Familien wieder leisten können, mehr Kinder zu bekommen, wird dagegen nicht in Betracht gezogen. Stattdessen werden Milliarden von Steuergeldern ausgegeben, um jugendlichen Zuwanderern eine

---

§§§§§§§ Die Begründung für diese andere, offizielle Übersetzung liefert Wikipedia, indem dort steht: *„In demography, replacement migration is a theory of migration needed for a region to achieve a particular objective (demographic, economic or social). Generally, studies using this concept have as an objective to avoid the decline of total population and the decline of the working-age population. Projections calculating migration replacement are primarily demographics and theoretical exercises and not forecasts or recommendations."* In Kapitel 5 hatte ich schon an zwei Beispielen gezeigt, dass WIKIPEDIA offensichtlich auch ein Instrument der superreichen Finanzeliten ist.

Rundumbetreuung zukommen zu lassen. Die Kosten der Intensivbetreuung unbegleiteter Zugawanderter seit 2015 liegen, so hat man für den Freistaat Bayern berechnet, im Bereich von 102 854 € bis 178 646 € pro Flüchtling und Jahr.[261] Würde man dieses Geld in die Förderung deutscher Familien investieren, würden sich ganz sicher auch mehr deutsche Familien wieder für mehr eigene Kinder entscheiden. Stattdessen werden durch die deutsche Bundesregierung bzw. ihre Vertreterin, das BAMF, Einladungen, verbunden mit Versprechungen für ein besseres Leben, an junge Menschen in vielen Ländern der Erde versandt, übersetzt in der jeweiligen Landessprache, nach Deutschland zu kommen und hier ein neues Leben zu beginnen.[262] In Deutschland und Europa wird dagegen die kinderlose Karriere propagiert und besonders gefördert, wie man, zum Beispiel, in dem Artikel von Viktor Timtschenko[263] nachlesen kann.

Es handelt sich also um ein riesiges Bevölkerungsexperiment mit ungewissem Ausgang. In einem Interview, das zur besten Sendezeit im Nachrichtensender ARD ausgestrahlt worden ist, wurde *dieser Bevölkerungsaustausch als ein geplantes Experiment dargestellt, in dem eine mono-ethnische, monokulturelle Demokratie werwandelt werden soll in eine multiethnische.*[264,265]

Dass sogar die UNO diesen Bevölkerungsaustausch initiiert, damit praktisch gegen ihre eigenen Prinzipien verstößt (s. nächster Abschnitt), kann man nur damit erklären, dass auch in der UNO in wesentlichen Positionen NWO-Protagonisten installiert worden sind. Auch wenn die UNO den Begriff der *„Bestandserhaltungsmigration"* in ihren Dokumenten verwendet, täuscht dies nicht über die wahren Hintergründe und Ziele hinweg, nämlich, dass die Deutschen und Europäer ausgetauscht werden sollen. Dieser von UNO/UNHCR vorgegebene Bevölkerungsaustausch wird von den deutschen Behörden praktisch umgesetzt. Ungeachtet des Widerstandes eines Teils der Bevölkerung, der die wahren Hintergründe der geplanten Zuwanderung erkannt hat, wird dieses Programm des Bevölkerungsaustausches von der EU und der deutschen Regierung unbeirrt weiter forciert. Resettlement übersetzt heißt nichts anderes als „Neuansiedlung". Der EU-Flüchtlingskommissar Dimitris Avramopoulos hat behauptet, dass es im Zuge der Vergreisung der Gesellschaft in den nächsten 20 Jahren angeblich 70 Millionen Migranten bräuchte, um Europa zu retten.[266] Bis 2068 soll die Zahl der dauerhaft nach Europa umgesiedelten Menschen auf bis zu 300 Millionen erhöht werden. Das liegt zwar noch weit unter der in der EU-Studie von 2010 angegebenen Zahl (s. Kapitel 1, Tabelle 1), stellt aber immer noch einen ganz wesentlichen Eingriff in die Bevölkerungsstruktur Europas dar. Am 6. Juli 2018 erschien in der Schweizer Morgenpost (SMOPO) ein Artikel unter der Überschrift:[267] *„EU will bis zu 300 Millionen afrikanische Flüchtlinge holen"*. In diesem Artikel war zu lesen: *„Am 2. Mai 2018 trafen sich 27 Politiker aus europäischen Ländern und 28 afrikanischen Staaten in Marokko und unterzeichneten die politische Erklärung von Marrakesch. Eine Erklärung über die Schaffung neuer Strategien für den Umgang mit der Einwanderung nach Europa. Laut dieser neuen Politik soll die afrikanische Bevölkerung in Europa von derzeit 9 Millionen im Jahr 2018 auf 200 bis 300 Millionen im Jahr 2068 erhöht werden."* Einige Politiker hatten sich geweigert, *„diese katastrophale Erklärung zu unterschreiben"*[268]. Wenn diese Erklärung vertraglich fixiert wird (was am 11. Dezember 2018 geschehen ist), dann *„wird (dies) im Ergebnis dazu führen, dass die einheimischen Bevölkerungen zu unterdrückten und rechtlosen Minderheiten innerhalb ihrer eigenen Heimat werden."*[269] Ist das übertrieben? Nein, so zumindest empfindet es ein Teil der urdeutschen Bevölkerung, die noch nicht die deutschfeindliche Gehirnwäsche übernommen haben. So schrieb eine Frau in einem Brief an den Oberbürgermeister von München: *„Zusammenfassend finde ich hier Zustände vor, die mir das Gefühl geben, dass wir hier eigentlich nicht erwünscht sind. Dass unsere Familie hier eigentlich nicht reinpasst ... wir sind mittlerweile die größte Minderheit ohne jegliche Lobby. Für jeden gibt es eine Institution, eine Stelle, ein öffentliches Interesse, aber für ein heterosexuelles verheiratetes Paar mit zwei Kindern, weder arbeitslos noch Linkshänder, weder behindert noch islamisch, für uns gibt es kein Interesse mehr."*[270] Diese Familie ist inzwischen aus Deutschland ausgewandert.

„Die Strategie die eigenen Völker in den europäischen Ländern in die Minorität zu bringen, um somit den Widerstand gegen den Superstaat 'Europa' zu brechen, ist schwachsinnig. Es wird ein friedliches Zusammenleben innerhalb Europas unmöglich machen. Weiterhin ist dieses Vorgehen keinesfalls demokratisch fundiert und somit auch nicht legitim, sondern ein Verrat an den europäischen Völkern. Es bleibt daher leider nur die Hoffnung auf das Erstarken der nationalistischen Kräfte in Europa. Und dies geschieht ja auch gerade."[271]

Fazit: Wir sind gegenwärtig Zeuge eines riesigen Bevölkerungsexperimentes mit ungewissem Ausgang, wodurch eine neue Menschenrasse geschaffen werden soll, die sich aus der Vermischung zwischen den europäischen mit anderen Völkern, vorwiegend aus Afrika und dem Nahen und Mittleren Osten, herausbilden soll (s. Kapitel 3, Abschnitt " Rassenvermischung").

Die UNO handelt gegen ihre eigenen Prinzipien

"Und sie werden kommen, über das Meer"[272] *- Ausmaß, Geschwindigkeit und Folgen dieser Migrationsbewegung werden verheerend sein.*

In dem orchestrierten Kampf gegen die deutsche Identität spielt die UNO eine lenkende Rolle. In einem Akt der Unterwerfung wird nun im Kontinent Europa, besiedelt seit mindestens 45 Tausend Jahren, die autochtone Bevölkerung ausgetauscht bzw. durch Vermischung eine neue, negroide Rasse erschaffen. Das Ergebnis einer Jahrtausende dauernden Entwicklung der Menschheitsgeschichte in Europa will jetzt eine selbster-nannte Elite in wenigen Generationen auslöschen. Dazu wurde der UN-Migrationspakt geschaf-fen, der die rechtlichen Voraussetzungen schaffen soll für einen Prozess, der die vollständige Durchmischung der Völker dieser Erde zum Ziel hat, ihn legalisiert und dessen Kritiker zum Schweigen bringen soll (s. Kapitel 1). Das ist der größte Genozid, den es jemals in der Menschheitsgeschichte gegeben hat und den die UNO seit 2001 maßgeblich begleitet und forciert.[273] Dabei agiert die UNO im Widerspruch zu ihren eigenen, früher beschlossenen Dokumenten. So heißt es im Artikel 6 der **„Entschließung der Menschenrechts-kommission der Vereinten Nationen"** vom 17.4. 1998:"[274,275,276] *„Jegliche Praxis oder Politik, die das Ziel oder den Effekt hat, die demographische Zusammensetzung einer Region, in der eine nationale, ethnische, sprachliche oder andere Minderheit oder eine autochthone Bevölkerung ansässig ist, zu ändern, sei es durch Vertreibung, Umsiedlung und/oder eine Kombination davon, ist rechtswidrig."* Und im Artikel 11 dieser Entschließung heißt es: *„Die Staaten sollen Maßnahmen ergreifen, die die Verhinderung von Bevölkerungstransfers und der Sesshaftmachung von Siedlern zum Ziel haben, ..."*

Dieser geplante Bevölkerungsaustausch ist nichts anderes als Völkermord, der nach der UN-Völkermordkonvention verboten ist. Die Definition von Völkermord lautet: *„vorsätzliche Auferlegung von Lebensbedingungen an eine nationale, ethnische, rassische oder religiöse Gruppe, um diese absichtlich, ganz oder teilweise zu zerstören, oder kurz gesagt, MASSENZUWANDERUNG ist VÖLKERMORD! Völkermord wird als das SCHLIMMSTE VERBRECHEN im Völkerstrafrecht bezeichnet! Völkermord verjährt nicht ...!"*[277] Die UN-Völkermordkonvention[278] verbietet einen solchen Bevölkerungsaustausch, wie er von der UNO und EU gegenwärtig vorangetrieben wird: *Artikel I Die Vertragsparteien bestätigen, dass Völkermord, ob im Frieden oder im Krieg begangen, ein Verbrechen gemäß internationalem Recht ist, zu dessen Verhütung und Bestrafung sie sich verpflichten."* Dieser UN-Migrationspakt ist auch *„offensichtlich völkerrechtswidrig, denn der Global Compact for Migration verstößt gegen den obersten Grundsatz der Vereinten Nationen aus Artikel 1 Nr. 1 der UN-Charta („international peace and security"), weil die durch den Global Compact for Migration zu erwartende Massenmigration den Weltfrieden und die internationale Sicherheit gefährdet."*[279] Jedoch, im Widerspruch zu diesen Verpflichtungen, ist am

11.12.2018 der UN-Migrationspakt von 164 (von 192) UNO-Mitgliedsstaaten in Marrakesch unterzeichnet worden. Auf der Grundlage dieses Paktes ist es den Migranten freigestellt, sich ihr Zielland selbst auszuwählen, ohne dass dem Zielland ein Mitspracherecht gestattet wird. In diesem UN-Migrationspakt wird die Migration als 'Chance' und unausweichliches Schicksal für die Völker dargestellt. Der Pakt spricht von ca. '250 Millionen Migranten', die es derzeit global gebe und denen die Tür sperrangelweit aufgemacht werden soll.[280] Von der deutschen Regierung und den öffentlichen Medien wurde immer wieder behauptet, der UN-Migrationspakt sei rechtlich unverbindlich, weil es so auch in der Präambel zum UN-Migrationspakt zweimal betont wird; man muss aber wissen, dass *„die Präambeln solcher Dokumente rechtlich unverbindlich"* sind.[281] Dieser Aspekt spielt auch im Zusammenhang mit unserem Grundgesetz eine wichtige Rolle, dessen Präambel ebenfalls zur Falschinterpretation einlädt.

Gemäß des oben erwähnten Artikels 11 aus der **„Entschließung der Menschenrechtskommission der Vereinten Nationen"** sowie der **UN-Völkermordkonvention** ist die deutsche Regierung aufgefordert, Maßnahmen zu ergreifen, die *„Sesshaftmachung von Siedlern"* zu verhindern. Sie tut aber genau das Gegenteil, wie das ganz deutlich in dem forcierten Familiennachzug der in den vergangenen Jahren zu uns Zugewanderten zum Ausdruck kommt. Es zeigt sich auch immer deutlicher, dass bereits seit der Mitte des vorigen Jahrhunderts systematisch auf den finalen Bevölkerungsaustausch hingearbeitet worden ist. *„... Zuerst waren die Immigranten 'temporäre Gastarbeiter'. Dann war es ein 'multirassisches Experiment'. Dann waren es 'Flüchtlinge'. Dann die Antwort auf die 'schrumpfende Bevölkerung'. Unterschiedliche Ausreden, unterschiedliche Lügen! Und 'Asyl' ist nur eine weitere Lüge! Doch die wahre Absicht bleibt die gleiche: 'Der größte Völkermord der Menschheitsgeschichte!' 'Die Endlösung für das christlich-europäische Problem!' Dieses Verbrechen verlangt ein neues 'Nürnberger Tribunal' ..."*[282]

Es gibt aber noch einen zweiten Pakt, den **UN-Flüchtlingspakt**[283], der das Ziel der Vermischung der Völker zusätzlich unterstützen soll. In diesem Flüchtlingspakt steht u.a. *„Flüchtlingsschutz und –*

betreuung ... müssen jedoch unbedingt mit engagierten Anstrengungen zur Bekämpfung der tieferen Fluchtursachen einhergehen. Klima, Umweltzerstörung und Naturkatastrophen sind zwar für sich selbst genommen keine Ursachen für Fluchtbewegungen, stehen aber immer häufiger in Wechselwirkung mit den Triebkräften solcher Bevölkerungsbewegungen. "[284] Im gesamten Text des UN-Flüchtlingspaktes wird an keiner Stelle als Fluchtursache Krieg oder Verfolgung oder Armut erwähnt. Diese drei Dinge, Armut, Krieg und politische oder religiöse Verfolgung sind aber die größten Ursachen für Fluchtbewegungen. Lösungen zur Beseitigung dieser Fluchtursachen findet man im UN-Flüchtlingspakt nicht.

Dass auch die UNO die Massenmigration nach Europa zusätzlich befördert, verrät uns z.B. die Tatsache, dass das UNO-Flüchtlingshilfswerk (UNHCR) unmittelbar vor Ausbruch der Massenmigration nach Europa die ohnehin schon knapp bemessenen Gelder für die Flüchtlingslager nahe Syrien und Libanon drastisch gekürzt hatte, wonach die Zahl derer rapide anstieg, die sich auf den Weg nach Europa machten. Um die **„Bestandserhaltungsmigration"**[285] durchzusetzen, hatte die UNO die Essens-Rationen an Flüchtlinge, die in Flüchtlingslagern außerhalb Europas lebten, von 31$ pro Monat und Flüchtling auf 13$ massiv gekürzt,[286] so dass deren Ernährung nicht mehr gesichert war. Und im Dezember 2014 stellte die UNO die Hungerhilfe für 1,7 Millionen syrische Flüchtlinge vollständig ein.[287] Die Folge war ein forcierter Run auf Europa, ein Überschwemmen Europas mit Flüchtlingen, auf dass das entstehende Chaos schon mal im ersten Schritt eine Neuordnung Europas vorbereiten kann. Denn es gibt Geostrategen, denen genau das vorschwebt.[288] Und diese Strategie wird durch die Merkeladministration aktiv unterstützt. So stellt die Syrerin Maram Susli zur Rolle Deutschlands in der Flüchtlingspolitik fest:[289]
„Deutschland hat eine sehr negative Rolle gespielt. Es hat von Anfang an die Propaganda von al-Qaida gefördert und allem zugestimmt, was die USA gesagt haben. Und wenn Merkel den Menschen wirklich helfen wollte, dann würde sie ihnen in Syrien helfen. Neben dem Krieg ist die Flüchtlingskrise eine weitere Form des Angriffs auf den syrischen Nationalstaat. Dem Land sollen gebilde-

*te Leute entzogen werden. Syrien soll ethnisch von Syrern gesäu-
bert werden."*

Die Unterstützung und Forcierung der Flüchtlings- und Migrationsbewegungen durch UNO und EU in Richtung funktionierender
Gesellschaften ist dem alten und bewährten Spiel der Elite geschuldet: „Teile und herrsche"; denn durch die Migration von Millionen Menschen aus Afrika und dem arabischen Raum nach Europa wird ein Gefährdungspotential für den inneren Frieden in den
europäischen Gesellschaften aufgebaut, das zu der großen Krise
führen wird. Wenn die von UNO und EU geplante Umsiedlung
von geschätzten 200 bis 300 Millionen[290] Afrikanern nach Europa[291] Realität geworden ist, wird dies zu der großen Krise führen,
auf deren Trümmern die Elite beabsichtigt, die Neue Weltordnung
(NWO) zu errichten. Bei diesem Prozess spielt die "Flüchtlingskrise" die zentrale Rolle, langfristig geplant und realisiert durch die
von außen gesteuerte „Arabische Revolution" (Arabischer Frühling") und die Kriege im Nahen und Mittleren Osten, die die
Flüchtlinge produziert haben, die als Waffe benutzt werden, um
Deutschland und die europäischen Länder zu destabilisieren.

Was ist das Motiv dafür, dass die deutsche Regierung diesen beiden Pakten, dem UN-Migrationspakt und dem UN-Flüchtlingspakt,
zustimmte? Neben der Schaffung der Rahmenbedingungen für die
Errichtung der NWO geht es insbesondere auch um billige Arbeitskräfte in Konkurrenz zur eigenen Arbeiterschaft. Das wird
zum Beispiel dadurch deutlich, da auch Institutionen wie **DIHK,
Agentur für Arbeit, Siemens AG, McKinsey (Unternehmensberatung)** an deren Erarbeitung beteiligt waren:[292] *„Dass Merkel
und fast alle Parteien den Pakt mit Klauen und Zähnen verteidigen, ist nicht verwunderlich, wenn man erfährt, dass Deutschland
und Marokko einen zweijährigen Co-Vorsitz in diesem GFMD-
Forum bis Ende 2018 innehaben. Mehr noch: Wie Tichys Einblick
zudem dahinterkam, steht hinter dem GFMD auf deutscher Seite
das deutsche Außenministerium. Der letzte GFMD-Gipfel Ende
Juni 2017 fand in Berlin statt, bei dem sich zudem deutsche Vertreter folgender Institutionen einfanden: DIHK, Agentur für Arbeit,
Siemens AG, McKinsey (Unternehmensberatung) sowie die auf*

Flüchtlingsströme – Ergebnis westlicher Politik

„Wer Flüchtlingsströme produziert, der hat Krieg gesät."[293] - *„Mögen sich die Verantwortlichen in naher Zukunft vor einem internationalen Gerichtshof zu verantworten haben."*[294]

„Sie (die Flüchtlinge) *werden mit unserer Welt konfrontiert, in die sie eigentlich gar nicht gehören, auch gar nicht gehören wollen, weil, das ist gar nicht ihre Heimat. Wir müssen uns also letztlich mit den Ursachen beschäftigen und nicht mit den Symptomen. Denn die Symptome sind offensichtlich nichts anderes als eine gezielt eingesetzte Waffe, indem man Menschen, die in Not geraten sind aus anderen Ländern, zu einer Waffe umfunktioniert, erniedrigt, um sie letztendlich, zum Beispiel in Deutschland oder eben in anderen europäischen Staaten, dort eben halt als Waffe gegen die Menschen einsetzt, die dort leben; das kann nicht gut gehen. ... Die Mittäterschaft (anders kann man das gar nicht nennen) der westlichen Staaten, und zwar ausschließlich der westlichen Staaten, mit Uranmunition 'rumgeschossen wird, ganze Landstriche faktisch unbewohnbar gemacht werden."*[295]

Die riesigen Flüchtlingsströme bzw. Migrationsströme, nach Europa sind u.a. eine Folge der MENA-Kriege, die in den letzten zwei Jahrzehnten durch die USA und die NATO losgetreten worden sind. Sie sind von den Militärstrategen geplant[296] und werden auch bewusst benutzt, um Europa zu schwächen (s.u.). Ein großer Teil der Flüchtlinge nach Europa flieht vor den Kriegsauswirkungen, aber auch vor dem *Islamischen Staat,* für dessen Erschaffung in erster Linie die USA verantwortlich sind. Die USA waren letztlich der Geburtshelfer des *Islamischen Staates.*[297,298]

Eine weitere Ursache für die riesigen Migrationsströme aus den Dritte-Welt-Ländern in Richtung Europa ist eine verfehlte globale Wirtschaftspolitik. Viele afrikanische Länder kommen deshalb nicht auf die Beine, weil sie in der Vergangenheit Freihandelsabkommen mit westlichen Ländern abgeschlossen haben, die sie daran hindern, ihre eigene Wirtschaft zu entwickeln. Sie sind gezwungen, die Billigprodukte aus den EU-Staaten zu importieren, können deshalb ihre eigenen, teureren Produkte nicht vermarkten. *„Die Existenz der Bauern Ostafrikas wird gefährdet. Lokale und regionale Märkte werden vernichtet. Damit werden weitere Fluchtursachen geschaffen, die viele Afrikaner zu Geflüchteten machen werden."* [299] *„Und der nächste unfaire Handelsvertrag zwischen der EU und Ostafrika steht schon in den Startlöchern ... Ich bin schockiert, dass die EU weiterhin versucht afrikanische Länder auszubeuten. Das geplante Wirtschaftspartnerschaftsabkommen ermöglicht es Europa, für den EU-Binnenmarkt subventionierte landwirtschaftliche Produkte zu Dumpingpreisen nach Ostafrika zu exportieren. Beispiele aus westafrikanischen Ländern, die bereits ein Wirtschaftpartnerschaftsabkommen abgeschlossen haben, lassen Schlimmes für Ostafrika befürchten. Mit subventioniertem Milchpulver aus Europa lässt sich in Kamerun Joghurt kostengünstiger herstellen, als auf Basis von einheimischer Milch. Damit wird die lokale Milchwirtschaft zerstört. Nach Ghana wurden Hähnchenteile wie zum Beispiel Hühnerflügel aus der EU zu Dumpingpreisen exportiert. Diese Billigkonkurrenz macht die lokale Hühnerzucht kaputt. Die Existenz der Bauern Ostafrikas wird gefährdet. Lokale und regionale Märkte werden vernichtet. Damit werden weitere Fluchtursachen geschaffen, die viele Afrikaner zu Geflüchteten machen werden."* [300] Und das passiert im Jahre 2018, wo uns Europäern durch die Flüchtlingskrise eindrucksvoll vor Augen geführt wurde, was diese - in der Vergangenheit betriebene - verfehlte Wirtschaftspolitik der westlichen Länder, insbesondere der EU, in den Dritte-Welt-Staaten angerichtet hat; es steht in krassem Widerspruch zu den Beteuerungen und Statements führender Politiker, die gerechtere Hanselsbeziehungen und mehr Unterstützung für die Dritte-Welt-Länder propagieren.

Die Wirtschaft dieser Dritte-Welt-Länder ist im gegenwärtigen Entwicklungsstadium einfach noch nicht konkurrenzfähig gegenüber den westlichen Staaten. Die durch EU-Staaten gewährte Wirtschaftshilfe ändert an diesem Dilemma nichts, sondern dient oft nur der Bereicherung einiger weniger. Weil die Konzerne und die

„zahlreichen privaten Profiteure in Europa ... mit den Migranten großes Geld machen, wenn in Europa Flüchtlingsheime, Infrastrukturen und alles drum und dran organisiert werden",[301] wird diese Situation auch nicht geändert. Es ist eine riesige Flüchtlingsindustrie entstanden, die jährliche Umsätze generiert, die die Umsätze von großen, international agierenden Konzernen, wie zum Beispiel Siemens oder BASF, in den Schatten stellen.[302] Die durch diese verfehlte Wirtschaftspolitik mit verursachten riesigen Migrationsströme werden im internationalen „Wirtschaftskrieg" durch die Globalplayer ausgenutzt, um Konkurrenten zu schwächen. Dass die riesigen Migrationsströme beabsichtigt sind, erkennt man auch daran, dass zusätzlich in den öffentlichen Medien der Herkunftsländer der Migranten Anzeigen in verschiedenen Sprachen geschaltet worden waren, in denen die Menschen mit großzügigen Versprechen nach Europa bzw. Deutschland gelockt bzw. eingeladen wurden, um dort ein neues Leben zu beginnen.[303] Es wurde sogar im Auftrage des Bundesamtes für Migration und Flüchtlinge (BAMF) ein Einladungsvideo produziert, das in den potentiellen Herkunftsländern der Migranten in 15 verschiedenen Sprachen ausgestrahlt wurde und möglicherweise noch heute ausgestrahlt wird.[304]

„Der Aufruf an Muslime, nach Deutschland zu siedeln, ist längst keine Verschwörungstheorie mehr. Jetzt ist ein Flyer in Umlauf, der allen reisewilligen Muslimen erklärt, wie großartig das Leben in Deutschland ist...."[305] Dieser Flyer, besteht aus vier Seiten, die im Abbildung 5 mit deutscher Übersetzung wiedergegeben sind.

Die entstehenden Migrationsströme werden als „Waffe" benutzt, um bestimmte globalstrategische Ziele zu erreichen.[306,307,308,309,310] Spätestens seit 2005 gibt es eine perfekt eingerichtete Migrationsinfrastruktur nach Europa. An dieser beteiligen sich maßgeblich Akteure aus der internationalen Hochfinanz in Form von superreichen Stiftungen und Hedgefonds, die mit ihren unvorstellbar hohen Gewinnen eine Unzahl von Nichtregierungsorganisationen (NGO) und sogenannten *„Think Tanks"* (*Stratfor, Atlantikbrücke, Aspen-Institut, German Marshall Fund, European Council on Foreign Relations, ...*) finanzieren. Diese Finanzierung geschieht nicht direkt, sondern verdeckt über bis zu drei Etappen durchlaufende Finanzierungsmodelle, um dies zu verschleiern und eine Nachverfolgung unmöglich zu machen.[311,312] Diese NGOs betreiben u.a. Lobbyarbeit an den Schaltstellen des EU-Parlaments und den nationalen Parlamenten, um Gesetze gezielt zu beeinflussen, so wie wir das z.B. von den Lobbyisten im deutschen Bundestag her kennen (Beispiel: Beeinflussung der deutschen Gesundheitspolitik durch die Pharmaindustrie). In diesem Zusammenhang kommt den öffentlichen Medien eine ganz wesentliche Rolle zur Meinungsbildung in der Bevölkerung zu: Wie wir spätestens seit dem Buch von Dr. Udo Ulfkotte[313] „Gekaufte Journalisten ..." wissen, ist ein Großteil der Journalisten im öffentlichen TV, Rundfunk und Presse korrumpiert, die die von den USA und den NGOs vorgegebenen Meinungen und Kommentare verbreiten (Stichwort *„political correctness"*). Diese Hintergrundmächte/Finanzlobby in Einheit mit den Regierenden nennt man Establishment. Ziel der *„Migrationsagenda"* ist die Durchmischung der Nationalvölker mit kulturfremden Bevölkerungen,[314,315,316] als Nahziel auch die Schwächung Deutschlands und Europas gegenüber USA und Forcierung der Globalisierung. In diesem Sinne ist auch die EU-Kommission unterwegs, wie eine Rede des Vizepräsidenten der EU-Kommission Frans Timmermans, veröffentlicht am 10. August 2016, offenbarte[317]. Diese Rede ist nicht ein rhetorischer Ausrutscher eines übereifrigen EU-Abgeordneten, sondern sie offenbart ganz klar das erklärte Ziel: Abschaffung der Nationalstaaten und Errichtung einer EU-Diktatur, in der eine Gruppe von nicht gewählten Leuten, versammelt in der EU-Kommission, die Marschrichtung vorgibt, die Gesetze ausarbeitet, die dann nur noch dem EU-Parlament zur Abstimmung vorgelegt werden und die in aller Regel, dank der starken Hintergrundlobby in Brüssel beschlossen werden.

Warum betreiben die Regierung und die überwiegende Mehrheit der Politiker im Bundestag dieses Programm zum Bevölkerungsaustausch? Die Antwort: Die Regierungsmitglieder und Bundestagsabgeordneten sind nicht wirklich unabhängig. Wie schon Horst Seehofer 2010 öffentlich festgestellt hatte,[318,319] können die demokratisch gewählten Abgeordneten ihre oft bedeutsamen Wahlversprechen nicht einlösen, auch wenn sie selbst ehrlich dahinterstehen. Grund ist einerseits, dass die BRD immer noch ein besetztes Land ist[320] und andererseits der Einfluss der superreichen Finanzeliten, die nur deshalb einen so großen Einfluss auf die Regierungen ausüben können, weil die Staaten hochverschuldet und dadurch erpressbar sind. Der Spielraum für Regierungstätigkeit ist in hohem Maße abhängig von dem Wohlwollen der Kreditgeber. Die Kreditwürdigkeit von Staaten wird durch Ratingagenturen, die ebenfalls von den superreichen Eliten beeinflusst sind, eingestuft. Die Kreditwürdigkeit wird nicht nur durch die Beurteilung der wirtschaftlichen Leistungskraft des jeweiligen Staates bestimmt, sondern auch durch die Willfährigkeit der Regierung gegenüber den Lobbygruppen. Das Versagen von Krediten kann sogar zu Kriegen führen, wie das Beispiel des Jugoslawienkrieges gezeigt hat[321]

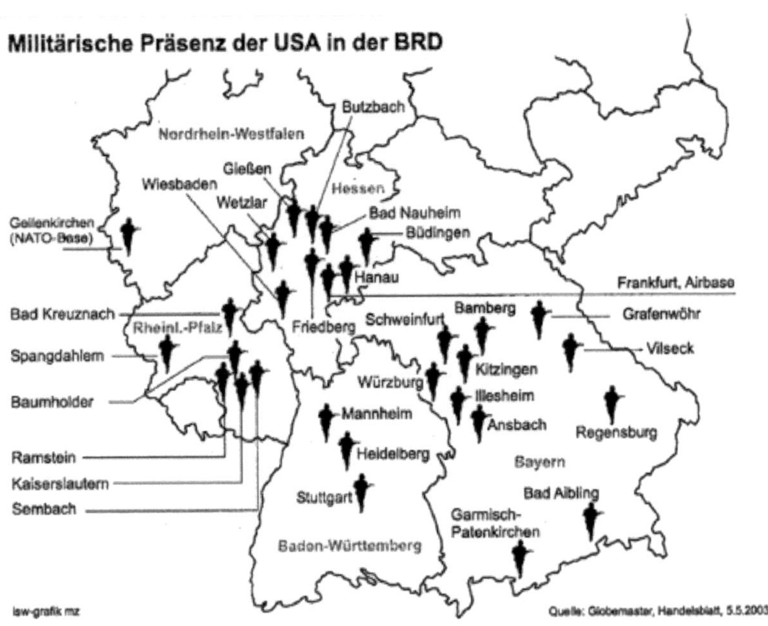

Mit diesem Wissen wird auch verständlich, warum die von Horst Seehofer groß angekündigte Klage gegen Merkels gesetzwidrige Grenzöffnung im September 2015 letztendlich doch nicht beim Bundesverfassungsgericht eingereicht worden ist. Der Einfluss der Hintergrundmächte/Finanzlobby war einfach zu stark.

Speziell bezogen auf Deutschland spielt aber noch eine andere Tatsache eine entscheidende Rolle. Deutschland ist kein souveräner Staat, sondern abhängig von den Alliierten: *„Deutschland ist ein besetztes Land – und das wird es auch bleiben!"*[********],[322] und die USA sind die Besatzungsmacht. Diese Abhängigkeit manifestiert sich zum einen juristisch im fehlenden Friedensvertrag und in den Besatzungsverträgen, wonach in Deutschland seit 2007 das Besatzungsrecht wieder „voll wirksam" ist,[323] zum andern auch direkt in der militärische Besetzung Deutschlands, repräsentiert durch die zahlreichen Standorte, wo US-amerikanische Soldaten stationiert sind, insgesamt 40.000 Soldaten in Deutschland. Hinzu kommen noch weitere britische Militärbasen, in denen noch einmal 20.000 britische Soldaten stationiert sind.[324] Nach Dr. Maurer befinden sich in Deutschland sogar noch mehr US-Besatzungssoldaten, *„offiziell 74.000 bis 250.000"* [325] Die Aufwendungen für Besatzungskosten und die sonstigen inneren und äußeren Kriegsfolgelasten trägt der Bund gemäß Artikel 120 GG. Gemäß den Besatzungsgesetzen hat Deutschland nicht das Recht, den Abzug der ausländischen Truppen aus Deutschland zu verlangen; und Deutschland ist es verboten, wichtige außenpolitische Entscheidungen zu treffen, ohne es zuvor mit den Siegermächten abzusprechen.

„Die Bundesrepublik Deutschland stellt fremden Truppen viele Stützpunkte, welche über Kooperationsverträge bereitgestellt sind, zur Verfügung. Diese Aggressoren der brutalen und privaten UNO Kampfverbände, der NATO, sind auf unserem deutschen Boden illegal und widerrechtlich. Es ist ungeheuerlich, das unsere Landflächen von der rein privaten BRD für kriegerische Handlungen gegen befreundete Staaten des Bundesstaat Deutschland, wie z.B. die Russische Föderation verpachtet werden, obwohl die BRD an den Landflächen keine Rechte besitzt.
Diese Stellungen der NATO und der Amerikaner, wie z.B. Ramstein, werden zwangsläufig Ziele werden, da die Russische

---

[********] Obama am 05.06.2009 in Ramstein, der größten US-Militärbasis außerhalb der USA: *"Germany is an occupied country – and it will be stay that way!"*

Föderation zu ihrer Verteidigung die Nachschubwege und die Schaltzentralen des völkerrechtswidrigen Angriffes der NATO zerstören wird und zerstören muß. Niemand kann folglich ernsthaft annehmen, daß Gegenschläge diese Stützpunkte auf unserem Boden verschonen könnten. "[326]

Eine weitere Art der US-Okkupation Deutschlands ist die gewaltige Anzahl von Nichtregierungsorganisationen (NGO)[327] und Stiftungen mit gigantischen Budgets wie die *Atlantikbrücke e.V., Washington Institute, Aspen-Institut, German Marshall Fund, Council on Foreign Relations, American Council on Germany, American Academy, Institut für Europäische Politik European Council on Foreign Relations, Trilaterale Kommission,* u.a., deren Aufgaben und Bedeutung Dr. Udo Ulfkotte ausführlich in seinem Buch „Gekaufte Journalisten ..."[328] beschrieben hat.

Die NGOs schaffen Abhängigkeiten: Es ist ein Heer von „Aktivisten" entstanden, die mit den Geldern geködert und gepolstert worden sind. Die in Deutschland gewachsene „Flüchtlingsindustrie" verdient enorm an den hohen Migrantenzahlen, umso mehr, je größer die Migrantenzahlen. *„Reich werden mit Armut. Das ist das Motto einer Branche, die sich nach außen sozial gibt und im Hintergrund oft skrupellos abkassiert. Die deutsche Flüchtlingsindustrie macht jetzt Geschäfte, von denen viele Konzerne nur träumen können. Pro Monat kostet ein Asylbewerber den Steuerzahler etwa 3500 Euro. Bei einer Million neuer Asylbewerber allein 2015 sind das monatlich 3,5 Milliarden Euro - also pro Jahr 42 Milliarden Euro.* "[329] Der Migrationsforscher Paul Collier hat festgestellt,[330] *„dass mit der Summe, die für einen Migranten in Deutschland aufgewendet wird, 139 echten Flüchtlingen in den Lagern z.B. in Jordanien tatsächlich geholfen werden könnte".* Christoph Hörstel stellt fest:[331] *Zwischen 200 Millionen und vielleicht 3 Milliarden Euro wären notwendig gewesen, hätte man eine gute regionale Friedenspolitik installiert, Syrien zurück zum Frieden bringen helfen, tatsächlich den Flüchtlingen vor Ort geholfen, in Jordanien, im Libanon, in der Türkei. Und dieses ganze Drama wäre uns erspart geblieben. "* Welche negative Rolle die Merkel-Regierung dabei spielt, stellt die Syrerin Maram Susli[332] in ihrem Interview klar (s. obiges Zitat).

Zu diesen bereits erwähnten horrenden Summen kommen weitere staatliche Zuschüsse zur *„Förderung der Integration von Zuwanderern"* hinzu. Im Haushaltsjahr 2015/2016 wurden in Sachsen an diese „Flüchtlingsindustrie" Zuschüsse allein zur *„Förderung der Integration von Zuwanderern"* in Höhe von 29 Millionen € zusätzlich bewilligt.[333] Und wegen der hohen Gewinne unterstützen die Profiteure die Flüchtlingspolitik der Regierung.

Dass auch die UNO die Massenmigration nach Europa zusätzlich befördert, verrät uns z.B. die Tatsache, dass das UNO-Flüchtlingshilfswerk (UNHCR) unmittelbar vor Ausbruch der Massenmigration nach Europa die ohnehin schon knapp bemessenen Gelder für die Flüchtlingslager nahe Syrien und Libanon drastisch gekürzt hatte, wonach die Zahl derer rapide anstieg, die sich auf den Weg nach Europa machten. Gleichzeitig erfolgten durch große Anzeigen in den öffentlichen Medien im arabischen Raum direkte Einladungen an Flüchtlinge, in arabischer, englischer und französischer Sprache, nach Deutschland zu kommen. Ihnen wurden Versprechungen gemacht, z.B. dass sie in Deutschland ein eigenes Haus und Auto geschenkt bekommen, weshalb sich so viele Menschen, insbesondere junge Männer, auf den Weg in dieses „Paradies" gemacht und hohe Geldsummen für die Überfahrt übers Mittelmeer an Schleußer gezahlt haben. Man hat festgestellt, dass einige der Quellen dieser Anzeigen in den USA und Großbritannien[334] sitzen. In Interviews kam heraus, dass große, kinderreiche Familien eines ihrer Kinder nach Deutschland vorausschicken, da sie wissen, dass Minderjährige nicht zurückgeschickt werden und der spätere Nachzug dessen Familie gesetzlich zugesichert ist.

Statt die Geldmittel für Unterkunft und Verpflegung der Menschen in den Flüchtlingsunterkünften nahe ihrer Heimatländer weiterhin bereitzustellen, werden vom UNHCR zusätzliche Geldmittel zur Förderung der Massenbewegung nach Europa bereitgestellt, indem Kreditkarten mit entsprechenden Guthaben an Flüchtlinge bzw. Migranten verteilt werden, um deren Reise nach Europa finanziell abzusichern. Diese UNHCR-Mastercards weisen die Namen ihrer neuen Besitzer nicht aus, stattdessen steht auf diesen nur der Aufdruck des UNHCR, ein EU-Logo und eine Nummer. *„Diese Bankkarten sind ein Beweis dafür, wie die EU die europäische Kultur zerstört. Sie mit Geld einladen, um Gewalt auszulösen? Wer gibt Migranten eine solche Bankkarte, um ohne Vornamen und Nachnamen auf Bargeld zugreifen zu können?"*[335]

In einem YouTube-Video[336] kommt Erika Steinbach, ehemalige CDU-Abgeordnete, zu Wort. Sie sagte: *„Und es leuchtet mir heute auch ein. Ich erinnere mich jetzt dunkel, dass 2014 ein großer Artikel geschrieben hat, dass Deutschland einen Werbefilm gemacht hat, wie man Asyl beantragt und das in 16 verschiedenen Sprachen in den jetzigen Herkunftsländern verbreitet hat. Das war praktisch eine Werbung. Besser hätten sich das die Schlepper auch nicht ausdenken können. Ich denke mir, bis heute wird dieser Film verwertet. Und dann haben die Menschen sich auf den Weg gemacht. Sie wollten ja alle nach Deutschland."* Der Videosprecher bemerkt dazu: *„Kein Wunder, bei dieser filmischen Einladung, produziert vom Bundesamt für Migration und Flüchtlinge (BAMF). Den allermeisten Deutschen dürfte gar nicht bekannt sein, welche Faktoren die Massenzuwanderung tatsächlich ausgelöst haben."*
Und Erika Steinbach weiter: *Wir hatten ja heftige Debatten bei uns in der Fraktion. Und da wurden schon die Karten von unserer Seite, also von den Innenpolitikern auf den Tisch gelegt. Aber da die Bundesregierung wusste, in dieser Frage hat sie auch **die Grünen und die Linken** auf ihrer Seite, war das völlig unerheblich, was aus der eigenen Fraktion kam. Das muss man leider, leider sagen. Und die Tatsache, dass es **keinerlei Opposition** gibt, niemand der dagegen opponiert hat oder mal einen Untersuchungsausschuss eingesetzt hätte, dass man sagt, wie kann das sein, dass Menschen unkontrolliert hier rein kommen, das ist **gegen Recht und Gesetz**. Das war schon wirklich deprimierend, das muss ich sagen. Viele Kollegen und ich, wir haben gesagt, eigentlich, wir können gar nicht mehr ruhig schlafen. Das hat uns schlaflose Nächte gekostet."* Erika Steinbach hat schließlich ihre Konsequenzen gezogen und ist aus der CDU ausgetreten.
In einem Artikel zu diesem Werbefilm, hergestellt durch die Produktionsfirma MIRAMEDIA in Hamburg Anfang 2014 im Auftrag

des Bundesamtes für Migration und Flüchtlinge (BAMF)[337], veröffentlicht auf www.welt.de, steht:[338] Der Film ist ein wahres Musterbeispiel für die Willkommenskultur. Auf ihrer Homepage verkündet die Produktionsfirma, wie ihre Auftraggeber am besten *„Ihre Kunden und Absatzmärkte filmisch ansprechen und erreichen können"*. In diesem Fall die potenziellen Kunden des BAMF: *„Keine Lösung von der Stange, sondern individuelle Botschaften und Filme, die helfen zu überzeugen – von Ihrem Unternehmen und Ihrem Produkt."* Das zu verkaufende Produkt ist „Asyl in Deutschland". Deshalb wurde der Film auch in alle Sprachen potenzieller Kunden übersetzt, darunter Albanisch, Arabisch, Russisch, Arabisch, Dari, Farsi, Patschu und Serbisch. Die Tatsache, dass dieses Einladungsvideo im Auftrag des BAMF hergestellt worden war, macht deutlich, dass auch hinter dem Asylskandal beim BAMF, der im Frühjahr 2018 in allen Medien vorherrschendes Thema war und wo herauskam, dass eine sehr große Zahl von Asylanträgen durch das BAMF positiv beschieden worden sind, obwohl die gesetzlichen Voraussetzungen dafür gar nicht vorgelegen haben, ein hohes Maß an krimineller Energie eine Rolle gespielt haben muss. Diese Fehlleistungen kann man offensichtlich nicht auf zu große Arbeitsbelastung beim BAMF zurückführen, sondern waren eine logische Fortsetzung der Aktivitäten und Umsetzung der Regierungspolitik, die im Schulterschluss mit den Parteien der Linken und Grünen alles unternahmen, um so viel wie möglich Migranten nach Deutschland zu holen. Alle Regierungsstellen sind mehr oder weniger in den Volksbetrug einbezogen.[339] So kam über Recherchen einer im BAMF Bremen eingesetzten Mitarbeiterin, die eigens für die Aufklärung von Unregelmäßigkeiten von Bayern nach Bremen versetzt worden war, heraus, dass dort zahlreiche gefälschte Asylbescheide erteilt worden sind, in mindestens 1200 Fällen. Nachdem diese Mitarbeiterin herausgefunden hatte, dass es auch Verstrickungen gibt, die bis in die Zentrale reichen, wurde sie kurzerhand wieder in eine andere Dienststelle versetzt.[340] Desweiteren wurden Daten im BAMF Bremen gelöscht. *„Auf Anfrage bei der Bremer BAMF Außenstelle, weshalb die Daten gelöscht worden seien, bezeichnete die Außenstelle die Vernichtung der Akten als ‚regelkonforme Maßnahme'."*[341] Bemerkenswert ist, dass Bremen das einzige Bundesland in Deutschland ist, wo es seit Bestehen der

Bundesrepublik ausschließlich SPD-geführte Landesregierungen gegeben hat, und dass die SPD seit 2007 gemeinsam in einer Koalition mit den Grünen regiert, also der Partei, die für eine unbegrenzte Zuwanderung von Menschen aus aller Welt eintritt nach dem Motto „Es ist gut so, dass wir Deutsche bald in der Minderheit sind". Diese "NO BORDER – NO NATIONS" Ideologie ist Handlungsgrundlage der Grünen, die sie durch ihre Vertreter in den Behörden, entsprechend den dadurch gegebenen Möglichkeiten, mit großer krimineller Energie in die Tat umzusetzen versuchen, ohne Rücksicht auf die dadurch zu erwartenden Verwerfungen.[342,343]

Inzwischen hat sich herausgestellt, dass dieser Missbrauch der Amtsgewalt nicht nur auf Bremen beschränkt war, sondern nur die Spitze des Eisbergs darstellte. In vielen anderen BAMF-Filialen Deutschlands wurden inzwischen vergleichbare Unregelmäßigkeiten aufgedeckt. *"Die stecken alle unter einer Decke. Und das ist keine Verschwörungstheorie, sondern das ist einfach gelebte Ideologie, links-grüne gelebte Ideologie und das Abarbeiten einer Agenda, 'Replacement Migration', 'Resettlement' usw. Erst jetzt, da die Willkommensblase geplatzt ist und mehrere Jahre Gras über die Sache gewachsen ist, werden die Dinge öffentlich gemacht, gleichwohl nur Stück für Stück, weil der deutsche Michel ja immer noch aufwachen könnte. Heute, wo es für die politisch Verantwortlichen scheinbar keine Konsequenzen mehr hat und die Fakten geschaffen sind und sich das Land irreversibel verändert hat, ist man bereit, den Asylskandal einzuräumen. So schön hat man sich die Welt in den Jahren zuvor zurechtgebastelt mit der Erfindung des 'subsidiären Schutzes' und allerlei Maßnahmen, die das Asylrecht ausgehöhlt haben. Da liegt der Verdacht nahe, dass zigtausend unrechtmäßige Asylgewährungen eher zum Plan gehörten als der Überforderung und dem Kontrollverlust des Staates geschuldet zu sein."*[344]

Dass diese Einschätzung genau ins Schwarze trifft, erkennt man daran, dass die Bundesregierung bzw. ihre Vertreterin, das BAMF, Einladungen an junge Menschen in vielen Ländern der Erde versandt hat, übersetzt in die jeweilige Landessprache, nach Deutschland zu kommen.[345] Inzwischen wurde auch bekannt, dass Angela Merkel Einladungen direkt an Afghanen ausgesprochen hat, indem sie im afghanischen Fernsehen für die Massenimmigration nach Deutschland geworben hat.[346]

Wem nützt diese Massenmigration nach Deutschland und Europa? Es nützt den wohlhabenden Menschen aus den Kriegsgebieten, die über Geld und Mittel verfügen für Papiere, Transport und/oder Schleußertrupps, um nach Europa zu gelangen. Und es nützt den Schleusern selbst und natürlich den Global Players, die mit den Kriegen und daraus erwachsenen Flüchtlingsströmen ihre global-strategischen Ziele durchsetzen wollen. Dabei ist die Schwächung der wirtschaftlich starken Konkurrenz durch die Flutung Deutschlands und Europas mit Flüchtlingen nur ein Aspekt.

Abbildung 6: Wem nützt die Massenmigration nach Deutschland und Europa nicht? Den 3 Milliarden Menschen in der Welt, die in auswegloser Armut dahinvegetieren.

Wem nutzt diese Massenmigration nicht? Den 3 Milliarden
Menschen in der Welt, die in auswegloser Armut dahinvegetieren,
die mit weniger als 2 $ am Tag auskommen müssen, d. h. die Men-
schen, die nicht die Kraft und nicht das Geld haben für Papiere,
Transport und/oder Schleußertrupps, um nach Europa zu kommen.[347] Diesen letztgenannten 3 Milliarden Menschen sollte unsere
Aufmerksamkeit und Hilfe in besonderem Maße gelten. Um deren
Lebensbedingungen zu verbessern brauchte es wesentlich weniger
Geld, als z. Zt. im Rahmen der Flüchtlingsindustrie aufgewendet
wird. Hier wäre das Engagement von IWF und Weltbank gefordert,
was aber nicht geschieht.[348]

In den Medien wird immer wieder gefordert, dass die Flüchtlings-
ursachen bekämpft werden müssen, z.B. indem man die Lebensbedingungen in den Ländern vor Ort, aus denen die Menschen fliehen, verbessert, d.h. Hilfe zur Selbsthilfe leistet durch Förderung
des Aufbaus einer eigenen Wirtschaft und Industrie in diesen Ländern, damit die Menschen ihren Unterhalt in ihren Ländern selbst
verdienen können. Die praktizierte Politik bzgl. der Länder Afri-
kas, von denen die meisten Flüchtlinge aufbrechen, sieht aber ganz
anders aus (wie oben dargelegt).
Während es bzgl. der Flüchtlingsakzeptanz relativ wenig Widerstand in der deutschen Bevölkerung gab, war dies bei den „Freihandelsabkommen" mit den USA und Kanada, TTIP und CETA,
anders. Es hatte sich in der Bevölkerung ein breites Bündnis gegen
TTIP und CETA formiert, artikuliert in Demonstrationen. Grund
war der für alle sichtbare Fakt, dass diese Abkommen geheim und
an den Parlamenten vorbei verhandelt wurden sowie die durchgesi-
ckerte Erkenntnis, dass diese Verträge allein den international agierenden Konzernen dient, indem sie Staaten bei privaten Schiedsge-
richten verklagen können, wenn deren Regierungen Gesetze beschließen, die die Gewinne der Konzerne beschränken. Bei der
Flüchtlingsproblematik war das anders. Hier waren die Hintergründe (s.o.) nicht so offen erkennbar, auch insbesondere infolge
der tendenziösen Berichterstattung und Propaganda in den öffentlichen Medien. Hinzu kommen der moralische Aspekt und die den
Deutschen innewohnende Hilfsbereitschaft. Unser gesamtes derzei-

tiges Dilemma ist in dem Links-orientierten KenFM-Video[349] zusammengefasst.

Dass hinter Merkels Entscheidung der unkontrollierten Grenzöffnung für jedermann etwas ganz anderes steckt als humanitäre Hilfe
für Flüchtlinge, nämlich das EU- und UNO-Projekt „Rassenvermischung" der europäischen Völker, hatte der ehemalige französische
Präsident Nicolas Sarkozy in seiner Eigenschaft als Vorsitzender
des Europäischen Rates bereits 2008 klar ausgesprochen. Er hob in
seiner Rede hervor: Selbst wenn die Völker dieser „Rassenvermischung" nicht zustimmen würden, muss sie gegen den Willen der
Völker durchgesetzt werden[350] (s. Abschnitt „Rassenvermischung).
Und dieses Ziel, die Rassenvermischung, geht auf den
Coudenhove-Kalergi-Plan[351].
In diesem Sinne betrieben die EU und die deutsche Regierung unter Merkel in der Folgezeit eine Politik, die genau diesem Ziel
dient. Um die Massenmigration durchzusetzen, beschließt das EU-
Parlament Gesetze, die die Souveränität Deutschlands und der
europäischen Staaten Schritt für Schritt beseitigt. Dies erfolgt
durch die Verabschiedung von verbindlichen Verträgen auf der
Grundlage der UNO-Empfehlung von 2001. Für Deutschland besagt diese UNO-Empfehlung, *dass Deutschland von 2015 bis 2035
jährlich 2 Millionen Migranten aufnehmen soll, um seine 'Wirt-
schaftskraft' zu erhalten und eine 'Vergreisung' aufzuhalten."*[352]
In seiner Rede vor dem Bundestag am 17.4.18 hob der Bundes-
tagsabgeordnete Martin Hebner, MdB der AfD-Fraktion, hervor,
dass der Globale Pakt für Migration (Global Compact for Migration - GCM) *„zum Signal für eine nie dagewesene Völkerwanderung
wird, die vor allem in die Sozialsysteme Europas erfolgen
wird."*[353,354] Das nicht ausgesprochene Ziel dieser Rassenvermischung ist nicht etwa ein humanitäres, sondern dient der Schwächung der europäischen Staaten, insbesondere Deutschlands, sowie
der Bereitstellung billiger Arbeitskräfte, die in den globalisierten
Märkten überall in der Welt einsetzbar und austauschbar sind, wodurch eine internationale Konkurrenz entsteht, unter der die Löhne
immer weiter gedrückt werden können. Und sie dient der Erzeugung eines Konfliktpotentials in diesen Ländern, die dadurch besser beherrschbar sind, nach dem Prinzip „Teile und Herrsche".

Neubesiedlung Deutschlands

*"Wenn die Nachbarschaft zur Fremde und die Steuerlast
unerträglich wird."*[355]

In vielen deutschen Großstädten sind die Deutschen auf dem Weg,
zu einer Minderheit zu werden, siehe Tabelle 2. Und der Trend
wird sich fortsetzen, wenn die Politik nicht gegensteuert.

Ein System, in dem die Wachstumsgeschwindigkeit einer Größe
dieser Größe selbst proportional ist, wird instabil, indem es
exponentiell wächst.[356] Diese Erkenntnis, die zum Handwerkszeug
eines jeden Physikers oder Mathematikers gehört, bedeutet,
mathematisch ausgedrückt:

$$dX/dt = a \cdot X \, , \qquad\qquad (1)$$

wenn X die Größe selbst ist und dX/dt deren
Wachstumsgeschwindigkeit, a eine beliebige Konstante und t die
Zeit, während dieser Prozess dauert. Die Gleichung (1) integriert
ergibt

$$X = X_0 \cdot \exp (a \cdot t) \, , \qquad\qquad (2)$$

wobei X_0 den Wert von X zum Zeitpunkt $t = 0$ bedeutet.
Gleichung (2) spiegelt mathematisch exakt wider, dass die Größe X
exponentiell mit der Zeit t wächst, also unbegrenzt. Und genau
dieses mathematische Prinzip wird repräsentiert durch Merkels so
genannte **"europäische Lösung"** zur Verteilung der Zuwanderer
auf die Länder in Europa, die sie um jeden Preis durchsetzen will,
auch gegen die relativ moderaten Forderungen ihres
Innenministers, Horst Seehofer.
*"Die **'europäische Lösung'** meint das reformierte Dublin-
Verfahren, Dublin IV. Dieses lässt sich in seiner Wirkung sehr
einfach formulieren: Alle Flüchtlinge landen in Deutschland. Es*

liegt auf der Hand, dass die anderen EU-Staaten diesem Konzept nur zu gerne zustimmen werden."[357]

"Konkret geht es, wie der Spiegel bereits im Januar 2018 schrieb [2],[358] *um Änderungen, die das Europäische Parlament an Gesetzesinitiativen der Kommission zur Reform der Dublin-Regeln vornehmen will. Danach soll nicht mehr automatisch das Land, in dem ein Flüchtling die EU erreicht, für dessen Asylverfahren zuständig sein, sondern unter Umständen das Land, in dem bereits Angehörige des Bewerbers leben.' Vereinfacht gesagt: je mehr schon da sind, desto mehr kommen hinzu."*[359] Und genau das wird durch Gleichung (2) repräsentiert: die Größe X ist in diesem konkreten Fall die Zahl der bereits in Deutschland angekommenen Zugewanderten und dX/dt ist deren Zuwachsrate bzw. Wachstumsgeschwindigkeit. Je größer X, d.h. die Zahl der bereits in Deutschland angekommenen Zuwanderer, um so größer dX/dt, d.h. die Zahl der neu nach Deutschland pro Zeiteinheit strömenden Zuwanderer. Da X in Deutschland bereits heute wesentlich größer ist als in jedem anderen europäischen Land, wird auch die Zuwachsrate dX/dt in Deutschland die größte werden, weil diese ja proportional zu X ist, gemäß Formel (1). Denn, *"kein anderes EU-Land hat in den letzten Jahren so viele Flüchtlinge aufgenommen, wie Deutschland. Es sind sogar mehr als in allen anderen EU-Ländern zusammengenommen. Rund 1,5 Millionen Einwanderer haben seit 2015 bei uns Asyl beantragt."*[360]

Auch wenn ein Großteil der Asylanträge negativ beschieden worden ist, so bleibt doch der größte Teil der abgelehnten Asylbewerber in Deutschland, entweder weil sie einen vorübergehenden Aufenthaltsstatus erhalten oder einfach untertauchen und so nicht abgeschoben werden können. Entsprechend dem Umsiedlungsprogramm von EU und UNO ist geplant, 70 Millionen Menschen nach Europa umzusiedeln.[361,362] Inzwischen ist diese Zahl aber schon wieder überholt durch die im UN-Migrationspakt angegebenen Zahlen,[††††††††,363] in dem von 200 bis 300 Millionen Migranten weltweit ausgegangen wird.[364] Verschärfend kommt hinzu, dass die

---

[††††††††] *„Aus Marokko, dem Gastgeberland der Regierungskonferenz (am 11./12.12.2018) zur Annahme des Global Compakt verlautete es wörtlich: Die Augen von 244 Millionen internationaler Migranten werden auf uns gerichtet sein in dieser Woche."*

meisten Zuwanderer nach Deutschland streben,[365] das auf sie wie
ein Magnet wirkt, weil in Deutschland die höchsten Sozialleistungen winken.

	(a)	(b)
Frankfurt am Main	71,7	45,0
Nürnberg		37,7
München	61,4	36,0
Stuttgart	57,6	37,1
Düsseldorf		35,2
Köln	53,0	34,4
Hannover		32,7
Dortmund		30,8
Duisburg		30,1
Hamburg	47,7	27,7
Bremen		27,3
Berlin	43,8	25,5
Essen		24,1
Ruhrgebiet	47,5	

Tabelle 2: Anteil der Bevölkerung mit Migrationshintergrund in %:[366]
(a) 2008: Anteil der Bevölkerung mit Migrationshintergrund im Alter
von bis 3 Jahre an der Gesamtaltersgruppe in %; (b) 2013: Anteil der
Bevölkerung mit Migrationshintergrund in %.

Wenn dieser UN-Migrationspakt durchgesetzt wird, kann man
davon ausgehen, dass der Hauptanteil der Zuwanderer nach
Deutschland kommen wird. Wenn aus dem Familiennachzug
schließlich ein Clannachzug wird, und wenn man dann noch die
hohen Geburtenraten der aus den arabischen und afrikanischen
Ländern kommenden Menschen berücksichtigt, werden die „Biodeutschen" eine Minderheit im eigenen Land werden. In einigen
deutschen Großstädten sind diese wahrscheinlich heute schon in
der Minderheit, wie Tabelle 2 vermuten lässt; denn diese Zahlen
stammen aus dem Jahre 2008 (Spalte a)) bzw. 2013 (Spalte b)).
*"Schon im Jahr 2008 betrug der Anteil der Unter-Dreijährigen
(mit Migrationshintergrund), die heute also bis zu 12 Jahre alt*

sind, bei sieben Großstädten zwischen 44% (Berlin) und 72% (Frankfurt am Main) an der oberen Spitze." (Spalte (a) in Tabelle 2). Spalte (b) zeigt den Anteil an der Bevölkerung mit Migrationshintergrund in 2013. Das Unvorstellbare wird in einigen Jahren Realität sein. An der Realisierung dieses Szenariums arbeiten CDU und SPD in engem Schulterschluss mit den Parteien der Grünen und Linken gemeinsam. Man muss davon ausgehen, dass diejenigen Kräfte, die im Hintergrund die Fäden ziehen, ihr Ziel, die Zerstörung der Nationalstaaten, also auch Deutschlands, weiter verfolgen, und dass unsere derzeitig in Regierungsverantwortung stehenden Politiker deren Vorgaben auch weiterhin in praktische Politik umsetzen werden. Wer diese Kräfte sind, ist Thema von Kapitel 3.

„Welt.online am 28.2.2017: Bis 2040 – EU sagt Deutschland 7 Millionen Zuwanderer voraus."[367] Sie prognostizieren eine jährliche Zuwanderung von 360000 Migranten nach Deutschland. Eurostat hat für die 2020er Jahre eine jährliche Zuwanderung von durchschnittlich 387000 Personen prognostiziert. Legen wir für eine grobe Abschätzung näherungsweise $\Delta X = 30000$ zugrunde, d,h, die Zahl von Zuwanderern, die pro Monat nach Deutschland einwandern, und dass diese Zahl in den nächsten Jahren konstant bleibt, dann ergibt sich durch einfache Summation (grüne Kurve in Grafik 2), dass bis zum Jahr 2029 insgesamt 5,1 Millionen Migranten nach Deutschland eingewandert sein werden.[368] Dabei wurde berücksichtigt, dass bereits 1,5 Millionen Migranten (= X_0) in Deutschland sind.

Legt man jedoch die Formel (2) für eine Überschlagsrechnung zugrunde und setzt diese Zahlen für X_0 und ΔX ein, ergibt sich für $a \sim 0{,}02$, berechnet über die Formel $a \sim \Delta X/X_0$, eine exponentielle Zunahme der Migrantenzahl, wie sie in Grafik 2 dargestellt ist (blaue Kurve). Entsprechend der blauen Kurve müssten wir 2029 dann mit einer Migrantenzahl von etwa 16,5 Millionen in Deutschland rechnen. Die hohen Geburtenraten bei den Migranten sind dabei noch nicht berücksichtigt.

Wenn man die Geburtenraten bei den Migranten zusätzlich berücksichtigt, ergibt sich beispielhaft die rote Kurve in Grafik 2. Dabei ist angenommen, dass jede Migrantin im gebärfähigen Alter durchschnittlich ein Kind in zwei Jahren zur Welt bringt, und dass der Frauenanteil bei den Zuwanderern 50 % beträgt, von denen wiederum 50 % im gebärfähigen Alter sind; das bedeutet, dass im Duchschnitt alle 8 Jahre 1 Kind pro Migrant hinzukommt. Da sich die Zahl der Migranten Jahr für Jahr weiter erhöht, erhöht sich auch die zusätzliche Kinderzahl der Migranden progressiv. 2029 wäre dann die Migrantenzahl in Deutschland auf etwa 27 Millionen gewachsen. Ohne Berücksichtigung der Geburtenraten läge die Migrantenzahl bei 16,5 Millionen, während sie gemäß der staatlichen Prognose „nur" bei 5,1 Millionen läge.

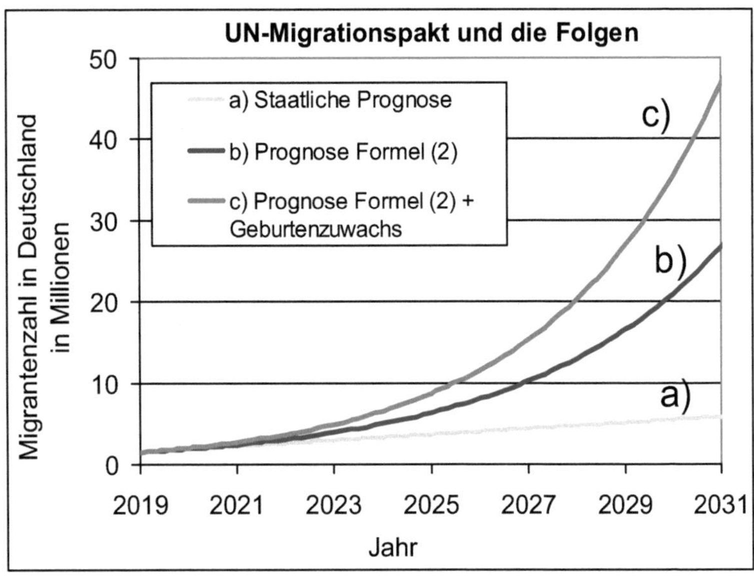

Grafik 2: Prognostizierte Migrantenzahl in Deutschland für die Zeit nach Inkrafttreten des UN-Migrationspaktes: a) Staatliche Prognose[369]; b) Prognose entsprechend Formel (2). c) Prognose entsprechend Formel (2) plus Geburtenzuwachs von Migranten, wobei angenommen wurde, dass jede Migrantin im gebärfähigen Alter durchschnittlich ein Kind in zwei Jahren zur Welt bringt, und dass der Frauenanteil bei den Zuwanderern 50 % beträgt, von denen wiederum 50 % im gebärfähigen Alter sind. Eine Unterbrechung der Kurven wird eintreten, nachdem das Sozialsystem zusammengebrochen ist.

Wass in obiger Rechnung nicht berücksicht ist, sind die Ehen mit zwei und mehr Frauen pro Ehe, wie in manchen muslimischen Ländern Brauch ist.

Den Annahmen, 1) dass 50% der Migranten Frauen sind und 2) dass jede Migrantenfrau im gebärfähigen Alter im Durchschnitt alle 2 Jahre 1 Kind gebirt, könnte man widersprechen, da 1) sich bisher der Migrantenstrom nach Deutschland überwiegend aus Jungmännern zusammengesetzt hatte und 2) Studien[370,371,372] zu dem Ergebnis gekommen sind, dass sich das Reproduktionsverhalten von Migranten dem ihrer neuen Heimatländer angleiche.

Bezüglich des Einwands 1) kann man jedoch davon ausgehen, dass bei der „geregelten" Migration, so wie es der UN-Migrationspakt vorsieht, der Frauenanteil wesentlich größer sein wird als bisher. Desweiteren wird der Familiennachzug zu den bereits in Deutschland lebenden Migranten dazu führen, dass sich das zahlenmäßige Mann-zu-Frau-Verhältnis dem der Herkunftsländer angleicht. Bezüglich des Einwands 2): Oben genannte Studien mögen vielleicht das Reproduktionsverhalten für zukünftige Generationen beschreiben, d.h. dass sich die Geburtenraten bei den muslimischen Migranten verringern werden. Jedoch, solange das Sozialsystem noch funktioniert und das Kindergeld gezahlt wird, werden sich die Geburtenraten der Zugewanderten nicht verringern. Denn die Sozialleistungen sind für die Zugewanderten eher ein Anreiz für mehr Nachwuchs als für weniger. Das folgt schon allein aus Tabelle 2: Zum Beispiel betrug 2008 der Anteil der Unter-Dreijährigen mit Migrationshintergrund bei sieben Großstädten zwischen 43,8% (Berlin) und 71,7% (Frankfurt am Main), s. Tabelle 2. Diese prozentualen Anteile der Migrantenkinder liegen weit über dem Durchschnitt der jeweiligen Migrantenanteile (summiert über alle Altersklassen) in diesen Städten: 25,5% (Berlin) und 45,0% (Frankfurt am Main), Stand 2013. Daraus folgt, dass das Reproduktionsverhalten der Migranten in Deutschland immer noch wesentlich höher ist als das der Deutschen. 2008 waren die Migrantenanteile (summiert über alle Altersklassen) in diesen Städten sicher noch niedriger als 2013, was dieser Aussage noch mehr Gewicht verleiht.

Allerdings wird der UN-Migrationspakt erst dann seine volle Wirkung entfalten, wenn seine allgemeine Bekanntmachung in den Afrikanischen und Arabischen Ländern erfolgt ist. Wahrscheinlich geht es nicht sofort nach der Unterzeichnung des Paktes los mit dem exponentiellen Anstieg. Dazu müssen die Wanderungswilligen erst von dem Pakt erfahren haben, ihre Koffer packen und sich auf den weiten Weg nach Europa machen. Die Kurven b) und c) können also etwas nach rechts verschoben sein.

Die Finanzierung der Migration nach Deutschland wird immer größere Herausforderungen an die deutsche Wirtschaft stellen, nicht zuletzt auch deshalb, weil parallel ein anderer Prozess abläuft, die Auswanderung Deutscher, insbesondere hochqualifizierter Fachkräfte, die bisher das Rückgrat für die hohen Steuereinkünfte[373] des Staates waren. Damit sinkt die Zahl der produktiven Arbeitskräfte, die effektiv Steuern in den Bundeshaushalt einzahlen und das Land am „Laufen" halten, derzeit etwa 15 Millionen. Während Anfang der 1990er Jahre durchschnittlich 100000 Deutsche pro Jahr ausgewandert sind, stieg deren Zahl allmählich an und erreichte im Jahr 2015 etwa 140000.[374] Nach der Grenzöffnung von 2015 stieg sie jedoch sprunghaft an und erreichte im Jahr 2016 den Rekordwert von 281.411 fortgezogenen Deutschen, praktisch eine Verdopplung gegenüber dem Vorjahr. Bei der zunehmenden Überfremdung infolge des ungebremsten Zuzugs von Menschen aus kulturfremden Ländern wird die effektive Zahl der Auswanderer weiter steigen. Man kann davon ausgehen, dass die Deutschen, die Deutschland den Rücken kehren, Fachkräfte bzw. hoch qualifiziert sind und somit in den Aufnahmeländern gute Einstiegsmöglichkeiten haben werden. Diesem Verlust an Fachkräften steht ein zunehmender Anstieg nicht bzw. wenig qualifiziertem Personal gegenüber, was dem Wirtschaftsstandort Deutschland nicht gut tut.

Es ist denkbar, dass im Laufe der ungebremsten Migration nach Deutschland irgendwann das deutsche Sozialsystem zusammenbricht. Dann gilt Formel (2) nicht mehr, und die Kurven in Grafik 2 werden sich abflachen. Ein solcher Einbruch des Sozialsystems wird zu großen Turbulenzen führen, bis hin zum Bürgerkrieg[375];

denn dann werden sich die Zugewanderten mit Gewalt holen, was sie zum Überleben brauchen. Aber der Zusammenbruch des Sozialsystems wird so schnell nicht eintreten, weil der Migrantenzustrom im Interesse der Eliten ist und diese deshalb immer neue Kredite für Deutschland gewähren werden, womit Verschuldung und Abhängigkeit Deutschlands immer dramatischere Züge annehmen werden, was ebenfalls im Interesse der Elten ist. Und dann gibt's ja auch noch die Möglichkeit weiterer Steuererhöhungen. Es hat sich in der Vergangenheit gezeigt, dass der Deutsche all diese zusätzlichen Belastungen mit stoischer Gelassenheit über sich ergehen lässt. Dass das auch in der Zukunft so sein wird, davon ist auszugehen.

Geldpolitik

"Wir sind alle Geiseln der Banken"[376]
(Helmut Schmidt)

Ein zweites Beispiel, wo Gleichung (2) wirkt, und zwar mit verheerenden Folgen für die Gesellschaft, ist das Schuldgeldsystem.

Im Schuldgeldsystem wächst der Geldwert infolge des Zinseszins ebenfalls **exponentiell** mit der Zeit. In Grafik 3 ist die Zunahme des Geldwertes über der Anzahl der abgelaufenen Jahre dargestellt, wobei ein Festzinssatz von 5 % pro Jahr zugrunde gelegt wurde. Die Kurve a) zeigt den Geldwert in Abhängigkeit von der Anzahl der abgelaufenen Jahre, wenn man mit einem Startkapital von 1 € startet, gemäß der Zinseszins-Formel

$$Y\ (€) = (1 + 0{,}05)^N = \exp(0{,}04879 \cdot N). \qquad (3)$$

Die Kurve b) zeigt dasselbe für den hypothetischen Fall, dass der Zins nicht mit verzinst wird, sondern nur das Startkapital, entsprechend der Formel ("Einfacher Zins"):

$$Y\ (\text{€})\ =\ (1 + 0,05 \cdot N)\,. \qquad\qquad (4)$$

Während entsprechend der Formel (4) der Geldwert mit der Zahl der abgelaufenen Jahre **linear** ansteigt, steigt er nach Formel (3) **exponentiell** an und liegt nach Ablauf von 40 Jahren bereits um den Faktor 2,35 über dem des linearen Anstiegs. Tabelle 3 zeigt, wie sich die Schere zwischen "a) Zinseszins" und "b) Einfacher Zins" immer weiter öffnet, widergespiegelt durch den Quotient **"a)/b)"**.

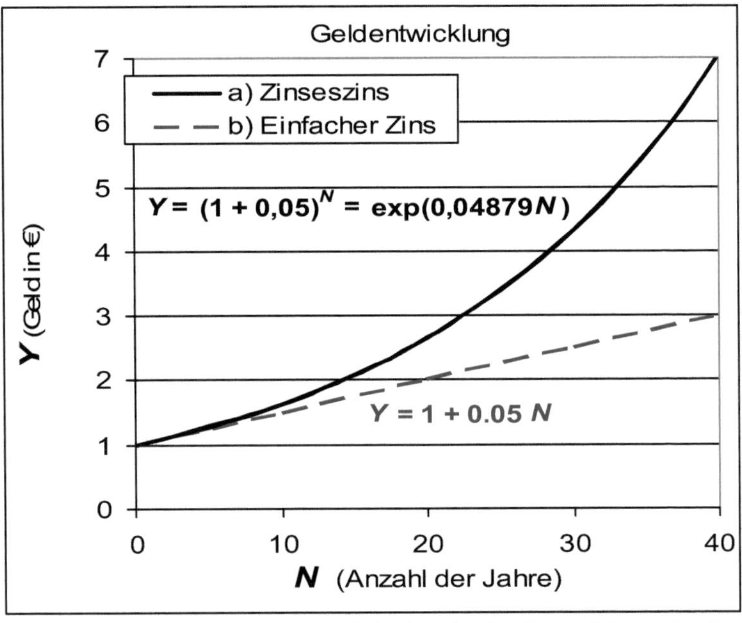

Grafik 3: Geldwert in Abhängigkeit der abgelaufenen Jahre mit einem Festzinssatz von 5 % pro Jahr: a) "Zinseszins" und b) "Einfacher Zins"

Eine beliebte und immer wieder gern gestellte Quizfrage lautet: Welches Vermögen besäßen Jesus Erben heute, wenn dessen Vater zu Jesus Geburt 1 Cent angelegt hätte zu einem festen Zinssatz von 5 %? Die Antwort lautet: $5{,}75 \times 10^{40}$ € entsprechend Formel (3), aber nur 101 Cent, entsprechend 1,01 €, gemäß Formel (4). Um die extrem große Zahl 5,75 x 10^{40} aus dieser Quizfrage zu veranschaulichen, sei vermerkt, dass das Größenverhältnis des heute bekannten Universums zur Größe eines Protons[377] eine vergleichbar große Zahl ist. Ein anderer Vergleich, der auch gern angeführt wird, ist, dass dieser Betrag, 5,75 x 10^{40} €, etwa 8 x 10^{10} Erdkugeln aus purem Gold entspricht, eine 8 mit 10 Nullen dahinter. Dabei wurde das Volumen der Erde mit V = 1,083 x 10^{12} km^3 und die Dichte des Goldes mit γ = 19,28 g/cm^3 berücksichtigt sowie der während des Schreibens dieses Kapitels zugrundeliegende Wechselkurs: 1 kg Gold kostete etwa 35000 €.

N	0	100	200	300	400	500
a)	1	132	17293	2273996	299033351	39323261827
b)	1	6	11	16	21	26
a)/b)	1	22	1572	142125	14239683	1512433147

Tabelle 3: Geldwertentwicklung in € bei einem Startkapital von 1 € und einem Zinssatz von 5 %. a) Zinseszins; b) Einfacher Zins; bei b) wird immer nur das Startkapital verzinst. *N* = Anzahl der Jahre.

Eine wesentliche Schlussfolgerung aus dieser Rechnung ist, dass die Schulden der Schuldner in vergleichbaren Größenordnungen ebenfalls immer weiter ansteigen müssen, und zwar in gleicher Weise wie die Vermögen der Gläubiger wachsen. D.h. der Summe der Vermögen auf der einen Seite steht auf der anderen Seite die Summe der Schulden der Schuldner gegenüber, und zwar in vergleichbarer Höhe, aber eben leider mit negativem Vorzeichen. Und es folgt weiter, dass die Schulden niemals vollständig zurückgezahlt werden können, weil die vorhandene Geldmenge begrenzt ist. Dieses Beispiel zeigt auch, dass über die Jahre immer wieder Geld nachgedruckt werden muss, damit das Schuldgeldsystem „funktioniert". Dieses Gelddrucken erfolgt auch ständig. Geld wird erzeugt aus dem „Nichts", ohne dass dem ein realer, materieller Gegenwert in vergleichbarer Höhe gegenübersteht. Die FED erzeugt Geld aus dem „Nichts", ebenso die EZB. Mit dem damit verbundenen Geldmengenwachstum geht die Geldentwertung einher, die Inflation. In dieser Betrachtung sind noch nicht einmal die spekulativen

Geschäfte an den Börsen berücksichtigt, die zusätzlich das Geldsystem untergraben.

Die Politiker und Wirtschaftsexperten plädieren immer wieder für Wirtschaftswachstum, um den negativen Folgen des Zinseszinssystems entgegenzuwirken. Aber anhand dieses Beispiels erkennt man eindrucksvoll, dass dies auf Dauer keine Lösung sein kann, weil man kein Wirtschaftswachstum erzeugen kann, dass dem Schuldenwachstum Paroli bieten könnte; denn dazu brauchte man ein exponentielles Wirtschaftswachstum, was nicht möglich ist. Deshalb ist der Crash des Finanzsystems, im Rahmen dieses Schuldgeldsystems, unausweichlich. In der Vergangenheit gab es ja auch schon einige Finanzcrashs, der letzte 2008, der nur mit vielen Milliarden € an Steuergeldern abgefedert werden konnte. Um den ganz großen Crash abzuwenden oder zumindest hinauszuzögern, hat man das „Null-Zinssystem" eingeführt. Dennoch, allein durch diese Maßnahme kann der große Finanzcrash nicht verhindert werden. Das „Null-Zinssystem" schadet den Kleinanlegern mit ihren Sparbriefen und Spareinlagen, aber nicht den superreichen Finanzeliten. Deren Vermögen wachsen ständig weiter, weil sie den hoch verschuldeten Staaten Kredite gewähren, die eben nicht zu Null-Zinsen laufen. Auf der anderen Seite wachsen die Schulden der Schuldner immer weiter, weil die Schuldenberge nun einmal vorhanden sind und das Bedienen dieser Schulden neue Kreditaufnahmen erfordert, die generell nicht zu Null-Zinsen zu haben sind. Ein anderes Instrument, das eingesetzt werden soll, um den Finanzcrash zu verhindern bzw. zu verzögern, ist die beschleunigte Errichtung der NWO. Dass während der letzten Jahrzehnte die Anstrengungen in Richtung NWO noch einmal verstärkt worden sind, ist augenscheinlich. Gegenwärtig findet ein „Wettlauf" statt zwischen den immer weiter steigenden Staatsverschuldungen auf der einen Seite und dem Kampf um eine Lösung, dem Schuldenkollaps zu entgehen, auf der anderen Seite. Letzteres könnte funktionieren, zumindest für eine gewisse Zeit, wenn es gelänge, die privaten Geldeinlagen der privaten Sparer zur Schuldentilgung mit heranzuziehen, sie quasi nach und nach zu enteignen, zum Beispiel durch Negativzinsen. Zu diesem Zweck wird auch die Beseitigung des Bargelds angestrebt. Bargeldabschaffung dient aber nicht nur der Beherrschung des Schuldenproblems, sondern natürlich auch der flächendeckenden Kontrolle aller Menschen (s. Kapitel 6). Die anderen Projekte, die im Rahmen der Errichtung der NWO die einfachen Menschen schmerzlich treffen werden, sind Thema der kommenden Kapitel.

Zusammengefasst, ein System, in dem die Wachstumsgeschwindigkeit einer Größe dieser Größe selbst proportional ist, wird instabil. Diese Eigenschaft wird sichtbar im globalen Schuldgeldsystem, aber auch in Bezug auf die Flüchtlings-/Migrantenkrise in Deutschland, zu der der UN-Migrationspakt ganz entscheidend beiträgt. Denn dieser sorgt in erster Linie dafür, dass Formel (2) in Bezug auf das Bevölkerungswachstum in Deutschland seine volle Wirksamkeit entfalten kann.

5. Islamisierung

„Die höchste Kunst des Krieges ist, militärische Auseinanderset-
zungen völlig zu vermeiden und stattdessen den Feind dadurch zu
besiegen, dass man seine moralischen Prinzipien, seine Religion,
seine Kultur und seine Traditionen zerstört. Wenn ein Land so
demoralisiert ist, kann man es übernehmen, ohne einen einzigen
Schuss abzufeuern. ‟[‡‡‡‡‡‡‡‡]

Islamisierung –
Die Gegenaufklärung

Der Begriff „**Gegen**aufklärung" ist bewusst in Anlehnung an den
Begriff **Gegen**reformation gewählt; denn er beschreibt einen Vorgang, der durchaus mit den Bestrebungen im späten Mittelalter
vergleichbar ist, der von vielen Herrschern der alten Welt initiiert
wurde, um die Errungenschaften der von Luther ausgegangenen
Reformation rückgängig zu machen, genannt **Gegen**reformation.
Reformation stand für Fortschritt auf dem Weg für eine Befreiung
der Menschen von Knechtschaft gegenüber der Obrigkeit, **Gegen**-
reformation stand für sein Gegenteil, für Rückschritt. Und genau so
verhält es sich in unserer heutigen aufgeklärten Zeit. Wir leben
schon lange in einer aufgeklärten Gesellschaft, die nun zurückge-
dreht werden soll durch einen Prozeß, den ich **Gegen**aufklärung
nenne, zurück in finsterste Zeiten, in der es wieder eine „Obrigkeit" geben wird, nennen wir sie „Elite" oder „geheime Weltregierung" oder „Komitee der 300" (Anhang 1). Und dazu dient der
Islam als eines der Werkzeuge, diesen Prozeß durchzusetzen.

Diejenigen, die in ihrer Erziehung im Kindesalter islamisch geprägt worden sind, aber die inneren Widersprüche des Islam und
seine Menschenfeinlichkeit erkannt und deshalb dem Islam den

[‡‡‡‡‡‡‡‡] Dieses Zitat wird in einer Quelle Lenin zugesprochen. Unabhängige Quellen, die das bestätigen, habe ich aber nicht gefunden?

Rücken gekehrt haben, sind durch die Hölle gegangen, wie man in einschlägigen Büchern nachlesen kann. Denn die Konvertierung weg vom Islam ist nach dem Islamgesetz eines der schlimmsten Verbrechen. Wenn sie Glück hatten, konnten sie aus ihrer islamischen Heimat fliehen, wie Hamed Abdel-Samad oder Sabatina James oder Mahin Mousapour. Diese Menschen werden auch noch von ihren Heimatländern aus verfolgt und mit dem Tode bedroht. Einige von ihnen erhalten deshalb in Deutschland Polizeischutz, so auch der Islam-Kritiker und Extremismus-Experte Ahmad Mansour und die Rechtsanwältin und Moschee-Gründerin Seyran Ates.[378, 379]

Sie warnen uns davor, die Augen zu verschließen vor der Gefahr der Islamisierung unserer Heimat, Deutschland.

Migranten als Rammbock

„Die Abschottung ist doch das, was uns kaputt machen würde, was uns in Inzucht degenerieren liesse. Für uns sind Muslime in Deutschland eine Bereicherung unserer Offenheit und unserer Vielfalt."[380]
(Wolfgang Schäuble)

„Ab und an kommt es vor, dass die volksfeindlichen Demokraten ihre gegen das eigene Volk gerichtete Haltung unverblümt zum Ausdruck bringen. Dafür wollen wir ihnen an dieser Stelle einmal unseren Dank aussprechen. Dennoch ist es für viele Deutsche nach wie vor unvorstellbar, dass hinter dem Tarnschild der freiheitlich-demokratischen Grundordnung eine konzeptionelle Politik zur Auflösung des deutschen Volkskörpers betrieben wird. Wenn der amtierende Bundesfinanzminister die unkontrollierte Masseneinwanderung art-, kultur- und wesensfremder Invasoren in unser Land als Bereicherung zu bezeichnen pflegt, so legt diese anstössige Äusserung ein offenes Zeugnis über den feindseligen Charakter der bundesrepublikanischen Regierungsrepräsentanten dar. Hierbei handelt es sich lediglich um Regierungsattrappen, oder besser gesagt um Regierungsmarionetten, welche im Auftrag

*fremder Mächte einen multidimensionalen Vernichtungskrieg gegen das deutsche Volk führen. Denn es ist nicht von der Hand zu weisen, dass sich hinter der irrsinnigen und kranken Massenmigration, die ja schwerpunktmässig nach Deutschland führt, eine bestimmte politische Agenda verbirgt. Wir Deutsche sollen kurzerhand von der Bildfläche verschwinden, indem unsere genetische Substanz durch die massenhafte Ansiedlung fremder Völkerscharen bei gleichzeitigem Geburtenschwund des autochthonen Volkes bis zur Unkenntlichkeit zerstört wird. Die Differenzierung der Menschheit in Rassen und Völker nicht zur Kenntnis nehmen zu wollen, entspricht einer Negierung der naturwissenschaftlichen Erkenntnisse aus Genetik und Verhaltensforschung, wonach Völker nun einmal keine nach dem Zufallsprinzip zusammengewürfelten Menschenmassen darstellen, sondern organisch gewachsene Entwicklungsgemeinschaften, die sich sowohl genetisch als auch geistig-kulturell voneinander unterscheiden. Zwingt man verschiedene Ethnien dazu, einen Lebensraum zu teilen, entsteht folgerichtig ein Interessenskonflikt und ein Spannungspotenzial, das umso grösser ist, je unterschiedlicher die einzelnen Völkerschaften sind. Nichts berührt die Lebensinteressen eines Volkes mehr als die massenhafte Ansiedlung fremder Ethnien in seinen angestammten Lebensraum. Die planmässig verlaufende Masseneinwanderung nach Deutschland und Europa erfüllt unweigerlich den Tatbestand eines Völkermordes und ist ein über uns verhängter Terror. Vor diesem Hintergrund ist das das absolut Normalste und Natürlichste, die Forderung aufzustellen, dass jedes Volk in seinem angestammten Lebensraum verbleibt. Nicht die Abschottung macht uns kaputt, sondern diese volks- und menschenfeindliche Politik, welche ja angeblich auch noch alternativlos sein soll.
Es weckt den Anschein, als entstamme Bundesfinanzminister Schäuble einer Inzucht-Familie. Anders ist seine an Debilität grenzende Aussage nicht zu werten. Sie reden von Bereicherung und Vielfalt, doch in Tat und Wahrheit geht der unkontrollierte Massensturm mit einem galoppierenden Anstieg der Kriminalität sowie dem Verlust der inneren Sicherheit einher. Sexuelle Übergriffe, Gewaltexzesse und die omnipräsente Gefahr von Terroranschlägen sind längst zur Normalität in unseren Städten geworden. Doch stellt diese Entwicklung freilich kein rein deutsches Phäno-*

men dar. Auch unsere europäischen Brudervölker sitzen direkt unter dem Damoklesschwert der Migrantenschwemme. Ihnen gilt es die Hand zu reichen, um gemeinsam gegen diese systematische Volksauflösung zu streiten und den gegenwärtig die Macht darstellenden Akteuren ihr teuflisches Handwerk zu legen. "[381]

Was ist das Ziel?

„So wie hier heute eine Bürgerin der ehemaligen DDR und ein Kind türkischer Gastarbeiter zu Spitzenkandidaten gewählt worden sind, wird vielleicht irgendwann ein Kind syrischer Flüchtlinge Bundeskanzlerin oder Bundeskanzler."
(Göring-Eckart, 2017, Spitzenkandidatin der Grünen)

„Derweil kündigen Top Imame mit bebender Stimme an, europäische Länder zu erobern und mit den Einheimischen Kinder zu zeugen. Zu Recht sprechen hierbei mehr und mehr Leute von einem ›Geburten-Dschihad‹. Islamisten fordern uns zudem straffrei öffentlich auf, zum Islam zu konvertieren, das Land zu verlassen oder zu sterben. ... ›Wir erobern dieses Land mit den Bäuchen unserer Frauen! Ihr könnt nichts dagegen tun!‹. "[382]

„Der Islam gehört zu Deutschland", *„der Islam ist friedlich"*, *„das kann man nicht verallgemeinern"*, *„immer eine Armlänge Abstand halten"*, *„der muslimische Migrant ist eine Bereicherung"* usw. usf. ... Diese Parolen, von Politikern, Journalisten, Linken, Grünen, Gewerkschaftern, Kirchenvertretern und Profiteuren der Massenzuwanderung gebetsmühlenartig vorgetragen, dienen, unter dem Deckmäntelchen der Religionsfreiheit, der Wehrlosmachung der Deutschen. Diese „Toleranz" gegenüber einer Lebensauffassung, die in Deutschland und Europa seit Jahrhunderten überwunden ist, sich im islamischen Kulturkreis aber bis heute zu einem Glaubensdogma entwickelt hat und dort das Staatswesen und das gesamte gesellschaftliche Leben bis tief hinein ins private bestimmt, wird sich bitter rächen, wenn wir dies weiterhin zulassen oder sogar fördern. Und die Grünen träumen heute schon davon,

dass irgendwann ein Syrer (oder Syrerin) zum Bundeskanzler in Deutschland gewählt wird (s. das Zitat zu Beginn dieses Abschnitts). Die Muslime, zumindest deren radikale Vertreter, denen der übrige Anteil der Muslime, die nicht oder weniger radikal eingestellt sind, nur zuschauen, werden ihre Forderungen immer lauter stellen und die Teilhabe im Staate Deutschland immer nachdrücklicher einfordern, je größer ihr Anteil an der hier lebenden Bevölkerung ist. Der sich zur Zeit in Europa ausbreitende Islam ist schrankenlos. Mit Ausnahme einiger osteuropäischer Staaten wird seine Ausbreitung von den Regierungen gefördert und vorangetrieben. *„Europa (entwickelt sich) zu einer Kolonie des Islam ... Und alle schauen zu – oder einfach nur weg. In unseren Städten entstehen Parallelwelten, in denen der Koran regiert.“*[383] So auch in Deutschland. Und bei dieser Islamisierung bringt sich die UNO als ein sehr wirksames Instrument zur Unterstützung dieses Prozesses ein. Dabei handelt die UNO im Widerspruch zu ihren eigenen Gesetzen und Entschließungen. Anstatt die Flutung Deutschlands und Europas mit überwiegend islamisch geprägten Menschen zu propagieren und zu befördern, müsste die UNO eigentlich, gemäß ihren eigenen Regeln, alles unternehmen, genau solche Bestrebungen, wie Islamisierung eines Landes durch Flutung mit überwiegend islamisch geprägten Menschen, unterbinden. Dies folgt direkt aus der **„Entschließung der Menschenrechtskommission der Vereinten Nationen“**[384,385] vom 17.4.1998 sowie auch der **UN-Völkermordkonvention**[386], die einen solchen Bevölkerungsaustausch verbietet.[387] Gemäß dieser beiden **UNO-Dokumente** ist die deutsche Regierung aufgefordert, Maßnahmen zu ergreifen, die die „Sesshaftmachung von Siedlern“ verhindert. Sie tut aber genau das Gegenteil, wie das ganz deutlich in dem forcierten Familiennachzug der in den vergangenen Jahren zu uns Zugewanderten zum Ausdruck kommt. Einen Tag nach der erfolgten Landtagswahl in Bayern startete am 15.10.2018 der lange geplante Familiennachzug nach Deutschland.[388]

Es soll an dieser Stelle aber ausdrücklich betont werden, dass sich die folgende Analyse keinesfalls gegen die Menschen moslemischen Glaubens richtet, die in großer Mehrzahl ein friedliches Leben neben den „Ureinwohnern“ Deutschlands leben. Und was die aus Kriegsgebieten zu uns Geflüchteten betrifft, so ist es die Schuld des Westens, insbesondere des Machtstrebens der Mächtigen der USA, die deren Länder mit Krieg überzogen haben und deren Lebensgrundlagen zerstört haben. Dennoch, ein Teil der zu uns geflüchteten Moslems stellt auch eine Gefahr für das Weiterbestehen Deutschlands, so wie wir es kennen, dar. Darum geht es im Folgenden. Es ist schwer nachvollziehbar, dass eine Massenmigration von kulturfremden Menschen nach Deutschland und Europa vorangetrieben wird, zusätzlich noch gefördert durch öffentlich geschaltete Annoncen in den jeweiligen Landessprachen dieser Menschen (wie oben erwähnt), wo doch ein menschenwürdiger Schutz der Flüchtlinge in der Nähe ihrer Heimatländer, viel sinnvoller wäre, wo sie auch nach Kriegsende sehr viel schneller wieder in ihre Heimatländer zurückkehren könnten, um diese wieder aufzubauen. Es ist schon grotesk, wenn gleichzeitig mit dem Massenansturm nach Europa in Saudi-Arabien eine Zeltstadt mit klimatisierten Zelten für drei Millionen Flüchtlinge leer steht.[389]

Warum Islamisierung?

„Die Eroberungsstrategien des Islam für Europa und den Rest der christlichen Welt gehen nicht nur Christen etwas an. Es handelt sich schlicht um das geplante Auslöschen westlicher Kultur und ihres freiheitlichen Lebensstils. Der Islam ist mit seinen Geboten und auf der Rechtsgrundlage der Scharia in seinem Wesen durch und durch demokratiefeindlich."[390]

„Was also ist der Grund, warum man vor dem Islam so buckelt und sich ihm kniend und mit dem Arsch voran nähert? Vielleicht sich gegenseitig befruchtende Doofheit?" fragt der Deutsch-Türke Akif Pirinçci[391] Er gibt die Antwort selbst: Dieses Land wird von *„‚Bekloppten' regiert, gewählt von ‚Bekloppten'",*[392] und es ist die Angst, *„weil dann die Anhänger* (des Islam) *a) mächtigen Ärger machen, b) mit Gewalt drohen und c) den Kritiker am Ende auch töten würden"*[393] Und er gibt noch einen weiteren Grund an: *„Es ist zu spät. Es leben inzwischen zu viele Muslime in diesem Land,*

als dass man sich ihres nicht zivilisierbaren Anteils problemlos entledigen könnte, ohne einen Bürgerkrieg, wenn nicht sogar einen richtigen Krieg zu riskieren. Das weiß die Politik."[394]

Das klingt dramatisch und auf die Spitze getrieben. Diese Worte drücken Wut aus, aber auch Ohnmacht gegenüber dem, was sich hier in Deutschland, spätestens seit September 2015, abspielt.

Der Publizist Götz Kubitschek schrieb in seinem *Antaios-Rundbrief* 10/2017 am 14. März 2017:[395] *„Das Asylchaos ist das Ergebnis von Pfusch, Verantwortungslosigkeit und Kurzzeitdenken."* Diese Einschätzung mag zwar zutreffen, greift aber zu kurz. Denn es beantwortet nicht die Frage: Wem nutzt es? Die Antwort lautet: es nutzt i) den international agierenden *Finanzeliten* und ii) den *Linken und Grünen*, wie bereits im Kapitel 1. dargelegt; hier trifft genau dasselbe zu, was wir dort beschrieben haben: Heterogenisierung und Durchmischung der deutschen Bevölkerung mit kulturfremden Ethnien als Mittel, um i) die totale Globalisierung (NWO) bzw. ii) den Kommunismus zu errichten. Und dazu dient die Durchmischung der indigenen Bevölkerung mit Millionen von kulturfremden Zuwanderern. Bis zum Erreichen des (End-)Ziels der *Finanzeliten* marschieren i) und ii) gemeinsam. Zur Erinnerung: Die Politiker folgen bei ihren politischen Entscheidungen einer Agenda, die von den Lobbyorganisationen und ihren Auftraggebern, den Finanzeliten, vorgegeben und in sogenannten Think Tanks und auf geheimen Konferenzen von „Council on Foreign Relations", der „Bilderberger" und den „Münchner Sicherheitskonferenzen" ausgearbeitet und abgestimmt wird. Und diese Agenda bedient die Interessen der „geheimen Weltregierung" Und die *Linken und Grünen* schwimmen in diesem Fahrwasser mit und machen sich zum Anwalt dieser Bevölkerungsdurchmischung, weil sie glauben, auf diesem Wege ihre eigenen Ziele erreichen zu können.

Wie ist die Situation gegenwärtig? In den Altersklassen 18 bis 35 gibt es in Deutschland einen großen Männer-Überschuss gegenüber Frauen. Ursache ist, dass junge Männer den Hauptanteil in den Migrantenströmen nach Deutschland stellen. Die meisten von ihnen sind islamisch geprägt, und viele von ihnen sind dem fundamentalistischen Islam zuzurechnen. Dies bedeutet für unsere einheimische Bevölkerung Sprengstoff. Die hohe Geburtenrate der

Zuwanderer, der gesetzlich verbriefte Familiennachzug sowie die durch den UN-Migrationspakt forcierte beschleunigte Zuwanderung werden dazu führen, dass in der nächsten Generation die islamisch geprägten Menschen in Deutschland in der Überzahl sein werden. Schon jetzt ist der Anteil von Migrantenkindern unter sechs Jahren in einigen deutschen Großstädten höher als die der biodeutschen Kinder, z.B. Frankfurt am Main und Berlin;[396] Bezüglich des Bevölkerungsanteils mit Migrationshintergrund in deutschen Großstädten siehe Tabelle 2 in Kapitel 4.

"In vier der Großstädte waren die Unter-Dreijährigen mit Migrationshintergrund bereits in der Mehrheit. Bis heute dürften diese Anteile weiter gewachsen sein .... Will man jedoch feststellen, wie der weit höhere Wert für die jüngeren Generationen in den Großstätten heute aussieht, so stoße man auf, wahrscheinlich absichtliche Informationslücken, fügt der Autor, Joachim Jahnke,[397] hinzu. Denn die bisher letzte Statistik zu den bis zu Dreijährigen in Großstädten ist schon 10 Jahre alt." Die seit der Grenzöffnung im September 2015 nach Deutschland eingeströmten Zugewanderten sind in dieser Statistik natürlich noch nicht enthalten.

Dieses Szenario scheint manch einem Zeitgenossen als übertrieben und wird als Schwarzmalerei „besorgter Bürger" abgetan; aber leider folgt dieses allein aus statistischen Gesetzmäßigkeiten. Diese Angst um die Zukunft Deutschlands als Nation mit eigener kultureller Identität haben zu Schlagworten geführt, die diese Angst zum Ausdruck bringen: *„Überfremdung", „Verlust der Heimat", „Großer Bevölkerungsaustausch", „Umvolkung", „Wir wollen unser Land zurück".* Dies hat nichts mit Fremdenhass oder Angst vor allem Fremden zu tun, wie von den „politisch Korrekten" immer wieder unterstellt wird, sondern ist schlicht die Sorge, die eigene Heimat, die eigene Identität zu verlieren. Diese statistisch hohen Bevölkerungsanteile mit islamischem Hintergrund schaffen die Voraussetzung dafür, dass diese in der kommenden Generation eigene Parteien gründen, so schließlich Mehrheiten im Bundestag erhalten und ihre Forderungen durchsetzen können. Genau dieses Ziel wird in Sonderheit von der Grünenpartei verfolgt, was sie auch in ihren öffentlichen Reden offen zum Ausdruck bringen, wie viele deren Zitate belegen. Diese Mehrheiten schaffen die Voraussetzung dafür, dass nach und nach unser Grundgesetz verändert werden kann.[398] *„Die Partei 'Islam' in Belgien tritt bei den belgischen Gemeinderatswahlen im Oktober in 28 Gemeinden an. Sie fordert unter anderem einen ‚islamischen Staat' und separaten öffentlichen Nahverkehr für Männer und Frauen ... Die Partei betont ..., nicht einem ‚extremen Islam' anzuhängen. Die belgischen Grundwerte sollten nicht berührt werden, ...Man fordere etwa keine Verpflichtung zum Kopftuch."*[399] Dieses Zitat über die Vorhaben der *Partei 'Islam' in Belgien* zeigt eindrucksvoll die Strategie: Man fängt mit scheinbar harmlosen Forderungen an, die durch die toleranzgebeutelte Gesellschaft abgenickt werden und steigert die Forderungen Schritt für Schritt, bis diese Partei Mehrheiten erreicht hat. Und durch den weiterhin unbegrenzten Zuzug von Muslimen werden schließlich Mehrheitsverhältnisse geschaffen, bei denen die Urbevölkerung kein Mitspracherecht mehr haben wird. Eine solche Entwicklung ist auch in Deutschland zu erwarten, wenn der muslimische Bevölkerungsanteil immer weiter wächst. *„Extrapoliert man die Entwicklung der letzten Jahre, ist Deutschland auf dem Weg, ein islamischer Staat zu werden, egal ob Merkel oder Schulz Kanzler werden."*[400]

Man muss kein Prophet sein, um zu erkennen, dass am Ende dieser Entwicklung in Deutschland eine Gesetzgebung stehen wird, in der die Sharia, die Gesetzgebung in vielen islamisch geprägten Ländern, gilt. Bereits heute gibt es in Deutschland eine Paralleljustiz, in der die Sharia das Gesetz ist.[401] An deutschen Gerichten sind heute auch schon Gerichtsurteile gefällt worden, die mit den Gesetzen der Sharia begründet worden sind.[402] Diese Entwicklung und die zu erwartenden Konsequenzen, insbesondere auch für Deutschland, sind in dem Buch von Dr. Ulfkotte, *„Mekka in Deutschland – Die stille Islamisierung"* [403] eindrucksvoll dargestellt.

Was müssen wir für die Zukunft erwarten?

"Wer glaubt, daß die Flüchtlingswelle abgeebbt ist, der täuscht sich. Wer glaubt, daß das Schlimmste vorbei ist, der täuscht sich noch mehr. Das Zauberwort für eine massenhafte Einreise ohne Schlauchboot heißt: Familiennachzug."[404] Das andere Zauberwort heißt "UN-Migrationspakt",[405] der am 11.12.2018 in Marrakesch in der UNO-Vollversammlung ratifiziert worden ist, wonach in den kommenden 50 Jahren bis zu '250 Millionen Migranten' neu in Europa angesiedelt werden sollen. *"Parallel verpflichten sich die Länder, alle 'intoleranten' Kritiker der Masseneinwanderung und ihre 'Hassreden' strafrechtlich zu verfolgen ...."*[406] Dass heißt auch, ein kritisches Hinterfragen des Prozesses der Islamisierung Deutschlands und Europas wird nicht mehr gestattet, es wird kriminalisiert.

In vielen Ländern dieser Erde gibt es heute Ghettos, oder drücken wir es positiver aus, Communities von Einwanderern, die in ganzen Stadtteilen die Mehrzahl bilden und dort in aller Regel ihre Traditionen, Muttersprache und kulturellen Eigenheiten pflegen, oft sogar friedlich mit den „Ureinwohnern" zusammenleben. In den meisten Fällen stammen diese zugewanderten Menschen aus Staaten, die als solche noch existieren und wohin sie auch heute noch Kontakte pflegen. Das beste Beispiel ist heute die etwa vier Millionen starke türkischstämmige Bevölkerung in Deutschland, die in vielen deutschen Städten, insbesondere in NRW, ihr neues Zuhause gefunden hat. Ihr ursprüngliches Land, die Türkei, woher sie zu uns gekommen sind, existiert als selbständiger Staat weiter, und sie haben weiterhin enge kulturelle Bindungen und Beziehungen dorthin. Noch ausgeprägter ist die Situation bei afrikanisch-stämmigen Zuwanderern, deren ethnische, soziale und kulturelle Bindungen sich über ihre länderübergreifenden Clan-Zugehörigkeiten definieren. Auch für diese existieren ihre Herkunftsländer in den meisten Fällen noch. Aber wie wird es in einigen Jahren um Deutschland stehen, wenn der UN-Migrantionspakt greift und die Zuwanderung in Verbindung mit dem gesetzlich verbrieften Familiennachzug weiterhin so forciert betrieben wird wie derzeit? Wenn Familien mit mehreren Ehefrauen und einer großen Kinderschar nach Deutschland nachgezogen sein werden? Vergessen wir nicht die wesentlich höheren Geburtenraten im Vergleich zu den deutschen „Ureinwohnern". So wird der Ausländeranteil sehr bald den der deutschen Ur-Bevölkerung überschritten haben. In der Folge wird die deutsche Bevölkerung dann immer mehr verdrängt. In Unterzahl wird sie sich in Ghettos konzentrieren und auf diese Weise versuchen, ihre ethnischen und kulturellen Besonderheiten weiter zu leben, diese versuchen zu erhalten. Aber einen deutschen Staat *außerhalb* dieser, lose über das ehemalige deutsche Staatsgebiet verteilten Ansammlung von deutschsprachigen Communities, wird es dann nicht mehr geben. Ein solches Szenario ist aus der Geschichte wohlbekannt. Z.B. wurden die Indianer durch die europäischen Eindringlinge von ihren angestammten Wohngebieten verdrängt und lebten schließlich in isolierten Reservaten; ein Teil von ihnen hat sich mit der eingedrungenen Bevölkerung vermischt, der andere Teil lebt heute weiterhin in separaten Enklaven innerhalb ihrer ehemaligen eigenen Staaten. Dieses tragische Geschehen wurde herbeigeführt durch entwicklungstechnisch weiter entwickelte und militärisch überlegene fremde Mächte, denen die Urbevölkerung nichts entgegenzusetzen hatte.

Dieses skizzierte Szenario der Herausbildung von deutschsprachigen Communities in einem durch Zuwanderer mehrheitlich bevölkerten Deutschland ist noch die **harmlosere Variante**, auf die wir uns langfristig einstellen müssen, wenn diese Entwicklung nicht gestoppt wird. Die **harte Variante** ist die, dass die islamisch geprägten Zuwanderer, zur Zeit überwiegend männlich, in deutlicher Mehrheit eigene Parteien gegründet haben werden und dies nutzen, das islamische Recht, über ihre Mehrheiten im Bundestag, einzuführen. Es ist eine Illusion zu glauben, dass die viel beschworene Integration dazu führen könnte, dass die in ihrer Jugend islamisch geprägten Menschen auf einmal ihre Überzeugungen ablegen und einen säkularen Staat tolerieren würden. Genauso wenig, wie das in den letzten dreißig Jahren bei einem Großteil der bereits hier lebenden Zuwanderer aus islamischen Ländern gelungen ist, kann es erst recht nicht bei den neuen Millionen islamisch geprägten Zuwanderern gelingen. Diese harte Variante bedeutet letztlich die Einführung islamischen Rechts in Deutschland, die Einführung der Sharia. Ein solches Szenario wird auch in dem Youtube-Video *„2049-100 Jahre Bundesrepublik"* prognostiziert.[407] Dort wird festgestellt: *„Es gibt kein islamisches Land, in dem Christen oder andere Glaubensgruppen wirklich in Freiheit in Frieden leben können, sondern als (bestenfalls) geduldete Gruppe in ständiger Sorge um Hab und Gut, Leib und Leben, zu Menschen zweiter Klasse werden. Eines von vielen dieser Beispiele liefern die Kopten in Ägypten, die als Christen ständiger Diskriminierung und Gewalt ausgesetzt sind. Dieses Schicksal droht den Deutschen in ihrem eigenen Land ebenfalls."*

Abbildung 10: Kreuzigung christlicher Mädchen

„Wer Kinder von seinen Eltern trennt und diese vergewaltigt und als Kriegsbeute zwangsverheiratet, wer Kinder entzweiteilt, und zwar lebendig, wer Kinder in Gaza an Hausgittern aufhängt, damit möglichst viele Kinderopfer nachträglich zu beklagen sind und gegen Israel in Stellung gebracht werden können, wer reihenweise

Jesiden und Christen die Köpfe abschlägt, ..., wer Massaker an Menschen aufgrund ihrer Religionszugehörigkeit anrichtet, die grauenhafte Praxis der Enthauptung, der Kreuzigung (Abbildung 10) *und das Aufhängen von Leichen an öffentlichen Plätzen betreibt, ..., dem ist nicht mit unserem Rechtsstaat beizukommen, der agiert zynisch, keiner menschlichen Regung fähig, robotermäßig und islamhörig.* "[§§§§§§§§] Das ist die **harte Variante**, von Menschen beschrieben, die den Islamischen Staat aus eigenem Erleben erfahren haben. Diese harte Variante beschreibt auch der türkischstämmige Autor Akif Pirinçci in seinem Buch „Deutschland von Sinnen ...“[408]: *"Muslime kannten gut 1300 Jahre lang quasi nur ein einziges Geschäftsmodell. Die Sklaverei! ... Sie haben nicht nur Millionen von Menschen versklavt und noch viel mehr Leid zugefügt. ... Sie hatten 'ihre Sklaven' im Gegensatz zu all anderen Kulturen auch bewusst kastriert, insofern damit auch unzählige 'verzögerte Völkermorde' begangen."*[409] *"Die Zahl der durch Muslime im Namen des Islam begangenen Massaker ist groß, zum Beispiel der Genozid an christlichen Armeniern, 1915-1916, dem 1,5 Millionen Menschen zum Opfer gefallen sein sollen. Die großen Massaker und Verfolgungen der Vergangenheit wirken geradezu unbedeutend, verglichen mit den Leiden des armenischen Volkes 1915."*[410]

Seit den 80er Jahren des vorigen Jahrhunderts konzentriert sich der Islam auf die Eroberung Europas. *"Erst Deutschland, dann ganz Europa – Der Weg führt über die links-indoktrinierte Dekadenz europäischer Gesellschaften, direkt zum Propheten (Führer)."*[411] Und man sollte auch nicht vergessen, wie sich die Türkei gegenwärtig von einem demokratischen säkularen Staat, der dem Vermächtnis Atatürks verpflichtet war, weg entwickelt in Richtung eines islamisch geprägten Staates, forciert durch einen Regierungschef, Erdogan, dessen Richtschnur lautet: *"Die Demokratie ist nur der Zug, auf den wir aufsteigen, bis wir am Ziel sind. Die Moscheen sind unsere Kasernen, die Minarette unsere Bajonette, die Kuppeln unsere Helme und die Gläubigen unsere Soldaten."* Für diesen Spruch, den Erdogan auf einer Konferenz

---

[§§§§§§§§] Zitat aus einem Kommentar der vor allem im Nahen Osten verfolgten Kopten in ihrer Publikation *Wordpress* vom 15. August 2014 zu dieser Entwicklung in der westlichen Welt.

öffentlich verlauten ließ, wurde er 1998 von einem türkischen Gericht zu *"10 Monaten Gefängnis und lebenslangem Politikverbot verurteilt"*. Eingedenk der Tatsache, dass dieser Verurteilte trotz *lebenslangem Politikverbotes* heute die Türkei als Präsident anführen kann, wird augenscheinlich, dass sich die Türkei innerhalb von nur 20 Jahren total gewandelt hat und auf dem Weg von einem Säkularstaat zu einem islamisch geprägten Staat ist. Analog dazu kann man auch in Deutschland sehen – wenn man denn sehen will, wie sich die Gesellschaft genau in dieselbe Richtung wandelt. Zuerst wurde öffentlich behauptet, *"Der Islam gehört zu Deutschland."*, und begründete dies mit Toleranz und Religionsfreiheit. Dann schossen in ganz Deutschland Moscheen wie Pilze aus dem Boden, bekamen die Islamverbände immer größere, medienwirksame öffentliche Auftritte und Aufmerksamkeit, halalgerechte Lebensmittel eroberten die Supermärkte und Gaststätten, die Sharia hielt teilweise Einzug in die deutsche Rechtssprechung,[412,413] Kinderehen und Polygamie[414,415,416,417] waren für deutsche Behörden kein Problem mehr. Eine große Diskussion um islamische Feiertage wurde angeschoben.

Die meisten Deutschen können es sich heute schlicht nicht vorstellen, dass sich in der nächsten Generation ihre Frauen in der Öffentlichkeit nur noch vollverschleiert zeigen dürfen. Es sei jedoch daran erinnert, dass sich in den siebziger Jahren des vorigen Jahrhunderts die Frauen in Afghanistan und dem Iran auch in der Öffentlichkeit völlig frei bewegen konnten und in der Gesellschaft geachtet waren, so wie wir das heute in Deutschland kennen und für normal halten. Heute ist das in diesen Ländern völlig anders, eine Folge der Einmischung der westlichen Länder, insbesondere der USA und der westlichen Geheimdienste in diesen Ländern. Die in Deutschland derzeit vorangetriebene Islamisierung ist ebenfalls auf die Einmischung und Bevormundung durch äußere Kräfte zurückzuführen, die in Deutschland die Regierungspolitik entscheidend bestimmen. Aber der größere Teil der Deutschen erkennt diese Zusammenhänge (noch) nicht und bejubelt diese Entwicklungen sogar noch. Die Ursache dafür ist u. a. in dem Einfluss der öffentlichen Medien zu suchen, die über Propaganda, Lügen und „politisch korrekte" Berichterstattung im Sinne ihrer Auftraggeber die Bevölkerung manipulieren.

Das, was im Jahre 732 den islamischen Truppen bei Tours und Poitiers nicht gelungen war und in den Jahren 1529 und 1683 nicht vor Wien, geschieht jetzt freiwillig durch die Hintertür, die durch die Politiker und mit Unterstützung der „politisch korrekten" Medien weit aufgerissen worden ist. Mit ihrer „gutmenschelnden" Propaganda und Gehirnwäsche machen sie's möglich: ein islamisches Europa.

Abbildung 11: Das kann auch unsere Zukunft sein, wenn wir uns nicht wehren. Wo sind die Frauenrechtlerinnen? Abgetaucht.

Rassismus gegen Deutsche

Hinter der gegenwärtigen Politik und Propaganda, die offensichtlich dem Ziel dient, den Islam in Deutschland und Europa hoffähig zu machen, steckt auch noch etwas ganz anderes, nämlich dass diese Situation bewusst herbeigeführt und forciert wird, um ein Heer von billigen Arbeitskräften in Konkurrenz zu den einheimigen Menschen aufzubauen, um das Lohnnineau immer weiter zu drücken. Auch dies ist eine Spielart von „Teile und herrsche". Ebenso kann man nicht von der Hand weisen, dass mit den Millionen von Zuwanderern, überwiegend jung und männlich, beabsichtigt ist, ein riesiges Konfliktpotential aufzubauen, das sich irgendwann in gewalttätigen Unruhen bis hin zu einem Bürgerkrieg entladen kann. Dies hatte schon Altbundeskanzler Helmut Schmidt erkannt und 1981 gewarnt: *"Wir können nicht mehr Ausländer verdauen, das gibt Mord und Totschlag."*[418,419] Und es scheint genau so zu sein, dass diese Entwicklung in Richtung zu bürgerkriegsähnlichen Zuständen von den politischen Entscheidungsträgern bewusst in Kauf genommen, ja sogar gefördert wird bzw. gewollt ist. Wie sonst kann man es erklären, dass die zahlreichen Messerattacken und Messermorde an Deutschen, begangen durch Zuwanderer, immer wieder als Einzelfälle dargestellt und verharmlost werden, und dass die Täter zuvor in vielen Fällen mehrmals durch kriminelle Taten auffällig geworden waren und trotzdem nicht aus dem Verkehr gezogen oder abgeschoben worden sind? Wie kann man verstehen, dass im Wahlkampf zur Landtagswahl in Hessen auf den Wahlkampfständen der CDU Messer verteilt worden sind?[420] Wer das nicht glaubt, hier die Bestätigung: Dirk Bamberger von der CDU gibt in diesem Video[421] ungeniert zu, Messer als Werbegeschenke zu verteilen.

Wie sich inzwischen, unter dem Einfluss der Propaganda der öffentlichen Medien, die Haltung vieler Deutschen zu diesem Problem gewandelt hat und wie auch die öffentlichen Medien die Dinge „interpretieren", erkennt man sehr deutlich an den öffentlichen Reaktionen auf eine Gedenkrede Erika Steinbachs anlässlich Helmut Schmidt's Tod 2015, wo sie seine Aussage zitiert hatte. So kommentierte Spiegel-online: *„Auf Twitter schlug Steinbach, die lange Jahre Chefin des Bundes der Vertriebenen war, von Politikern der SPD und der Grünen reichlich Empörung entgegen."* Und in Kommentaren konnte man lesen: *„Sie finden es nicht pietätlos, Ihre politischen Forderungen mit dem Tod eines gerade erst verstorbenen zu verquicken?"* oder *„Missbrauch von Helmut Schmidt Tods durch @SteinbachErika ist ungeheuerlich, pietätlos und schamlos. Konservative ohne jeden Funken Anstand!"*[422] Dass es aber bei dem gegenwärtigen massiven Zuzug kulturfremder Menschen nach Deutschland um die existentielle Bedrohung des deutschen Volkes geht, wird einfach nicht gesehen, es wird ausgeblendet. Das ist das Ergebnis der jahrzehntelangen Gehirnwäsche durch die öffentlichen Medien und mainstream-konformen Politiker.

Abbildung 12: Oder: *„Wir können nicht mehr Ausländer verdauen, das gibt Mord und Totschlag."* (Helmut Schmidt, SPD, 1981[423])

Noch vor einem Jahrzehnt wurde die sich in Deutschland entwickelnde Gefahr eines aufkommenden Rassismus gegen die Deutschen beim Namen genannt. Sogar in den öffentlichen Medien erschienen Kommentare, die dies konkret ansprachen. So hatte das ZDW einen Kommentar zum Thema „Ausländerkriminalität" ausgestrahlt, der heute undenkbar wäre. Der ehemalige Nachrichtensprecher Steffen Seibert kommentierte damals, festgehalten in einem YouTube-Video vom 24.06.2009:[424] *„Von rund 3500 jugendlichen Tatverdächtigen waren letztes Jahr rund 2000 nichtdeut-*

scher Herkunft. Bei den Intensivtätern, das ist man ab 10 schweren Straftaten, liegt der Anteil von Türken und Arabern mit oder ohne deutschem Pass in einigen Bezirken bei 80 %. Wenn also Polizei, Sozialarbeiter und Jugendrichter warnen, ausländische Jugendbanden rüsten auf, schlagen immer hemmungsloser und brutaler zu, auch gezielt auf Deutsche, dann gehört das ins Bild ..." Aber bereits damals hat man versucht, den Rassismus gegen Deutsche unter den Teppich zu kehren, und es war politisch verpönt, dies öffentlich beim Namen zu nennen. So sagte die damalige Berliner Jugendrichterin Kirsten Heisig:[425] *„Wenn es um Jugendkriminalität geht, da wird's politisch heikel. Da kriegt man ganz schnell den Stempel „rassistisch" aufgedrückt. Denn die Jugendlichen, die bei uns Ärger machen, sind häufig Migrantenkinder. ... Obwohl laut Kriminalstatistik die Straftaten überwiegend zurückgehen, türmen sich die Akten auf dem Tisch. ... Sie sehen hier, dass die Jugendkriminalität, entgegen, was man landläufig hört, nicht sinkt, insbesondere im Bereich der Rohheits- und Gewaltdelikte ... Ja, die Täter sind überwiegend türkisch-arabischer Herkunft, und die Opfer sind weitestgehend Deutschstämmige. Die Brutalität hat extrem zugenommen, besorgniserregend. Selbst ich, die das 16 Jahre lang macht, ist teilweise schockiert darüber, in welcher Art und Weise jetzt vorgegangen wird gegen die Opfer. ...*"
Diese offenen Worte und ihre konsequente Vorgehensweise gegen diese Ausländerkriminalität hat der Jugendrichterin Kirsten Heisig das Leben gekostet. Am Morgen des 29. Juni 2010 erschien sie nicht zum Dienst, fünf Tage später wurde ihre Leiche, im Tegeler Forst bei Berlin-Heiligensee an einem Baum erhängt aufgefunden. Offiziell wurde dies als Suizid dargestellt. So wurde bereits zweieinhalb Stunden nach dem Fund der Leiche durch die Justizsenatorin mitgeteilt, Kirsten Heisig habe „offensichtlich Suizid" begangen, was später durch die Staatsanwaltschaft, weitere amtliche Stellen und die Ergebnisse der Obduktion bestätigt wurde. Jedoch, in der *Neuen Zürcher Zeitung*, hieß es, dass die bisher veröffentlichten *„Umstände so fragwürdig sind, dass sich der Verdacht eines vertuschten Mordes nicht aus der Öffentlichkeit entfernen lässt"* (Wikipedia)

„Ohne Bildung und Chancen "[426] wird oft als Ursache für das hohe Aggressionspotential ausländischer Intensivstraftäter angegeben. Dem widerspricht der türkisch-stämmige Deutsche, Akif Pirincci, sarkastisch und überspitzt:[427] *„Die Theorie von einfühlsamen (deutschen) Soziologen, wonach diese bestialischen Jugendlichen sich in Wahrheit als Versager und Opfer der Gesellschaft vorkämen und ihr Blutrausch ein verzweifelter Aufschrei sei, ist natürlich eine von der Migrantenindustrie, schwachsinnigen Politikern und geisteskranken linken Medienleuten bestellte Lüge, die, obwohl niemand daran glaubt, nicht einmal sie selbst, dazu dienen soll, sozusagen das öffentliche "Branding" des armen, lieben Ausländers in das Hirn der Allgemeinheit zu penetrieren. Im Gegenteil, nicht einmal ein Milliardär mit dem Aussehen eines Ryan Gosling hat so viel Selbstbewußtsein wie ein Türke oder Araber, der einem Deutschen am Bordstein das Hirn aus dem Schädel tritt. "* (Pirincci bezieht sich dabei auf den brutalen Mord einer Türken-Gang an einem Deutschen in Kirchweihe. *„Die Tat von Kirchweyhe ist das Ergebnis einer langen Kette von politischen Fehlentscheidungen oder von bewußt in Kauf genommenen Begleiterscheinungen eines irreparablen Gesellschafts- und Bevölkerungsumbaus zu Lasten und auf Kosten der Deutschen. "*[428]
Warum sich eine solche Entwicklung in Deutschland etablieren konnte, hat nicht zuletzt auch seine Ursache in der deutschen „Kuscheljustiz", wo Straftäter mit Migrationshintergrund mit Bagatellestrafen davonkommen. So kursiert im Internet eine Kopie einer „Vorschrift zur Verhaltensweise der Polizeibeamten des Landes Nordrhein-Westfalen in Sachen Ausländerkriminalität", wo unter Punkt 2.5 steht: *„Falls das Polizeidelikt von einem Flüchtling, Asylbewerber oder von einer Person mit Migrationshintergrund (auch gruppenweise) begangen wurde, soll das Strafverfahren nicht eingeleitet werden, sondern ein Verweis erteilt werden. "* Unter 3.1 steht: *„Falls Sonderbefehle der Behördenleitung fehlen, sollen die Polizeibeamten Festnahmeprotokolle und andere Schriftstücke mit einem Bleistift ausfüllen, so dass eine weitere Berichtigung möglich ist. "* Damit ist einer nachträglichen Manipulation der Protokolle Tür und Tor geöffnet. Und um zu verhindern, dass die Öffentlichkeit über die Ausländerkriminalität informiert werden könnte, hat man unter Punkt 2.3 angeordnet: *„Falls die*

Die Durchmischung der Völker mit kulturfremden Menschen ist eine Variante des altbekannten Prinzips „Teile und herrsche". Wenn die sich daraus erwachsenden Unruhen und Protestaktionen der Bevölkerung (Demonstrationen) ein bestimmtes Ausmaß erreicht haben, kann man dann den Ausnahmezustand verhängen und schließlich militärisch eingreifen. Und auf den Trümmern des daraus entstandenen Chaos' kann die NWO installiert werden, und die Menschen werden die scheinbar zurückgewonnene öffentliche Ordnung begrüßen (s. Kapitel 3). Genau das ist es, was David Rockefeller meinte, als er sagte: „*Wir stehen am Rande einer weltweiten Umbildung, alles was wir brauchen, ist die richtige allumfassende Krise und die Nationen werden in die neue Weltordnung einwilligen.*"[429] Sogar Wolfgang Schäuble hat dieses Prinzip verinnerlicht, indem er sagte „*Wenn die Krisen größer werden, werden die Fähigkeiten, Veränderungen durchzusetzen größer.*"[430] Und dasselbe mit anderen Worten: „*Wir können eine politische Union nur durch eine Krise erreichen.*"[431]

Dass die Gefahr eines Bürgerkriegs kein Hirngespinst ist, wird auch deutlich daran, dass ein großer Teil der zu uns „Geflüchteten" ehemalige „Rebellen" im Syrienkrieg waren, die gegen die legitime Regierung Assad gekämpft hatten. So sollen mehr als 350 Extremisten in Deutschland Asyl beantragt haben.[432] „*Fast ein Viertel der gefährlichsten Islamisten in Deutschland sind einem Medienbericht zufolge Asylbewerber. Nach Angaben der Regierung stammen sie vor allem aus Syrien und dem Irak. - Rund 1550 Personen werden vom Bundeskriminalamt aktuell als ‚Gefährder' oder ‚relevante Personen' in der Islamistenszene eingestuft. Darunter seien insgesamt 362 Asylbewerber, berichtet ,Der Spiegel' (Samstagsausgabe) und beruft sich dabei auf eine Antwort der Bundesregierung auf eine Anfrage des FDP-Fraktionsvize Stephan Thomae. Die hohe Zahl sei auch 'auf die Migrationsbewegungen im Kontext des Kriegsgeschehens in Syrien und Irak zurückzuführen', schreibt die Regierung in ihrer Antwort mit Blick auf Anhänger der Terrormiliz ‚Islamischer Staat' (IS).* "[433]

„Und die #Kriegsvorbereitungen laufen auf Hochtouren. Dazu treibt man massenweise Menschen nach #Europa, denen man eine schöne neue Welt verspricht und wenn diese Menschen dann hier merken, dass das hier doch nicht das Schlaraffenland ist, dann wird Frust entstehen ... Dann brennt hier eine christliche #Kirche, dort eine #Moschee, dazu noch ein paar reißerische Meldungen in den Medien ... und der Bürgerkrieg kann losgehen. Womöglich sind bereits etliche #ISIS – Kämpfer im Land, die nur noch bewaffnet werden müssen, oder was meint ihr warum vorwiegend junge Männer im Alter zwischen 15 -35 Jahren ankommen? Und woher haben die alle die Riesen Vermögen um die Schlepper zu bezahlen? "[434]

Doch wir halten dagegen und zitieren an dieser Stelle den Aufruf Dr. Klaus Maurers: [435] *„Es wird eines Tages darauf ankommen, daß Menschen mit Gewissen dafür sorgen, dass nicht auf das Volk geschossen wird und daß das Volk vor den 100.000 Verbrechern geschützt wird, die mit Hilfe von Merkels Außerkraftsetzung der Grenzkontrollen durch die C.I.A. eingeschleust wurden."*

"Landnahme" durch den Islam

„Der Islam ist in Deutschland weiter auf dem Vormarsch. Überall entstehen neue Moscheen, nimmt die islamische Landnahme immer größere Ausmaße an. Das ist von der Politik so gewollt, das wird ausdrücklich begrüßt und entsprechend gefördert." [436] Abbildung 13 zeigt das ganze Ausmaß der "Landnahme" durch den Islam in Deutschland, welches in Bezug auf die Alten Bundesländer fast flächendeckend ist, wohingegen in den Neuen Bundesländern nur wenige islamische Gotteshäuser existieren.
„Doch mit der steigenden Zahl der Moscheen nehmen auch die damit verbundenen Probleme zu. Immer mehr „Gotteshäuser"

*stehen im Fokus der Sicherheitsbehörden, eben weil sie mehr sind
als ‚Gotteshäuser'.*

*Diese Karte zeigt uns das ganze Ausmaß des Schreckens, sie be-
legt, wie der Islam seinen Expansionskurs in Deutschland unge-
bremst fortführen kann und sie zeigt, welche Gefahren für die Allgemeinheit damit verbunden sind.*

*Der Presse können Sie entnehmen, dass in vielen deutschen Mo-
scheen politische Agitation gegen die freiheitlich-demokratische
Grundordnung betrieben wird. Hassprediger rufen zu Hass und
Gewalt auf, es wird gegen Juden gehetzt und Salafisten verbreiten
ihr extremistisches Gedankengut. Zum Teil stehen Moscheen in
Verbindung zu türkischen Nationalisten, der Hisbollah oder der
Muslimbruderschaft. Schlimmstenfalls dienen Moscheen sogar
Terroristen als Treffpunkt oder es wird dort für den IS rekru-
tiert.*[437]

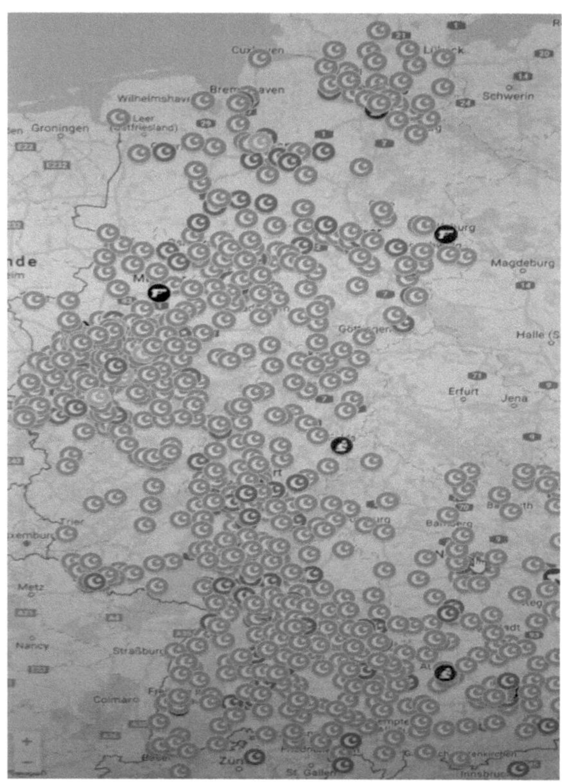

Abbildung 13: Gotteshäuser des Islam in Deutschland.[438]

6. Verschwörungstheorien

Verschwörungstheorie als Kampfbegriff

„Der Begriff 'Verschwörungstheorie' feierte 2017 seinen fünfzigsten Jahrestag und ist eine Erfindung der CIA. Als nach dem Kennedy-Attentat die Zweifler an der offiziellen Darstellung immer mehr Einfluß gewannen, entwickelte die CIA 1967 eine Strategie, um diese in einen üblen Ruf zu bringen. Damit war die heute noch beliebte Begriffs-Keule des 'Verschwörungstheoretikers' geboren.“ (zitiert aus „Dresden@gerd-medger.de“)

Der Begriff „Verschwörungstheorie“ kommt immer dann zum Einsatz, wenn die Argumente knapp werden und eine inhaltliche Diskussion verhindert werden soll. Am 7. November 2018 veröffentlichte BILD.de einen Artikel unter der Überschrift ***Verschwörungstheorien im Internet** - Die Wahrheit über den UN-Migrationspakt - Wie Netz-Aktivisten das UN-Abkommen bekämpfen – und wo sie einfach lügen”*[439] In diesem Artikel versucht der Autor bereits in der Überschrift, mit dem Begriff **Verschwörungstheorie** seine Leser vorzukonditionieren, dass der UN-Migrationspakt etwas Gutes sei und seine Kritiker einfach nur lügen würden. Der Begriff wird als Totschlagargument gebraucht, noch bevor die Details zur Sprache gebracht werden. Im Text liest man dann:

„Derartige Verschwörungstheorien kursieren seit Monaten im Internet. Die AfD behauptet sogar, der Pakt solle „mehrere Millionen Menschen nach Europa und Deutschland umsiedeln“. Stimmt das? NEIN!“

Als Begründung für sein *NEIN* führt der Autor u.a. an, dass dieser UN-Pakt nicht verbindlich sei, und *„keines der gemeinsamen Ziele des UN-Paktes läuft auf ein verbindliches, einklagbares Recht auf Zuwanderung hinaus, wie es Kritiker und Weltverschwörer seit*

Monaten behaupten und in Internet-Foren mit Volldampf diskutieren. "[440] Diese Argumentation, mit dem Begriff Verschwörungstheorie eingeleitet, ist nichts anderes als Verdummung der Massen. Denn, nachdem der UN-Pakt unterzeichnet ist, werden auf dieser Grundlage von der EU-Kommission Gesetze erlassen werden, die über den EU-Gerichtshof auch durchgesetzt werden. Auch ohne diese EU-Gesetzgebung, so hat die Vergangenheit gezeigt, hat die Merkelregierung bisher alles dafür getan, so viele Migranten, wie möglich, nach Deutschland zu holen, sogar unter Verletzung von Gesetzen. Es sei an dieser Stelle darauf hingewiesen, dass es eine von der EU in Auftrag gegeben Studie[441] aus 2010 gibt zum Thema „Umsiedlungspolitik für Migranten", welche unter Mitarbeit von durch die EU beauftragte Beratungsunternehmen, wie zum Beispiel 'Eurasylum Limited' entstand. Diese Studie hat zwar keinen gesetzgebenden Charakter, zeigt aber, wohin die Bestrebungen der Elite abzielen. In dieser Studie werden die Grenzen für eine millionenfache Migration nach Europa ausgelotet, die einen das Blut in den Adern gefrieren lässt (s. Kapitel 1, Tabelle 1).

Ein beliebtes Propagandamittel der Eliten und deren Sprachrohr, die öffentlichen Medien, ist es, absurde Verschwörungstheorien, wie zum Beispiel die Behauptung, die Erde sei flach oder es gäbe Aliens, die auf der Erde mitten unter uns leben, zu vermischen[442] mit sogenannten Verschwörungstheorien, die die offizielle Version des Kennedy-Mordes oder die von 9/11 anzweifeln oder dass Chemtrails existieren, wo giftige Substanzen über unseren Köpfen versprüht werden, oder dass im Rahmen von militärischen Projekten Wettermanipulation stattfindet. Diese Vermischung bringt absurde Behauptungen und Sichtweisen mit rationalen und ernsthaften Hinterfragungen von Ereignissen und Prozessen in Politik und Gesellschaft in den selben Zusammenhang und dient damit dem Kampf gegen diejenigen, die ihren gesunden Menschenverstand gebrauchen, um Nachrichten, Ereignisse, Interpretationen nach ihrem Wahrheitsgehalt zu hinterfragen.
Ein oft vorgebrachtes Argument gegen Verschwörungstheorien ist:
„Verschwörungen im kleinsten Kreis sind schon schwierig geheim zu halten. In großen Kreisen mit mehr als hundert Leuten sind sie unmöglich ... Es gibt immer einen, der nicht dicht hält. ... Spätes-

tens dann, wenn einer von denen nicht mehr dazu gehört, weil sie ihn ausgegrenzt haben, beginnt er zu reden."" [443] Diesem Argument halte ich entgegen: In Bezug auf das Geschehen hinter den Kulissen, die Projekte und Aktitivitäten der Hochfinanz, der Eliten und deren Helfershelfer wie die Geheimdienste, besteht aber ein ganz entscheidender Unterschied. Durch deren Finanzmacht können sie Abweichler sehr leicht zum Schweigen bringen. Zum einen wird es sehr wenige Abweichler geben; denn wer einmal von den Vorzügen des Systems - Geld und Macht - profitiert, wird diese nicht so leicht aufs Spiel setzen, indem er Geheimnisse an die Öffentlichkeit bringt. Als Folge einer Indiskretion würden sie das alles verlieren und gegebenenfalls auch umgebracht werden, wie es zum Beispiel im Zusammenhang mit 9/11 mit den 11 Zeugen [444] geschehen ist, die Gegenbeweise zur öffentlichen Darstellung des Jahrhundertattentats vorgelegt haben bzw. vorlegen wollten.

Auch ist bekannt, dass viele Insider, insbesondere auch Politiker, ausspioniert werden, auch bis hinein in die tiefste Privatsphäre, und dass diese Informationen bereitliegen, um den Abweichler mit diesen Informationen zu erpressen und gegebenenfalls öffentlich zu zerstören. Spätestens seit der NSA-Ausspähaffaire wissen wir, dass es eine lückenlose Überwachung der Politiker und aller systemrelevanten Personen gibt und die so gewonnenen Informationen den Geheimdiensten zur Verfügung stehen. Dazu hat uns der Whistleblower Edward Snowden entsprechende Belege geliefert. Schließlich wird ein Aussteiger, der eine Verschwörung öffentlich macht, sofort mundtot gemacht, indem ihm das jede weitere Diskussion beendende Wort „Verschwörungstheoretiker" entgegengeschleudert wird, was seine Wirkung, wie bekannt, kaum verfehlt, zum andern, weil ihm oft auch nicht geglaubt wird, da die Enthüllungen in vielen Fällen so unglaublich und monströs klingen, dass es die menschliche Vorstellungskraft übersteigt und man dann doch eher den offiziellen Erklärungen in den öffentlichen Medien Glauben schenken möchte. Desweiteren ist das menschliche Gedächtnis relativ kurz, so dass entsprechende Informationen über Verschwörungen über kurz oder lang durch die Flut von anderen Informationen aus den öffentlichen Medien überdeckt werden und in Vergessenheit geraten. Ein anderes Gegenargument lautet: *„Bei großen Verschwörungen der Mafia packt auch nie jemand aus und* *da sind teilweise mehrere hundert Leute beteiligt. Es werden nur Leute eingeweiht die ein ähnlich kriminelles Gedankengut aufweisen.“*[445]

Bemerkenswert auch der Ausspruch von Woodrow Wilson, 28. Präsident der Vereinigten Staaten:[446] *„Einige der größten Männer der Vereinigten Staaten, im Bereich der Geschäftswelt und Produktion, haben vor etwas Angst. Sie wissen, dass es eine Macht gibt, so organisiert, so subtil, so aufmerksam, so ineinander greifend, so komplett, so durchdringend, dass sie lieber flüstern, wenn sie in Verdammung darüber sprechen.“* Und genau um diese Macht geht es im vorliegenden Buch.

Dirk Müller schrieb in seinem Buch **Crashkurs:**[447] *„Es scheint in der Tat so zu sein, dass es zu allen wirtschaftlichen und politischen Themen dieser Erde exakt **eine** richtige und absolute Wahrheit gibt. Nämlich die Wahrheit, die von den großen Medienstationen weltweit verbreitet wird, die Wahrheit, die die Politiker und Wirtschaftsbosse in die Kameras sprechen. Wann immer an dieser absoluten Wahrheit gekratzt wird oder wenn sie in Frage gestellt wird, taucht plötzlich und unvermeidlich dieses alles beendende Wort auf: »Verschwörungstheorie«.* Der ursprünglich neutrale Begriff *»Verschwörungstheorie«* wurde 1967 durch die CIA umgedeutet zu einem negativ besetzten Begriff, *„conspiracy theory“*, um die Kritiker an der offiziellen Version zum Mord an John F. Kennedy (Warren Report) als unseriös hinzustellen und deren Vermutungen als diskussionsunwürdig zu diskreditieren. Diese Umdeutung des Begriffes hat dazu geführt, dass heute allein das Aussprechen des Wortes *»Verschwörungstheorie«* gegen einen Kritiker dazu führt, dass eine inhaltliche, unvoreingenommene Diskussion über das Thema nicht mehr möglich ist, der Kritiker quasi zum Schweigen gebracht wird. So gilt heute ein Verschwörungstheoretiker als unseriös; er wird nicht mehr ernst genommen. Der Begriff „Verschwörungstheorie“ war auch durch Bush junior auf der UNO-Generalversammlung am 10.11.2001 verwendet worden, um Zweifler an der offiziellen Darstellung von „9/11“ zu diskreditieren.[448] Damit meinte er diejenigen, die die offiziell verbreitete Darstellung der Terroranschläge auf das World Trade Center in New York anzweifelten und behaupteten, dass die Behörden vor den geplanten Attacken auf die Zwillingstürme im Vorfeld gewarnt worden waren, aber nichts dagegen unternommen hatten. Seitdem werden Kritiker an offiziell vertretenen Tatbeständen als Verschwörungstheoretiker bezeichnet und als unseriös abgetan.[449] Dabei war es die Bush-Administration selbst, die die Waffe „Verschwörungstheorie" einsetzte, um den 2. und 3. Irak-Krieg zu legitimieren, bekannt als die „Brutkastenlüge"[450] und die Lüge „Massenvernichtungswaffen im Irak".

Abbildung 7: Verschwörungstheorien, die von Regierenden in die Welt gesetzt und später als Lügen entlarvt worden sind (Bilder oben und unten links). Bzgl. der Behauptung, Assad habe Giftgas im Syrienkrieg eingesetzt (Bild unten rechts), sind starke Zweifel angebracht, wenn man die Frage stellt: „Wem nutzt es?"

Der Begriff „Verschwörungstheorie" wird benutzt gegen Leute, die die Frage nach dem Motiv, *„Wem nützt es"*, stellen. Diese Stigmatisierung von Leuten, die diese Frage stellen und nach der Wahrheit suchen, wird auch gefördert durch die Tatsache, dass bewußt „Verschwörungstheorien" in Umlauf gebracht werden, die wirklich absurd oder skurril sind, wie die oben angeführten Beispiele nahelagen. Auch unseriöse Prophezeiungen haben zur Skepsis gegenüber „Verschwörungstheorien" beigetragen, insbesondere solche über Katastrophen, die in vielen Fällen frei erfunden wurden und nebenbei auch noch das Ziel verfolgen, Angst zu verbreiten; denn, wenn wir Angst haben, sind wir leichter zu manipulieren.[451,452] Die unseriösen „Verschwörungstheorien" haben dazu beigetragen, dass heute „Verschwörungstheorien" einen negativen Ruf haben. Das daraus resultierende Denk- und Diskussionsverbot ist inzwischen eine gefährliche Waffe der Macht-Eliten geworden. WIKIPEDIA bedient sich ebenfalls dieser Vokabel, indem sie den Friedensforscher Daniele Ganser, Autor des Buches „Illegale Kriege"[453], in einem WIKIPEDIA-Eintrag als Verschwörungstheoretiker hinstellt, obwohl seine Analysen durch saubere Recherchen belegt sind.

Auch der WIKIPEDIA-Eintrag zum Stichwort „Neue Weltordnung" qualifiziert diese als »Verschwörungstheorie« ab, indem dort geschrieben steht: *„Als **Neue Weltordnung** (engl.: **New World Order**) wird in verschiedenen Verschwörungstheorien das angebliche Ziel von Eliten und Geheimgesellschaften bezeichnet, eine autoritäre, supranationale Weltregierung zu errichten. Solche Theorien wurden zu Beginn der 1990er Jahre in den Vereinigten Staaten populär. Verbreitet werden sie vor allem von christlich-fundamentalistischen, rechtsextremen und esoterischen Autoren. Ob die Verwendung des Begriffs in der globalisierungskritischen Linken ebenfalls als verschwörungstheoretisch einzustufen ist, ist umstritten."*

In diesen zwei Beispielen wird das Wort »*Verschwörungstheorie*« benutzt, um eine Person (Ganser) oder eine Ansicht/Theorie („*Neue Weltordnung*") zu diskreditieren und als unseriös oder unglaubhaft hinzustellen. Aus diesen zwei Beispielen kann man vermuten, dass auch WIKIPEDIA ein Instrument der superreichen Finanzeliten ist. Diese Vermutung ist letztlich auch eine Verschwörungstheorie. Aber wenn man die Frage stellt *„wem nutzt es?"* liegt eine solche Vermutung nahe. Dass die als Verschwörungstheorie eingestufte **Neue Weltordnung** aber einen realen Hintergrund hat, wird durch Politiker von Zeit zu Zeit in der Öffentlichkeit bestätigt. Und unter dem Titel

„Die 'Neue Weltordnung' – Eine kleine Elite regiert die Welt" schreibt Marco Maier[454] *„Die sogenannte 'Neue Weltordnung' ist längst schon Realität. Eine kleine mächtige Elite kontrolliert weite Teile der Welt und nützt dafür die Vereinigten Staaten als Machtbasis, sowie die US- und NATO-Streitkräfte als Söldnerheere. Russland und China sind derzeit noch die einzigen wirklichen Gegenspieler. Einer der es wissen muss, brachte das System der 'Neuen Weltordnung' bereits vor einigen Jahren auf den Punkt: David Rothkopf. Der ehemalige Geschäftsführer von Kissinger and Associates und US-Staatssekretär für Industrie und Handel in der Clinton-Ära sagt, dass 30 Familien und deren rund 6.000 Lakaien die Welt kontrollieren. Als "Insider" muss er es eigentlich auch wissen. In seinem Buch 'Die Super-Klasse' beschreibt Rothkopf hierbei nüchtern und sachlich die realen Machtverhältnisse auf der Welt. Wer behauptet, eine kleine einflussreiche Machtelite kontrolliere den Planeten, wird gerne als 'Verschwörungstheoretiker' bezeichnet. Doch das Netzwerk der Mächtigen ist existent. Die ETH Zürich zeigte nämlich erst vor wenigen Jahren in einer Studie, dass eine Gruppe von 147 Unternehmen (von 40.000 untersuchten) einen realen Einfluss auf die Weltwirtschaft nehmen (können). Und alle diese Unternehmen sind miteinander eng vernetzt und verbunden. Das ist eine geballte Macht. Diese Studie bestätigt also die Behauptungen in Rothkopfs Buch eindrücklich. "*

Giftgas und Fassbomben gegen die eigene Bevölkerung?

„Es ist leichter, die Menschen zu täuschen, als sie davon zu über-
zeugen, dass sie getäuscht worden sind."
(Mark Twain)

Die immer wieder in den öffentlichen Medien kolportierte
Behauptung, Assad setze Giftgas und Fassbomben gegen die
eigene Bevölkerung ein, er bombardiere vorsätzlich Krankenhäuser
und Schulen, sind nichts anderes als Kriegspropaganda, um Assads
Beseitigung als syrischer Präsident zu forcieren. Prof. Günter
Meyer, Leiter des Zentrums für Forschung zur Arabischen Welt
(ZEFAW) an der Universität Mainz sagte am 12.04.2018: *"Ich
behaupte und kann das auch nachdrücklich belegen, dass alle die
Chemiewaffeneinsätze, die wir in Syrien erlebt haben, unter
falscher Flagge durchgeführt worden sind von den Assad-Gegnern
..., nachdem Obama 2012 zum ersten Mal die 'Rote Linie' gezogen
hat ..."*[455]
Diese Behauptung, Assad habe Giftgas gegen die eigene Bevölkerung eingesetzt, ist eigentlich auch eine Verschwörungstheorie,
jedoch mit der Besonderheit, dass sie erfunden worden ist, um ein
bestimmtes Ziel zu erreichen, nämlich um den Kampf gegen Assad
als syrischen Präsident zu legitimieren. Auch hier hilft uns wieder
die Frage *„wem nützt es?"* weiter: Es ist völlig unglaubhaft, dass
Assad so etwas tun würde; denn dann würde er den Rückhalt in
seiner Bevölkerung nachhaltig verspielen. Aber auch hier gilt: Die
Menschen glauben es schließlich, dass Assad Giftgas und Fassbomben gegen die eigene Bevölkerung, Krankenhäuser und Schulen einsetzt als Ergebnis der immer wiederkehrenden Behauptung
durch die öffentlichen Medien. Denn die Menschen glauben auch
noch die absurdeste Behauptung, wenn sie nur oft genug wiederholt wird.[456]
Eine Frage: Worin besteht für das Opfer der Unterschied beim
Getötetwerden, wenn dies durch eine Fassbombe geschieht oder
durch eine Drohne oder eine Cruise Missile, oder durch eine uran-

haltige Patrone? An diesem Beispiel erkennt man sehr real, wie verlogen die mediale Berichterstattung ist, wie sie einen „Fassbombeneinsatz" als „böse" einstuft, aber andere Tötungsarten wie Drohnenmorde nicht thematisiert oder gar nicht erst bewertet, obwohl diese Art der Todbringung noch heimtückischer sein dürfte als eine Bombardierung, bei der man, wenn man Glück hat, sich vielleicht noch schützen kann, indem man einen Bunker aufsucht. Aber auch dieser Schutz ist oft nicht sicher, wenn spezielle US-High-Tech-Waffen zum Einsatz kommen, die zuerst die Bunkermauern durchschlagen können und dann erst im Innern des Bunkers gezündet werden. Und der Einsatz von radioaktivem Material als Kriegswaffe, uranhaltige Munition, Bomben und Raketen, wie durch die NATO im Jugoslawienkrieg und im Irakkrieg verwendet, hat verheerendere und nachhaltigere Auswirkungen. Das in diesen DU-Waffen („depleted uranium") enthaltene radioaktive Material liegt in mikroskopisch kleiner Form vor. Es verbreitet sich nach der Detonation im Gelände und wird durch die Menschen eingeatmet und verrichtet sein tödliches Werk im kontaminierten Gewebe des betroffenen Menschen. Wenn sie nicht gleich getötet worden sind, durchleiden die betroffenen Menschen einen qualvollen Leidensprozess, gegen den es keine Behandlungsmöglichkeit gibt, keine Medikamente und keine Therapien helfen. Außerdem führt die einmal eingesetzte uranhaltige Munition zur radioaktiven Verseuchung des Kriegsschauplatzes.

Wem nützt nun aber dieser Giftgasangriff vom 3. April 2017? Er nützt eindeutig den Gegnern von Assad, den „Rebellen", dem IS und den westlichen Verbündeten. Denn diese waren seit der Einnahme von Aleppo durch die syrische Armee immer mehr in die Defensive geraten. Und wie wir gesehen haben, hat dieses Giftgasereignis zu einer Schwächung Assads geführt infolge der Zerstörung eines seiner Luftwaffenstützpunkte durch einen illegalen Luftschlag durch die USA. Und mindestens genauso nachteilig für Assad: die internationalen Medien hatten wieder neues Propagandamaterial gegen Assad bekommen. Ende März 2018 wurde bekannt, dass die USA eine „False Flag Operation" in Syrien vorbereiten, einen großen Giftgasangriff, was dann Assad in die Schuhe geschoben und durch die öffentlichen Medien anschließend propagandistisch verwertet werden soll.[457] Und so geschah es dann auch Anfang April 2018.

Enttarnung von Verschwörungen

„Die Medien sind heute der Hauptfeind der Bevölkerung, also des Volkes. Weil, ohne das Verhalten unserer Medien und die Propaganda könnten diese Kriege, die seit 2001 stattfinden, nicht stattfinden. Sie müssen unterstützt werden, unter irgendwelchem Vorwand lügen, was immer von unseren Medien. Sonst könnten unsere Politiker diese Sachen nicht durchziehen."[458]

Eine Verschwörungstheorie kann einen nicht zu überschätzenden positiven Effekt haben, wenn sie dazu dient, solche Machenschaften rechtzeitig zu enttarnen. Im Falle der Verschwörungen, die hinter „Brutkastenlüge" und „Massenvernichtungswaffen im Irak" standen, hätten die darauf folgenden Kriege verhindert werden können, wenn sich die Bevölkerungen der USA und Westeuropas in diesem Bewusstsein gegen deren Vorbereitungen gewehrt hätten. Und dabei spielen die Medien eine entscheidende Rolle. Im Zusammenhang mit dem 3. Irakkrieg zitiert Ulrich Teusch in seinem Buch „Lückenpresse" eine Reihe namhafter amerikanischer Journalisten, die der Meinung waren, *„wenn wir Journalisten unseren Job richtig gemacht hätten, hätte es 'eine sehr, sehr gute Chance gegeben, dass wir nicht in den Krieg gezogen wären'."*[459]

Eine Verschwörungstheorie ist auch die Behauptung, dass die USA der Geburtshelfer des Islamischen Staates (IS) waren und dass die Türkei, USA und NATO Verbündete des IS sind. Der erstgenannten Verschwörungstheorie wird heute kaum noch widersprochen. Für die zweitgenannte gibt es inzwischen zahlreichen Belege.[460]

Ein Klassiker einer Verschwörungstheorie ist die Behauptung, dass der japanische Angriff auf Pearl Harbour durch die USA provoziert worden ist, um den Kriegseintritt der USA in den 2. Weltkrieg zu ermöglichen. Ohne ein solches Großereignis gegen die USA hätte das Volk der USA einem Kriegseintritt niemals zugestimmt. Denn nur wegen seines Wahlversprechens, Amerika aus dem Krieg herauszuhalten, war Roosevelt 1940 als Präsident der USA wiedergewählt worden.[461] Nahezu die gesamte US-amerikanische Bevölkerung war bis zum Frühjahr 1941 strikt gegen einen Kriegseintritt der USA. Nach 60 Jahren und immer weiteren Informationen war klar, dass der bevorstehende Angriff auf Pearl Harbour nicht nur Wochen im voraus der US-Administration bekannt war, sondern vielmehr gänzlich gewollt und provoziert.[462] Nachdem Roosevelt am 22. Juli 1941 durch Admiral R. K. Turner gewarnt worden war, dass die Einstellung amerikanischer Öllieferungen an Japan einen japanischen Angriff auf die Philippinen hervorrufen und die USA in einen Pazifikkrieg verwickeln würden, hat er genau das getan; denn am 25. Juli 1941 hat er alle Öllieferungen an Japan stoppen lassen.[463] Drei Tage vor dem japanischen Angriff auf Pearl Harbour berichtete der australische Nachrichtendienst, dass eine japanische Kampfgruppe in Richtung Pearl Harbour unterwegs war. Roosevelt ignorierte den Bericht und unternahm nichts, um seine Militärs über den bevorstehenden japanischen Angriff zu informieren. Bei diesem Angriff auf Pearl Harbour, bei dem 2400 Soldaten ihr Leben verloren, erfolgte ein radikaler Stimmungsumschwung in der US-amerikanischen Bevölkerung. Nach „Pearl Harbour" meldeten sich 1 Million Männer zum Kriegsdienst.[464]

Eine aktuelle Verschwörungstheorie lautet: die öffentlichen Leitmedien sind gleichgeschaltet und fremdgesteuert. Diese „Verschwörungstheorie" hat neue Nahrung bekommen durch die Leitmedien, die unisono den demokratisch gewählten Präsidenten der USA, Trump, in gleich aggressiver Weise beschimpfen, verunglimpfen und mit Schmutz bewerfen. Denn, wären die öffentlichen Medien nicht gleichgeschaltet, würde doch das eine oder andere öffentliche Medium aus dieser Phalanx irgendwann mal ausscheren und alternative Sichtweisen veröffentlichen oder zumindest moderatere Töne anschlagen. Das wird aber nicht geschehen. Und der Grund dafür ist sehr einfach: John Swinton, ehemaliger Herausgeber der **New York Times**, hat folgendes gesagt, vor Journalisten:[465] *„Es gibt zu dieser Zeit in der Weltgeschichte in Amerika keine solche Sache wie eine unabhängige Presse. Sie wissen das,* *und ich weiß es. Es gibt nicht einen von Ihnen, der es wagt, seine ehrliche Meinung zu schreiben, und wenn Sie es würden, wissen Sie im voraus, dass sie nie im Druck erscheinen würde. Ich werde wöchentlich dafür bezahlt, um meine ehrliche Ansicht aus der Zeitung, mit der ich verbunden bin, herauszuhalten. Andere von Ihnen erhalten ähnliche Vergütungen für ähnliche Dinge, und jeder von Ihnen, der närrisch genug wäre, ehrliche Meinungen zu schreiben, würde sich auf der Straße wiederfinden, um sich nach einer anderen Arbeit umzusehen. Wenn ich es mir erlauben würde, meine ehrliche Meinung in einer Ausgabe meiner Zeitung erscheinen zu lassen, wäre ich meine Beschäftigung vor Ablauf des Tages los.* ***Die Aufgabe der Journalisten ist es, die Wahrheit zu zerstören, gerade heraus zu lügen, zu verdrehen, zu verunglimpfen, vor den Füßen des Mammons zu kriechen*** *und sein Land und seine Rasse um sein tägliches Brot zu verkaufen. Sie wissen es, und ich weiß es. ...* ***Wir sind die Werkzeuge und Vasallen reicher Männer hinter der Szene. Wir sind die Hampelmänner. Sie ziehn die Fäden, und wir tanzen.*** *Unsere Möglichkeiten und unsere Leben sind das Eigentum anderer Männer. Wir sind intellektuelle Prostituierte."* Und das hat einer gesagt, dem die **New York Times** einmal gehörte.

Und wer sind diese *anderen Männer, die die Fäden ziehen?* Welche Mächte agieren im Hintergrund? Wer hält dort die Fäden in der Hand? Diese gleichgeschaltete Propaganda gegen Trump muss aber noch lange nicht bedeuten, dass es dabei um Trump als Person oder um seine Politik geht. Genauso gut kann es sich dabei auch um ein Ablenkungsmanöver handeln, um die öffentliche Aufmerksamkeit zu kanalisieren, weg von anderen Prozessen/Projekten in der internationalen Politik, die Menschen durch Eröffnung von „Nebenschauplätzen" abzulenken und zu verwirren. Es ist auch denkbar, dass man Trump mit seiner bewusst nationalistischen Überzeugung im Amt scheitern lassen möchte, was bedeuten würde: seht, die rechtspopulistischen Vertreter sind auch nicht die Lösung.[466,467] Scheitern lassen ist einfach: Die Kreditgeber müssen nur den Geldhahn zudrehen, und Trump wäre nicht mehr in der Lage, seine angekündigten Projekte, z.B. wieder mehr Amerikaner in Brot und Lohn zu bringen, in die Tat umzusetzen. Und seine Wählerschaft würde sich resigniert von ihm abwenden. Vor diesem

Hintergrund könnte man auch die weitere Erhöhung des Militärbudgets der USA um 10% und das 110 Milliardenschwere Rüstungsprojekt mit Saudi-Arabien als Zugeständnisse Trumps an die Finanzgeber sehen, die durch diese zusätzlichen Gewinne Trump erst einmal werden „machen lassen". Doch das ist momentan nur Spekulation. Es ist auch unklar, inwieweit Trump auf Dauer eine Politik gegen die superreichen Lobby-Gruppen im Hintergrund machen kann und ob er sich gegen das eigene Militär, das die unsäglichen MENA-Kriege geführt hat, durchsetzen kann.[468,469] Denn diese sitzen am längeren Hebel, eine Folge der exorbitanten Staatsverschuldung der USA.

Eine weitere Verschwörungstheorie ist, dass die Migration nach Europa von langer Hand geplant worden sei, durch das Pentagon, NGOs, Think Tanks, Pro Asyl und die UNO, die ihrerseits wieder „gelenkt" werden durch die superreichen Eliten. Es gibt eine Reihe von Belegen und Indizien, die diese Sichtweise stützen, nachzulesen in dem Buch „Geheime Migrationsagenda", einem gründlich recherchierten Buch von Friederike Beck,[470] der ehemaligen Vorsitzenden der *Gesellschaft für Internationale Friedenspolitik e. V.*

Einführung des RFID-Chips und Bargeldabschaffung

„Der Regisseur Aaron Russo war mit Nicholas Rockefeller befreundet, einem Mitglied der mächtigen amerikanischen Bankiersfamilie, die eine führende Rolle in globalen Schattenregierungen wie den ‚Bilderberger' und dem ‚Council on Foreign Relations' spielt. Diese Freundschaft endete, als Rockefeller Russo im Herbst 2000 offenbarte, was das Ziel der ‚Elite' sei. Nachfolgend ein Auszug aus ihrer damaligen Unterhaltung, die Russo später öffentlich machte.[471] A. Russo zu N. Rockefeller: ‚Sie haben alles Geld der Welt, mehr als Sie benötigen oder jemals ausgeben können. Sie haben alle Macht der Welt, worum geht es also, was ist das Endziel?' Woraufhin Rockefeller antwortete: ‚Das Endziel ist es, die gesamte Weltbevölkerung mit einem Chip zu versehen, die ganze Gesellschaft zu beherrschen und zu kontrollieren, dafür zu

Man wird den Verdacht nicht los, dass es sich bei dieser zitierten Unterhaltung zwischen Aaron Russo und Nicholas Rockefeller um einen "Hoax" handeln könnte, also um eine Erfindung, also eine Fälschung, weil genau das in den Folgejahren eingetreten ist, was in diesem Gespräch vorhergesagt worden ist. Woher konnte Rockefeller wissen, dass: *„... Soldaten in Höhlen in Afghanistan und Pakistan nach Osama bin Laden suchen* (würden)*, und es würde ‚einen endlosen Krieg gegen den Terror' geben, obwohl ein realer Feind nicht existiert"*. Nehmen wir einmal an, dass es sich nicht um einen Hoax handelt, so offenbaren diese Zeilen viererlei, **ein Jahr vor 9/11,**

1) die Ankündigung eines endlosen Krieges gegen den Terror, obwohl ein realer Feind nicht existiert,

2) dass die Bankiers und die Mitglieder der Elite die Weltherrschaft übernehmen wollen,

3) alle Menschen mit einem Chip versehen werden sollen, um die ganze Gesellschaft zu beherrschen und zu kontrollieren und

4) Die Reduzierung der Weltbevölkerung

Auch hier muss man wieder konstatieren, dass diese vier Punkte mit den Zielen des „Komitees der 300" im Einklang stehen (s. Anhang 1). Lassen Sie uns den Punkt 3) genauer betrachten. Dieser RFID-Chip, schon lange in der Praxis eingeführt zur elektronischen Kennung von Dingen und Waren, aber auch seit 2006 gesetzlich festgelegt zur Kennung von Haustieren, wird vonseiten der Regierung und den öffentlichen Medien immer wieder beworben. Deshalb kann man die Technik des RFID-Chip als ausgefeilt betrachten und sicher, vom Prinzip her, auch geeignet, um den Menschen eindeutig zu spezifizieren. Die natürliche Hemmschwelle, sich selbst einen solchen Chip unter die Haut pflanzen zu lassen, wird durch alle möglichen Propaganda-Tricks versucht außer Kraft zu setzen, indem er als zukunftgewandt, cool, und nützlich „verkauft" wird, z.B. ermöglicht er das schnellere bargeldlose Bezahlen in Supermärkten oder das problemlose Öffnen von Türen ohne Schlüssel. Oder verschwundene Menschen, insbesondere Kinder, könnten auf diese Weise schnell wiedergefunden werden. Dass aber mit diesen RFID-Chips Tür und Tor geöffnet werden für eine totale Überwachung der Menschen und den Missbrauch dieser Technik, wird dabei nicht thematisiert. Nur in den Alternativen Medien erfährt man etwas über die Gefahren, die mit der Einführung der RFID-Chips beim Menschen verbunden sind. So wird im YouTubeVideo[472] ein Bericht eingeblendet, der bereits am 3.11.2011 auf den KOPP-Nachrichten ins Netz gestellt worden ist, wonach *„… ein RFID-Chip erfunden worden sein soll, der in der Lage ist, Menschen zu töten. In einigen Youtube-Berichten ist ganz offen die Rede von Mikrochips, die in die Haut von Menschen implantiert werden sollen. Diese Technik soll schon längst existieren und von derUS-Lebens- und Arzneimittelbehörde FDA bereits für die Anwendung beim Menschen zugelassen worden sein. Diese reiskorngroßen Chips sammeln, speichern und übermitteln unmerklich und unsichtbar nicht nur persönliche Daten, sondern sie können auch für viele andere Funktionen codiert werden. Durch diesen Chip soll z.B. ferngesteuert einer Zivilperson eine tödliche Dosis Cyanid in die Haut gebracht werden können. Ein Reporter von FOX News ist in dem Interview mit den Worten zu hören: ‚Der Chip bringt Dich um, wenn Du aus der Reihe tanzt.'"* Dass das nicht nur eine unbewiesene Behauptung ist, wird an einer anderen Nachricht aus demselben Video deutlich, wo in einer Ausgabe der „Augsburger Allgemeinen" vom 8.Mai 2009 über einen Patentantrag berichtet wird: *„Chip für Überwachung und Tötung von Menschen"*. Diesen Patentantrag hatte ein saudi-arabischer Erfinder beim Deutschen Patentamt in München gestellt. Auch wenn dieser Patentantrag abgelehnt worden ist, weil *„Patente auf Erfindungen, die gegen die guten Sitten oder die öffentliche Ordnung verstoßen"*, nicht erteilt würden, so macht dieser klar, was bereits 2009 technisch möglich war. Aber selbst wenn man dieses Horrorszenarium, die Tötung eines Menschen unter Nutzung des RFID-Chips, außer Acht lässt, so sollte man sich dessen bewusst sein, dass über diesen Chip Einfluss auf Gesundheit, Verhalten und Gemütszustand genommen werden kann oder auch eine Bewusstseinsmanipulation oder psychische Beeinflussung des Menschen möglich wird, indem bestimmte Signale im ELF-Wellen-Bereich gesendet werden. Über diesen Chip können auch Elektroschocks ausgelöst werden, was sogar zu Handlungsunfähigkeit führen kann. Man könnte auch die Fortpflanzungfähigkeit einschränken, indem man anstelle des Cyanids (was möglicherweise Teil der oben genannten Patentanmeldung war) eine Minikapsel mit bestimmten Hormonen im RFID-Chip einbringt.[473,474] Und der einmal im Menschen implantierte RFID-Chip ermöglicht dessen totale Überwachung. So kann von einem Menschen jederzeit ein Aufenthalts- und Bewegungsmuster erstellt werden.

Wenn sich die Menschen nicht freiwillig einen solchen RFID-Chip einsetzen lassen sollten, dann besteht immer noch die Gefahr, dass eine solche Implantierung per Gesetz bestimmt wird. So gibt es in der Europäischen Kommission einen internen Ministerratsbeschluss, wonach wir (ab 1.1.2018 ?) keinen Personalausweis mehr bekommen sollen, wenn wir diesen beantragen, sondern einen Chip implantiert bekommen.[475] Falls dieser Ministerratsbeschluss in der Praxis nicht durchsetzbar ist, gibt es auch noch die Möglichkeit, einen RFID-Chip über Medikamente oder Nahrung in den Menschen einzubringen. So hat der Pharmakonzern Novartis angekündigt, Mikrochips in Medikamente einzubauen. Die Mikrochiptechnologie ist jetzt vom Unternehmen Proteus Biomedical im kalifornischen Red Wood City lizensiert wurden.[476] Man kann sicher sein, dass die militärische Forschung solche Entwicklungen im Auge hat.[477]

Die Einführung des RFID-Chips würde natürlich auch die auf dem Bilderberger-Treffen im Juni 2016 in Dresden beschlossene Bargeldabschaffung vorantreiben.[478] Die Abschaffung des Bargelds wäre auch ein weiterer Eingriff in unsere Freiheiten; denn auf unsere finanziellen Mittel hätte dann der Staat uneingeschränkten Zugriff. Er könnte Negativzinsen leichter durchsetzen und unsere finanziellen Spielräume beschneiden, er könnte automatisch jede finanzielle Transaktion besteuern oder, im schlimmsten Fall, den

Zugriff eines Menschen auf sein Konto unterbinden, wenn er sich nicht systemkonform verhält.

Nachdem das Bargeld abgeschafft sein wird, kann man natürlich nur noch über den RFID-Chip (oder ein anderes elektronisches Dokument) einkaufen, auf welchem das Guthaben ausgewiesen ist. Auf diesem Wege ist es auch leicht möglich, Guthaben einfach zu sperren, so dass der Mensch sich nichts mehr kaufen kann, da es ja kein Bargeld mehr gibt. Auf sich allein gestellt, würde er verhungern. Wenn er sich weigert, sich einen RFID-Chip implantieren zu lassen, kann das ebenfalls seinen eigenen Hungertod zur Folge haben, da er ja dann in der bargeldlosen Welt keine Nahrungsmittel mehr kaufen kann. Denn der RFID-Chip wird dann auch das universelle Zahlungsmittel sein und alle anderen bisher bekannten bargeldlosen Zahlungsweisen ersetzen. Banken und Sparkassen wären nicht mehr gezwungen, Kapitalreserven vorzuhalten. Ohne Bargeld kann von einem Menschen jederzeit ein Aufenthalts- und Bewegungsmuster erstellt werden, allein durch seine Einkäufe. Aber mit dem RFID-Chip geht das natürlich noch viel einfacher.

Experimente an der Bevölkerung – Ein zweites 9/11?

„Es gibt eine Schattenregierung mit ihrer eigenen Luftwaffe, ihrer eigenen Seeflotte, ihrer eigenen Finanzierungsmechanismen, und die Möglichkeit, ihre eigenen Vorstellungen von nationalem Inte-resse zu verfolgen, frei von jeglicher Kontrolle und Ausgleich, und frei vom Gesetz selbst.“
(Daniel Ken Inouye[479])

„Die meisten Menschen sind blind für die Dinge, die um uns herum geschehen. Die Waffenindustrie hingegen schläft keine Sekunde. Im Bereich der Energiewaffen hat sie in den letzten Jahren enorme Fortschritte erzielen können. Ob Kampflaser, der über 100km einsetzbar ist oder Mikrowellentechnik zu Demonstrationsauf-

lösungszwecken, die geheimen Entwicklungen sind gefährlicher als je zuvor. Die Waffenindustrie will ihre Errungenschaften natürlich auch testen! Dabei zeigt sie keine Skrupel! Und was eignet sich besser für einen geheimen Test, als ein Waldbrandgebiet wie Kalifornien? Diese Reportage[480] präsentiert neue Entwicklungen aus der Energiewaffenbranche und zeigt auf, wieso mit an Sicherheit grenzender Wahrscheinlichkeit die 'Waldbrände' in Kalifornien im Herbst 2017 ein Angriff an der eigenen Bevölkerung waren!"[481]

Hat es inzwischen ein zweites "9/11" gegeben? Gemeint ist die Zerstörung der kalifonischen Stadt Santa Rosa Mitte Oktober 2017. *„Es war der erste Waldbrand, bei dem der Wald nicht gebrannt hat, dabei alles andere zu Staub wurde."* [482] *„Virtually no structures left at all, cars were melted, brick foundations dissipated"**********.[483] Von diesem Erscheinungsbild unbeeindruckt, versuchten die öffentlichen Medien, dieses Ereignis als einen echten Waldbrand darzustellen: *„Die offizielle Erklärung ist, dass es sich um einen durch einen unglücklichen, jedoch unbekannten, Grund entstandenen Waldbrand handelt, der die Gegend in Staub und Asche zerlegt habe. Doch zeigen die Videos, Bilder und Aussagen der Augenzeugen eine völlig andere Sicht der Dinge, ..., pulverisierte Häuser, ohne eine Spur zu hinterlassen, ...*
„Die Feuerwalze kam aus dem Nichts" berichtet Zeit-online. *Nie zuvor in der Geschichte hat Kalifornien schlimmere Brände erlebt."* [484] *„- Häuser, die restlos zu Staub zerfallen, aber Bäume, die noch stehen ??? (Bilder 24 und 25) - Kühe von innen gekocht, aber das Fell noch unversehrt ??? - Bäume, die von innen brennen, aber außen unbeschadet sind ??? Das sind einige von vielen Fragen, die das Feuer in Santa Rosa, Nord-Kalifornien Mitte Oktober aufwirft. ... Viele Menschen berichten von blauen Lichtern und Blitzen vom Himmel, die alles andere als natürlich aussahen. Manche fühlten eine Energie in Ihrem Umfeld, die Ihr Herz zum Rasen brachte. Andere berichteten von einer Energiewelle, die durch ihre Häuser zog....*

******** *„Nahezu überhaupt keine Strukturen, Autos waren geschmolzen, Grundmauern abgetragen"*

Abbildung: Zerstörung von Santa Rosa, Oktober 2017.[485] *„Diese Anblicke, sowie die zu Staub zerfallenen Häuser erinnern stark an 9/11. Laut der mittlerweile jahrelangen Studien von Judy Wood handelte es sich dabei nämlich um einen Einsatz einer DEW - einer Directed Energy Weapon - auf deutsch: Gezielte oder Gebündelte Energiewaffe."*[486]

Abbildung 9: Zerstörung von Santa Rosa, Oktober 2017: Man sieht deutlich drei bis auf die Grundmauern zerstörte Gebäude, während das vierte, angrenzende Gebäude noch völlig unberührt erscheint. Und die umgrenzenden Bäume sind völlig intakt.[487]

Mehr als 20.000 Menschen wurden evakuiert, 3.500 Häuser gingen in Flammen auf. ... Ein Bild, das seit einigen Tagen durchs Netz geht beschreibt die Lage wie folgt: 'Welche Art von 'Waldbränden' lässt Bäume intakt, aber pulverisiert Häuser, ohne eine Spur zu hinterlassen? Gerätschaften, Betonarbeitsplatten, Toiletten, Textilien, Mauerwerk usw. komplett verschwunden... Feuerwehrmänner, die so etwas zuvor niemals sahen, berichteten 'es ist als wären wir atomar vernichtet worden!'"[488]

Im Video wird der militärische Nachrichtendienst zitiert, demzufolge sie Laser- und Teilchenstrahlenwaffen, sogenannte DEW's, getestet haben, welche an Flugzeugen montiert waren. Da fragt man sich natürlich: Warum machen die das? Wenn herauskommt, dass da der Militärisch-Industrielle Komplex bzw. die CIA dahinter stecken, stehen die doch sofort auf der Anklagebank?! Dann könnten die ja niemals so weiter machen wie bisher. Das klingt logisch. Jedoch, da die öffentlichen Medien fest in deren Hand sind, erfolgt die Berichterstattung natürlich nicht neutral und unabhängig.

Es scheint plausibel anzunehmen, dass dieses Ereignis für die dahinter stehenden Mächte ein Experiment darstellt, das sie unter möglichst realen Bedingungen durchführen wollten, um zu prüfen, wie effektiv die neu entwickelte Waffe unter praxisnahen Bedingungen funktioniert. Man sollte eigentlich annehmen, dass solche Experimente nicht an der eigenen Bevölkerung exerziert werden. Diese Annahme ist aber falsch, wie wir im Folgenden noch sehen werden.

Abbildung 10: Zerstörung von Santa Rosa, Oktober 2017: Zerstörtes Auto. *„Verbrannte Autos sehen anders aus. Googelt mal."*[489]

Etwas *„wirklich hässliches"* hat sich auch am 26.7.2018 in Griechenland ereignet, in den öffentlichen Medien auch wieder als ein verheerender Waldbrand dargestellt. Dort ein ähnliches Bild nach dem „Waldbrand" wie bei dem in Santa Rosa: völlig zerstörte Häuser und in unmittelbare Nähe grünbelaubte Bäume. Eine Hauptstraße mit einer ganzen Kolonne total ausgebrandeter Autos, wo auch die Aluminiumfelgen weggeschmolzen sind, was darauf hindeutet, dass die Temperaturen höher als 660°C gewesen sein müssen. Diese Autos hatten im Stau gestanden, auf einer Straße in unmittelbarer Nähe zum Meeresstrand, und die Menschen hatten versucht, an den Strand zu fliehen. Viele Menschen hatten es nicht geschafft und sind in diesen Autos gestorben. Es ging einfach zu schnell. Während alle Autos, die in diesem Stau gestanden hatten, total ausgebrannt waren, waren die Bäume und Häuser, die an dieser Hauptstraße gestanden hatten nahezu unversehrt geblieben. Erstaunlich auch: An einem anderen Ort war es genau umgekehrt, da wurde das Haus eines Bürgermeisters innerhalb von Minuten zerstört, während die fünf oder sechs Autos auf der an sein Haus angrenzenden Straße völlig unbeschädigt geblieben sind. Es gab 15 verschiedene Orte in Griechenland, in denen die Feuer gleichzeitig ausgebrochen waren.[490]

Im November 2018 geschah das gleiche wieder:[491] Wieder „Wald-
brände" in Kalifornien: Das gleiche Bild: Häuser bis auf die
Grundmauern zerstört, aber die umgebenen Bäume stehen noch
und haben weiterhin ein natürliches Aussehen. Dieses Mal traf es
auch die Villa des Showmasters Thomas Gottschalk, die bis auf die
Grundmauern zerstört ist, umgeben von unversehrten Bäumen.
Sogar die BILD-Zeitung wunderte sich, indem sie schrieb:[492]
„GOTTSCHALK-ANWESEN IN KALIFORNIEN ABGE-
BRANNT – Warum ist alles weg – aber die Bäume stehen noch?"
In dieser BILD-Zeitung ist auch ein Foto abgedruckt, auf dem zu
sehen ist, dass Gottschalks Villa total bis auf die Grundmauern
weg ist, während eine in unmittelbarer Nähe stehende Villa
unbeschädigt aussieht. Und nicht nur die Bäume um die zerstörte
Villa sind erhalten geblieben, sondern ein Großteil des Rasens ist
noch immer grün.[493]

Bei den „Waldbränden" in Kalifornien 2017 und 2018, und Athen
2018 sind überall die gleichen Phänomene aufgetreten:[494] wir
haben Material, dass eigentlich brennen müsste, aber nicht brennt,
anderes Material, das nicht schmelzen dürfte, aber schmilzt, und
die Zerstörungen sind oft auf einen engen Raum begrenzt, ohne
dass Nachbargebiete mit betroffen sind. Und, nicht zu vergessen,
es gibt keine Schuttberge der zerstörten Gebäude, was die
Hypothese stützt, dass das Material pulverisiert bzw. verdampft
worden ist und sich in der Umgebung veteilt haben muss. Dies war
auch typisch für 9/11. Ebenso das Phänomen der „geschmolzenen
Autos": Dazu gibt es eine Reihe von Fotos im Internet. Die findet
man, zum Beispiel, unter dem Suchbegriff „melted cars 911". Interessant dabei ist, dass dieses Phänomen „geschmolzene Autos" mit
Bezug auf 9/11 in Youtube-Videos[495,496] ausgewertet worden ist,
die bereits 2013 und 2012 veröffentlicht worden sind, also lange
vor den „Waldbränden" in Kalifornien und Athen.

Abbildung 11: Zerstörte und in Teilen geschmolzene Autos auf einer Hauptstraße in Athen, ereignet innerhalb von Minuten, während die angrenzenden Grundstücke unzerstört blieben.[497]

Abbildung 12: Spur der Verwüstung entlang der Perikleous Street and Poseidonos Street in Athen (rote Pfeile).[498]

Es erhebt sich die Frage, warum hat man diese Energiewaffen gerade hier in Kalifornien ausgetestet? Kalifornien eignet sich perfekt für solche Tests. Jedes Jahr gibt es da Waldbrände; da kann man natürlich mal solche Waffen ausprobieren, ohne dass groß etwas auffallen sollte. Ein weiterer Grund wird von dem Moderato in dem Video genannt:[499] In den vergangenen Jahren haben sich immer mehr Menschen in die Wälder Kaliforniens zurückgezogen, um wieder mehr der Natur verbunden zu sein und in ihr leben wollten. Und das passt natürlich der Regierung gar nicht. Denken wir an die Agenda 21. Sie wollen die Menschen zur totalen Kontrolle in die Städte hineindrängen.

Diese Waffentests sind Angriffe auf die eigene Bevölkerung. In "Friedenszeiten" veranstaltet man Waffentests auf dem eigenen Teritorium, und nimmt dabei zig Tote billigend in Kauf. *"Und viele Leute, die hier zuhören, die noch ein riesen Vertrauen in den Staat geschenkt haben, 'Ach das ist doch nicht möglich, dass die eigene Regierung einen so hintergeht, dass die eigene Regierung einen solchen Schaden zufügen will', dem will ich einfach Bücher ans Herz legen. Lest mal Daniele Ganser, 'Illegale Kriege', lest mal etwas über die NATO, die Geheimarmeen, über die CIA etc. Da kommt ihr sehr schnell zum Schluss, dass es denen eigentlich scheissegal ist, wenn es um die eigene Bevölkerung geht, solange sie Kohle machen."* [500]

„Bringt jeden in die Nähe der Städte"

Was die „Experimente" in Kalifornien und Athen (s. Abschnitt „Experimente an der Bevölkerung – Ein zweites 9/11?") betrifft, so hörten wir bereits, *"dass Kerosin bei einer anderen Gelegenheit* (gemeint ist hier sicher 9/11) *Beton und Metall schmelzen ließ. Und dann die Frage 'warum? Warum Häuser nieder brennen' und die Antwort lautet* **'Agenda 2030'**, *gleich* **'Entvölkerung'**. *Bringt jeden in die Nähe der Städte, um sie besser kontrollieren zu können. Es kommt immer wieder auf dasselbe heraus. Wieviel braucht es noch, bis wir begreifen, dass in allen Domänen etwas wirklich hässliches geschieht, in all diesen künstlich gemachten*

Events. Wieviel brauchen wir noch, um wirklich zu handeln und das System zu verlassen. Diese Psychopathen kennen keine Grenzen. "[501]

Diesem Motto *„Bringt jeden in die Nähe der Städte, um sie besser kontrollieren zu können"* bin ich auch im Zusammenhang mit den Windkraftanlagen in der freien Natur begegnet. Menschen fliehen aus dem ländlichen Bereich in die Städte, weil sie der Schalldruck (genauer der Infraschall) der Windräder krank macht und sie deshalb nachts nicht mehr schlafen können. Windradparks sind in Deutschland in den letzten Jahren wie Pilze aus dem Boden geschossen. Und sie werden auch immer stärker in der Nähe von Wohngegenden platziert: *„... es (ist) mir ein Anliegen, dass die Menschen darüber aufgeklärt werden, dass Tausende Menschen in Deutschland auf der Flucht sind vor diesen Windparks. Es gibt schon den Begriff der 'Windkraftflüchtlinge'. Wer das ganze natürlich in einem Kontext betrachtet, stellt sich unweigerlich die Frage: 'Ist diese Entwicklung gewollt?' – Stichwort 'Agenda 21' – Sollen die Menschen etwa durch diese Windkraftparks in die Städte getrieben werden, und dort wartet dann die '5G'-Handynetz-Technologie oder eben die entsprechenden Nebenwirkungen dieser Technologie auf sie?"*[502]

Dieses *„Bringt jeden in die Nähe der Städte, um sie besser kontrollieren zu können"* ist keine Spinnerei von Verschwörungstheoretikern, sondern hat durchaus einen realen Hintergrund. In vielen deutschen Großstädten sind die Menschen mit Migrationshintergrund bereits heute schon überproportional vertreten gegenüber den autochthonen Einwohnern, insbesondere in den jüngeren Jahrgängen, wie die statistischen Zahlen aus den Jahren 2008 und 2013 belegen (s. Tabelle 2 im Kapitel 4). Dieser Trend dürfte sich in den letzten zehn Jahren noch verstärkt haben. Im ländlichen Raum sind die autochthonen Einwohner dagegen noch deutlich in der Mehrheit. Das bedeutet, dass dieser ländliche Raum im Falle des Ausbruchs der von den Eliten angestrebten großen Krise Rückzugsorte für die Deutschen darstellen könnten und sich die Menschen, im schlimmsten Fall, sich dort über längere Zeit autark halten können, d.h. nicht abhängig sind vom System. Das könnte zu einer unkalkulierbaren Widerstandsbewegung gegen das System führen mit ungewissem Ausgang für die Eliten. Denn die über den ländlichen

Raum verteilten Menschen lassen sich viel schwerer kontrollieren, als wenn sie in den Städten konzentriert sind. Nicht zu vergessen auch die Entwicklungen in der PKW-Branche, wo fieberhaft daran gearbeitet wird, PKWs von außen zu kontrollieren, zu steuern und gegebenenfalls still zu legen, so dass die Flucht aus den Städten im Krisenfall von den Lakeien der Elite unmöglich gemacht werden kann. In diesem Kontext ist auch die von offizieller Seite betriebene Verteufelung der Autos mit Verbrennungsmotoren zu sehen. Diese sollen langfristig durch Elektroautos ersetzt werden, obwohl sie in der Gesamtbilanz nicht umweltfreundlicher als Autos mit Verbrennungsmotoren sind infolge der aufwändigen und teueren Gewinnung der Batteriewerkstoffe, aber auch deren Entsorgung nach der anstehenden Verschrottung. Auch die Wintertauglichkeit der Elektroautos bleibt weit hinter der der klassischen Autos mit Verbrennungsmotor zurück. Warum also E-Autos? Damit kann man die individuelle Mobilität einschränken, und was noch bedeutsamer ist, die Fluchtmöglichkeiten für die einfache Bevölkerung werden stark eingeschränkt, weil das Laden der Batterien von der Bereitstellung von Elektroenergie aus der Steckdose abhängt. Diesel und Benzin kann man privat in Kanistern lagern, Elektroenergie nicht. Die Stromversorgung durch das öffentliche Stromnetz kann jederzeit willkürlich unterbrochen werden.

Die EU-Kommision in Brüssel plant, dass ab 2025 die Bürger keine Autos mit Verbrennungsmotor mehr kaufen können. Desweiteren ist eine neue Abgasnorm, EURO 7, in Planung, deren Forderungen aus rein physikalischen Gründen nicht mehr realisierbar sind. Darin soll vorgeschrieben werden, dass das Auto in jeder Fahrsituation emissionsfrei bleiben muss. Und selbst der Reifenabrieb soll bei Autos mit Verbrennungsmotor mit zur Schadstoffbilanz dazugerechnet werden, bei Elektrofahrzeugen aber nicht. Und es sollen in Europa ganze Zonen eingerichtet werden, in die Autos nit Verbrennungsmotor nicht mehr hineinfahren dürfen.[503]

Experimente an der Bevölkerung – Impfstoff gegen „Corona"[†††††††††]

„Also, wir gehen alle davon aus, dass Impfstoffe im nächsten Jahr zugelassen werden. Wir wissen nicht genau, wie die wirken, wie gut die wirken, was die bewirken. Aber ich bin optimistisch, dass es Impfstoffe gibt, ja."
(RKI-Chef Lothar Wieler im Interview auf Phönix[504])

„Das heißt, sie machen Menschenexperimente, ohne über die Sicherheit des Produktes bescheid zu wissen, in einem Land (UK), was uns vor drei Wochen, oder vier Wochen, über eine öffentliche Ausschreibung bekannt gemacht hat, dass dort Computer und Surfer neu angeschafft werden müssen, um der Höhe und der Schwere der Nebenwirkungen, die zu erwarten sind durch eine solche mRNA-Impfung, Herr zu werden." (Professor Hockertz, Toxikologe, Pharmakologe und Immunologe[505,506])

Abbildung 13: Georgia Guide Stones

[†††††††††] Der Corona-Impfstoff ist ein neuartiger, sogenannter mRNA-Impfstoff, der die menschlichen Gene verändert, quasi eine Genmanipulation unserer Zellen.

Abbildung 13 zeigt die Georgia Guide Stones, in denen in acht modernen Sprachen und vier Sprachen des Altertums (Babylonisch, Altgriechisch, Sanskrit und ägyptischen Hierogly-phen) der folgende Text eingemeiselt ist: *„BE NOT A CANCER ON THE EARTH – LEAVE ROOM FOR NATURE – MAINTAIN HUMANITY UNDER 500.000.000 IN PERPETUAL BALANCE WITH NATURE"*[‡‡‡‡‡‡‡‡‡]. Gegenwärtig leben auf der Erde 7,8 Mil-liarden Menschen, d.h. 7,3 Milliarden „zu viel", wenn man diese eingemeiselte Forderung zugrundelegt.

So wie auf den Guide Stones gefordert, ist eins der Ziele der Elite eine drastische Bevölkerungsreduktion. Versuche dazu hat es in der Vergangenheit schon einige gegeben, z.B. die Ein-Kind-Politik in China und großflächige Sterilisierungen von Frauen in Afrika durch Impfung.[507] Trotzdem wächst die Weltbevölkerung weiter. Könnte es sein, dass die enormen weltweiten Anstrengungen, einen Impfstoff gegen Covid-19 in Rekordzeit auf den Markt zu bringen, genau diesem Ziel dienen? Normalerweise dauert die Entwicklung eines neuen Impfstoffes etwa 8 bis 12 Jahre. Die beiden Firmen Biontech und Pfizer haben aber eine solche Entwicklung innerhalb eines Jahres geschafft und bereits die Zulassung beantragt. Die britische Aufsichtsbehörde erteilte dafür am 2.12.2020 die Zulas-sung für Großbritanien.[508] Bei dieser Impfstoffentwicklung waren wichtige, gesetzlich vorgeschriebene Tests nicht durchgeführt worden. Dennoch soll bereits Ende Dezember bzw. Anfang 2021 damit begonnen werden, Millionen von Menschen mit diesem neu-artigen Impfstoff zu impfen. In Deutschland ist geplant, das Impfen dieses Mal nicht in den Arztpraxen durchzuführen, sondern in ei-gens dafür entwickelten und gebauten Impfzentren. Begründung: der Impfstoff muss vor seiner Verabreichung bei minus 70 – 80°C gelagert werden, was die Arztpraxen in der Regel nicht leisten können. Mit den Impfzentren wird sichergestellt, dass die Aufklä-rung über Gefahren und Nebenwirkungen des Impfstoffs nicht durch die Ärzte vor Ort erfolgt, sondern von staatlich eingesetzten Ärzten. Es sei daran erinnert, dass bei der Impfaktion im Zusam-

---

[‡‡‡‡‡‡‡‡‡] *KEIN KREBSGESCHWÜR AUF DER ERDE SEIN - RAUM FÜR DIE NATUR LASSEN - DIE MENSCHHEIT UNTER 500.000.000 IN STÄNDIGEM GLEICHGEWICHT MIT DER NATUR HALTEN*

menhang mit der Schweinegrippe, 2009, viele Ärzte ihren Patienten von der Schweinegrippeimpfung abgeraten hatten.

Zu den Gefahren des neuartigen Corona-Impfstoffes hier ein Interview im staatlichen TV:[509] Unfassbare Fakten, die im **ZDF heute journal** zum Thema "Durchimpfung" für die Bevölkerung erörtert werden. Prof. Stephan Becker, Leiter für Virologie an der Universität Marburg, antwortet im Interview mit Christian Sievert:
„Wir sind ja alle jetzt sehr froh, der nächste Schritt, wir sind auf dem Weg zu einem Impfstoff, den wir alle dann brauchen, und den wir wollen. Und diese Notfallzulassung bedeutet, man hat vielleicht noch nicht alle Daten, die man für eine normale Zulassung braucht. Die werden dann generiert, und werden dann ausgewertet im Verlauf der Impfung ... Also das war eine sehr große Impfstoffstudie, die Biontech und Pfizer da gemacht haben; es sind ja mehr als 40000 Menschen geimpft worden. Und von dem, was wir wissen, sind die Nebenwirkungen bis jetzt eher mild, also keine schweren Nebenwirkungen scheinen aufgetreten. Und jetzt kommt es natürlich darauf an, wenn viele Menschen geimpft werden, also viel mehr als 40000, wir wollen ja Millionen und Milliarden Menschen schließlich impfen, dass man natürlich auch das Nebenwirkungsprofil ganz genau beobachtet." Einwurf von Christian Sievert: *„Aber erst während das ganze läuft quasi, also wir verabreichen die Impfung und gucken dann, während sie läuft, ob es noch weitere Nebenwirkungen geben könnte."*
Prof. Stephan Becker: *„Ganz genau. Das ist der Sinn von so einer Notfallzulassung. Und die soll dann ja auch in eine ganz normale Zulassung ... münden, sobald man eben die benötigten Sicherheitsdaten dann hat.*
Mit anderen Worten: *„Millionen und Milliarden Menschen"* sind die Versuchskaninchen. Es kann gut gehen. Oder auch nicht. Wir werden sehen....
Anschließend beschreibt Christian Sievert die vielen Jubelmeldungen über den Erfolg der Impfstoffhersteller. Aber*: "Wieviel von all dem ist denn tatsächlich wissenschaftlich belegt?"*
Prof. Becker: *"ja, das ist genau das, was wir momentan als Wissenschaftler noch ein bisschen vermissen, die genaue Kenntnis der Studie und das, was da herausgekommen ist. Und die Zulassungs-*

behörden werden das natürlich bekommen. Wir Wissenschaftler haben das noch nicht. Aber ich hoffe, dass das also in nächster Zukunft auch da ist."

Was bedeutet eigentlich **Notfallzulassung** genau? Notfallzulassung bedeutet u.a., dass bestimmte gesetzlich vorgeschriebene Tests nicht durchgeführt werden müssen, quasi übersprungen werden können. Dazu zählt zum Beispiel auch der Test des Impfstoffs in Tierversuchen, bevor er beim Menschen eingesetzt wird. Der Grund dafür, dass Tierversuche übersprungen werden, könnte der folgende sein: Der Corona-Impfstoff ist ein neuartiger, sogenannter mRNA-Impfstoff, der die menschlichen Gene verändert, quasi eine Genmanipulation unserer Zellen. An diesen wird schon seit mindestens 20 Jahren geforscht, wobei auch Tierversuche durchgeführt worden sind, die anfänglich positive Ergebnisse gebracht hatten (Anstieg des Antikörperspiegels im Blut, und die T-Zellen-Antwort verbesserte sich), aber beim anschließend durchgeführten „Challenge-Test" (bei dem die Tiere bewusst dem Virus oder den Bakterien ausgesetzt worden sind) zeigte sich eine Verschlechterung ihrer Gesundheit. *„D.h. sie wurden kränker, sie hatten mehr Lungenentzündungen, mehr Leberprobleme, und es gab mehr Todesfälle. Wenn diese Symptome bei den Tieren also fast jedes mal auftraten bei den bisherigen Impfstoffen dieser Art, können wir davon ausgehen, dass es bei diesem, gerade diesem Impfstoff auch passieren wird, den sie versuchen werden, jetzt bei uns einzusetzen. Nehmen wir also an, sie würden uns diesen Impfstoff verabreichen. Am Anfang sieht alles bei uns gut aus, richtig? Und dann, was ist dann, wenn diese Personen einer ganz gewöhnlichen Erkältung, einer Grippe oder dem Covid-20, oder was auch immer dem ähnlich ist, ausgesetzt wird? Da erwarte ich, ebenso wie meine Kollegen, dass es bei den Menschen zu mehr Todesfällen, mehr Morbidität, mehr Problemen kommen wird. Und ich vermute, dass sie es nicht auf den Impfstoff schieben werden; denn die Impfstoffhersteller können derzeit nicht in Haftung genommen werden, sondern man wird sagen, das ist eben die Natur dieses neuen Virus, das da draussen am Wirken ist; dem Virus würden sie die Schuld geben. Deshalb müssen wir hier sehr vorsichtig sein. Denn dieser Impfstoff ist, gemessen an den bisherigen Daten, die wir haben, nicht* *sicher. Das allein reicht schon. Außerdem ist dieser Impfstoff absolut neuartig für die Menschheit. Niemals zuvor wurde das enthüllt. Sie hantieren mit der DNA, der RNA, dem Genom, den Genen herum. Das sind alles ähnliche Begriffe, die für ein und dieselbe Sache verwendet werden. Das Genom ist das, was uns zum Menschen macht. Es ist der Bauplan von uns. Es ist das, was uns wachsen lässt, was uns fortpflanzen lässt, was uns dazu bringt, uns zu entwickeln, was uns gesunden läßt. Es ist alles, was der Körper braucht, um zu wissen, was er tun muss. Wenn Sie das alles in irgendeiner Weise manipulieren, nur schon eine winzig kleine Veränderung kann eine verheerende Folge nach sich ziehen. Es kann zu Krebs, zu Mutagenesen, Mutagenen und Autoimmunerkrankungen führen. Dies könnten also die Spätfolgen davon sein. Und das ist absolutes Neuland... Wenn dieser Impfstoff also eingeführt wird, werden wir uns also rein praktisch mitten in einem großen Experiment befinden. Das ist unglaublich, oder?*[510]

Ähnlich wird das Problem bezüglich des Covid-19-Impfstoffs in einer Studie mit dem Titel **"Informed Consent Disclosure to Vaccine Trial Subjects of Risk of COVID-19 Vaccine Worstering Clinical Disease"**[§§§§§§§§§§,511] beschrieben, veröffentlicht im **International Journal of Clinical Practice** am 28. Oktober 2020. Darin wird darauf hingewiesen, dass *»COVID-19-Impfstoffe, die neutralisierende Antikörper auslösen sollen, die Impfstoffempfänger für eine schwerere Krankheit sensibilisieren können, als wenn sie nicht geimpft wären«.*

Es handelt sich also um einen sogenannten mRNA-Impfstoff, bei dem die Gene des Geimpften verändert werden[512] – eine Art Genmanipulation, bei der das Erbgut von Zellen des Geimpten verändert wird. Es ist eine neue Qualität gegenüber den bisher eingesetzten Impfstoffen, bei denen abgeschwächte Viren Hauptbestandteil des Impfstoffes sind, gegen die die Impfung wirken soll.

---

§§§§§§§§§ „Information /Offenlegung des Risikos einer klinischen Krankheit, die durch den Impfstoff COVID-19 verschlimmert wird"

Der Hauptinitiator und Geldgeber für die Entwicklung des Covid19-Impfstoffs ist der Multimilliardär Bill Gates. Die UN schätzt die Gesamtkosten auf 40 Milliarden Euro.[513] Ein Großteil des erforderlichen Geldes steuert auch die Geberkonferenz der Staats- und Regierungschefs Anfang Mai 2020 bei: 7,4 Milliarden Euro. Die Entwicklung des Covid19-Impfstoffs ist also ein gigantisches Projekt, das auf keinen Fall scheitern darf. Da können solche Aussagen, dass aufgrund von Nebenwirkungen mit 700000 Opfern (so die Einschätzung des Hauptinitiators Bill Gates[514]) gerechnet werden muss, schnell in den Hintergrund treten. Allerdings, bezogen auf die Gesamtzahl der Menschen, die Bill Gates impfen will, 7 Milliarden,[515] würde das nur 0,1 % der Geimpften betreffen. Um welche Nebenwirkungen handelt es sich? Man kann sterben oder auch dauerhaft behindert sein, z.B. durch Lähmungen.

Nun die Verschwörungstheorie:
„Unser Körper wird genetisch dahingehend modifiziert, dass er Proteine eines fremden Organismus produziert. Mit welchem Ziel? Dass unser Körper Abwehrstoffe dagegen bildet. So, und jetzt produziert unser Körper, unsere eigenen Zellen, ein Protein, gegen das unser Körper Abwehrstoffe produziert. Ist das nicht irgendwie eine Garantie für den Untergang?!"
(Benjamin Hiller, Facharzt für Anästhesie[516])

„Frage: warum möchte Bill Gates 7 Milliarden Menschen impfen? Es wird so kommen wie damals bei der Spanischen Grippe, wo nur geimpfte Menschen gestorben sind. Fakt ist, sie wollen ganz massiv die Menschheit reduzieren."[**********]

[**********]So lautet ein Kommentar unter dem zuletzt zitierten Video. Details zur Spanischen Grippe 1918-1920 siehe „Das Endspiel *oder* Der Putsch von oben", Abschnitt „Geimpft mit Glyphosat".

Agenda 2025 – Das Doppelspiel der Pandemieplaner

Der Plan ist über mehrere Jahre angelegt, mit aufeinanderfolgenden Lockdowns, im Wechsel mit zwischenzeitlichen Erleichterungen. Neben der Angst vor dem „tötlichen" Corona-Virus, angetrieben und befeuert durch die Politik und die öffentlichen Medien, werden Unterbrechungen von Lieferketten zur Versorgung der Bevölkerung ein Übriges zur Angst und Verzweiflung der Bürger beitragen. Die Phase des Übergangs bis zur Errichtung der NWO ist für etwa 4 Jahre geplant. Das erkennt man unter anderem auch daran, dass bei der deutschen Werbeagentur Scholz & Friends Berlin GmbH eine Corona-Kampagne für 22 Mill € bis ins Jahr 2024 bestellt worden ist.[517] Bis dahin, so der Plan, wird es kaum noch mittelständische Unternehmen geben, weil sie durch die Lockdowns in die Insolvenz getrieben sein werden. Es wird Armut, Not und Verzweiflung unter den Menschen herrschen. Die soziale Isolation wird ebenfalls dazu beitragen. Die Menschen werden immer eindringlicher das Ende der zerstörerischen Maßnahmen fordern. Und dann wird man die NWO als die Lösung präsentieren, deren Installation spätestens für 2025 geplant ist.

Im übertragenen Sinne, beinhaltet die Strategie der NWO-Strategen **zwei „Schwerter"**:[518] Das **erste Schwert** ist die drohende Zwangsimpfung gegen Covid-19. Die von Politikern und öffentlichen Medien aggressiv geführte Angst- und Impfkampagne soll möglichst viele Menschen dazu bewegen, sich impfen zu lassen. Natürlich wird sich die Information über die Gefahren, die mit dieser Impfung verbunden sind, weltweit verbreiten, so dass viele Menschen diese Impfung verweigern werden, was wieder als Grund genommen wird, den nächsten, vielleicht noch strengeren Lockdown auszurufen. Und da kommt das **zweite Schwert** ins Spiel: die digitale Totalüberwachung, realisiert über Überwachungs-Apps und durch Verchippung mit einem RFID-Chip unter die Haut.

„Dass die gesamte Corona-Pandemie ein einziger großer Weltbe-
trug ist, brauche ich nicht abermals zu beweisen ... Um welche
Gefahr geht es aber dann? Es geht darum, dass diejenigen, die
diesen ganzen Covid-Weltbetrug inszeniert haben, ein und dieselben sind, die auch gerade dabei sind, die gesamte Weltgemeinschaft durch erzwungene Lockdowns zuerst zu verschulden, dann
in scheinbarmherziger Art zu retten, um sie aber schließlich durch
Zwangsabgaben zu enteignen. Damit aber noch nicht genug. Es
sind auch ein und dieselben Drahtzieher, die hinter der Einführung
einer weltweiten digitalen Totalüberwachung zwecks Weltdiktatur
stehen. Das muss man begreifen. Hier kommt also ganz schön was
zusammen. Im Bilde gesprochen, haben sich also diejenigen, die
die weltweite Covid-Geschichte inszenieren, sich gleichsam eine
doppelte Mühle aufgebaut. Mit jedem Spielzug sind sie dadurch
solange in der Lage, ihre Gegenspieler, die betrogene Welt, gleichsam einen Spielstein abzuräumen, die diese nicht in der Lage ist,
seine Mühle mit geschickten Gegenzügen zu vernichten. Ich erkläre
jetzt, wie die Covid-Betrüger ihr wichtiges Konstrukt ganz konkret
im grauen Alltag anwenden, so dass sie selbst in Bereichen, da und
dort sogar beste Aufklärer für ihre Zwecke intrumentalsieren, und
zwar, ohne dass die freien Aufklärer überhaupt mitbekommen,
wozu sie gerade mißbraucht werden. Darum versuche ich jetzt,
meine Warnung an alle freien Aufklärer so präzise als nur möglich
zu formulieren. Wir freien Aufklärer müssen stets im Vollbewußt-
sein berichten, dass wir gleichsam zwei Schwerter an unserem
Hals haben. Das erste Schwert wirkt sich wie folgt aus: Würden
wir die waghalsig geplante, Erbgut verändernde Covid-Impflicht
einfach gutheißen und zulassen, gäben wir Bigpharma und ihren
Komplizen damit auf direktestem Wege nicht nur die Herrschaft
über unsere Gesundheit ab. Bildlich gesprochen, würden wir diesen Weltbetrügern auch noch unsere Corona, sprich Krone, zu
Füßen legen, also unsere gesamte Freiheit. Damit schüfen wir
allerdings auf direktestem Weg einen Präzedensfall zu deren gren-
zenlosen Machterweiterung, was natürlich überhaupt nicht geht.
Das zweite Schwert an unserem Hals dagegen wirkt sich wie folgt
aus: Wenn wir freien Aufklärer einfach gedankenlos aufschreien
und natürlich absolut zurecht vor dieser drohenden Covid-Impfung
warnen, da muss uns dabei stets bewusst sein, dass wir damit ge-

nau jenen Masterplan begünstigen, entgegenkommen, wie er bekanntlich schon 2008 und 2010 durch Rockefeller, und seltsamerweise sogar vom Bundestag usw. detailgetreu schriftlich und sogar in Komik-Form gezielt festgehalten wurde. Diese ominöse Skizze, die identisch mit dem jetzt laufenden Masterplan ist, besagt, dass die ganze Covid-Pandemie mindestens drei Jahre andauern sollte und mehrere weitere weltweite Lockdowns nach sich ziehen soll. Im Klartext heißt das, dass jeder freie Aufklärer, der einseitig gegen die gefährliche Corona-Impfung warnt, ein absolut willkommenes Instrument in der Hand der Corona-Strategen ist. Versteht ihr das? Denn mindestens drei ihrer fix geplanten Lockdowns sind nötig, um auch wirklich den gesamten Mittelstand aus der ganzen Weltbevölkerung enteignen zu können. Käme eine rettende Impfung zu früh zustande, würde dadurch der Masterplan nicht mehr aufgehen. Das muss man begreifen. Betrachten wir den Masterplan noch einmal weiter als bis zur Totalenteignung des Mittelstandes. Letztlich geht es um die totale digitale Kontrolle über jeden einzelnen Erdenbürger. Die Androhung, 7 Milliarden Menschen mit einer sau-gefährlichen Impfung durchzuimpfen, ist ja auch wirklich eine Art strategischer Spielzug. Die Corona-Strategen wissen natürlich ganz genau, dass sie diese 7 Milliarden Menschen mit ihrer waghalsigen Impfandrohung ängstigen und sie sogar in Panik versetzen. Das ja genau ist die gewollte Absicht. Das müsst ihr verstehen. Aber zu allerletzt deshalb, weil Bigpharma erst durch Zwangsimpfung zu ihrem großen Geld käme. Wißt ihr, das absolut große Geld macht die Pharma samt ihren Komplizen doch genau gerade jetzt, und zwar durch all die im Hintergrund laufenden Großspekulationen, wie etwa auf Firmenabstürze und dergleichen hochkriminellen menschenplündernden Dinge, mit denen sie schon in den ersten Corona-Monaten Milliarden, nein Billionen Euros, Dollars einstrichen. Dann fließt das große Geld aber auch gerade durch all die ergatterten Zuschüsse, durch die teuren Tests, durch den Handel mit Billionen Litern von Desinfektionsmitteln, mit Handschuhen, Masken, Schutzbekleidung, Sondermedikamenten, Sicherheitsausrüstung, Schutzvorkehrungen und tausenderlei mehr. Gegen diesen gerade laufenden Millionen-Coup brächten die angedrohten Zwangsimpfungen doch lediglich ein bisschen Kleingeld ein. Ich fasse daher das bisher Gesagte zusammen: Solange wir freien Aufklärer gut wollen, natürlich gut meinend, nur einseitig, zum Beispiel zur Vorsicht vor Impfungen mahnen, bewirken wir genau das, was die Coronastrategen von allem Anfang an begehrt haben: Sie wollen eine mindestens drei Jahre andauernde, dem Corona-Virus untergeschobene Weltfinanzkrise. Warum das?... Weil diese Plutokraten ihre Geld-Welt-Herrschaft genau dadurch sichern können, und zwar, indem sie mit Bigpharma-Komplizen diese Lockdowns erzwingen, weil sie auf diesem Weg all ihre wirklichen, gefährlichen Rivalen, sprich den gesamten Mittelstand, beseitigen können. Ja, über den Weg, vorgeheuchelter Fürsorge durch staatliche Finanzhilfen blenden sie doch die Augen aller Lockdown-Ruinierten, aller Geschäftsinhaber. Sie lähmen aber damit genau deren potentiellen Widerstand. Der gesamte Mittelstand und die übrige Menschheit, ohne ihn, verlieren durch diese heimtückische, erzwungene Finanzkrise nicht nur ihr Hab und Gut, sondern auch all ihre Wehrfähigkeit. Das muss man verstanden haben. Klärt daher allen voran den Mittelstand auf, nichts ist dringender. Nun aber zurück zu meinen Warnungen an alle Aufklärer: Wenn wir nur einseitig vor der kommenden Gefahr einer Zwangsimpfung warnen, lösen wir damit bestenfalls den Aufschrei der Weltbevölkerung aus: 'Hauptsache keine Impfung'. Andere wollen sie ja. Aber, wenn das geschieht, 'Hauptsache keine Impfung', genau dieser Aufschrei, käme dem Masterplan-Förderern entgegen. Dann verbliebe nämlich als Ausweg also nur noch die digitale Totalüberwachung, wie sie ständig propagiert wird, und zwar mit genau solcher Überwachungs-Apps, wie sie gerade jetzt eingeführt werden und wurden schon. Dann aber auch durch Verchippung, das digitale Charachma unter die Haut von jedem Erdenbürger. ... Aber auch, wenn ihr andererseits nur einseitig vor dieser kommenden Verchippung durch das Charachma warnt, werden die Verschwörer den Spies einfach gezielt umdrehen und sagen: 'nun wenn ihr das nicht wollt, dann laßt euch einfach impfen von uns'. Dann steht ihr wieder dieser Erbgut verändernden Weltgefahr gegenüber. Das sind die zwei Schwerter. So sieht leider gerade ihr Doppelmühle-Vorteil in diesem Weltenspiel aus. Was ist nun aber der Ausweg? Um den geht's ja hier. Wie bekommen wir unverletzt diese zwei genannten Schwerter vom Hals? Für uns freie Aufklärer sehe ich nur einen gangbaren Weg: Lasst uns möglichst, in keinem *einzigen Fall, bloß einseitig berichten. Wir müssen natürlich weiterhin aktiv gegen diese Impfgefahr vorgehen. Ganz sicher. Doch sollten wir dies nicht weiter getrennt von der ständigen Erklärung des Gesamtverbrechens, sprich, nicht wieter getrennt von der Offenlegung des Gesamtplanes tun. Die Weltgemeinschaft muss das ganze geplante Szenarium kennen, versteht ihr? Ich sag's noch mal mit anderen Worten, ich fasse zusammen: Wann immer wir vor der Impfproblematik, dem Impfzwang usw. warnen, sollten wir unseren Zuschauern oder Zuhörern zugleich genau das vermitteln, was ich in dieser Warnrede hier zum Ausdruck bringe und gebracht habe. Wir sollten immer betonen, dass der Impfzwang nur das eine Schwert am Hals der Weltbevölkerung ist, dass dieses Schwert uns aber nur ... dahin manövrieren will, wo uns das zweite Schwert auflauert, nämlich die totale Enteignung durch vorangegangene Verschuldung, Zwangsabgaben und schließlich, und dies ist das gesamte, geplante Endziel der Krisenmacher: **Die Versklavung aller Völker unter die Bargeldlosigkeit und die totale Überwachung.** "*[519]

Wem nützt es?

Verschwörungstheorien haben wesentliches mit Kriminalistik gemein. Bei beiden ist das wichtigste Instrument die Frage nach dem Motiv, *wem nützt es*? Diese Frage ist deshalb so wichtig, weil der oder die Täter ihre Spuren nach Möglichkeit verwischen. Bei Taten, wo keine direkte Verbindung zwischen Opfer und Täter besteht, wie bei Geheimdienstoperationen, Aktionen unter falscher Flagge oder wie bei Auftragsmorden, ist diese Frage von entscheidender Bedeutung. Zur Erinnerung: es war Bush junior, der vor Beginn des 3. Irakkriegs seine Kritiker als Verschwörungstheoretiker bezeichnete, weil diese den Kriegsgrund „Massenvernichtungswaffen im Irak" in Zweifel zogen, während die Bush-Administration selbst mit den „Massenvernichtungswaffen im Irak" eine Verschwörungstheorie in die Welt gesetzt hatte als Legitimation für den 3. Irakkrieg. Aber die Kritiker hatten schließlich Recht, wie inzwischen jedem klar ist. Der wahre Kriegsgrund war wahrscheinlich ein anderer, nämlich die Ankündigung des Irakischen Machthabers, sein Erdöl nicht länger gegen Dollar zu verkaufen, sondern gegen Euro („Petro-Euro") und sich dadurch vom Petro-Dollar[520,521] unabhängig zu machen, auch wieder eine Verschwörungstheorie, die aber plausibel erscheint, im Gegensatz zur Verschwörungstheorie „Massenvernichtungswaffen im Irak". Auch der Machthaber Libyens hatte die erklärte Absicht, in seinem Ölhandel den Petro-Dollar durch eine unabhängige Währung zu ersetzen, was sehr wahrscheinlich einer der Gründe für den Krieg gegen Libyen war,[522] der zur Zerstörung eines funktionierenden Staatsgebildes geführt hatte, ein Staat mit dem höchsten Lebensstandard der Bevölkerung und den höchsten Wachstumsraten[523] im gesamten Afrika. Ein anderer Grund, weshalb Gaddafi weg musste, war, dass er ein Bollwerk gegen die Massenmigration nach Europa war und sich immer wieder entschlossen gezeigt hatte, dieses Bollwerk aufrecht zu erhalten. Der ehemalige Ministerpräsident Italiens, Berlusconi, zahlte Libyen jedes Jahr 5 Milliarden Euro dafür, dass Libyen den Flüchtlingsstrom von Afrika nach Europa über das Mittelmeer fern hielt.[524] Gaddafi hatte die Welt vor einer solchen Massenmigration nach Europa und seinen Folgen gewarnt. *„Wenn ihr mich bedrängt und destabilisieren wollt, ... wird sich folgendes ereignen. Ihr werdet von einer Immigrationswelle aus Afrika überschwemmt werden, die von Libyen aus nach Europa überschwappt. Es wird niemand mehr da sein, um sie aufzuhalten."*[525] Genauso ist es nach Gaddafis Sturz ja auch gekommen. Gaddafi glaubte, dass es nicht im Interesse Europas sein könnte, dass das geschieht. Da hatte Gaddafi sicher recht. Aber die Eliten wollten die Flutung Europas, weshalb sie sein Land bombardierten und so den dem Islam nahe stehenden Rebellen den Weg zur Macht in Libyen ebneten. Denn genau das, die Massenmigration nach Europa, war von der UNO, der EU und den USA geplant, d.h. diese Mächte hatten auch deshalb ein besonderes Interesse, Gaddafi zu stürzen, um das Bollwerk gegen die Massenmigration zu beseitigen. Dies kommt u.a. auch in den diesbezüglichen UNO-Dokumenten zur weltweiten Migration zum Ausdruck (s. Kapitel 1 und 4).

Auch der Iran und Nordkorea hatten den Übergang vom Petro-Dollar zum Petro-Euro[526] geplant und gerieten dadurch massiv in den Fokus US-amerikanischer Außenpolitik. Diese Länder wurden 2002 durch George W. Bush junior in seiner Rede als „Achse des Bösen" bezeichnet, indem er diese beschuldigte, Terroristen zu unterstützen und nach Massenvernichtungswaffen zu streben. Es spricht aber vieles dafür, dass der auch von diesen Ländern angekündigte Übergang vom Petro-Dollar zum Petro-Euro der eigentliche Grund war, diese Länder zu dämonisieren. Es ist aber noch ein weiterer Aspekt von Bedeutung: Dass Irak, Libyen, Syrien, Jemen durch den Westen mit Krieg überzogen oder durch westliche Geheimdienste und NGOs destabilisiert worden sind, hat auch damit zu tun, dass diese sich dem Einfluss der westlichen Zentralbanken, die alle in privatem Besitz stehen, widersetzten.[527] Auch Iran und Nordkorea, aber auch Russland, widersetzen sich dem Einfluss der westlichen Zentralbanken und sehen sich heute wieder verstärkt unter dem Beschuss westlicher Kriegspropaganda und verhängter Sanktionen. In dieses Bild passt auch, dass die USA Anfang Mai 2018 den Atom-Vertrag mit Iran einseitig aufgekündigt haben. Für diese Umstellung war sicher auch der Übergang vom Petro-Dollar zum Petro-Euro der entscheidende Grund. Frankreich und Deutschland haben diese Aufkündigung nicht gut geheißen; sie wollen am Atom-Vertrag mit Iran festhalten. Dass diese Umstellung Irans vom Petro-Dollar zum Petro-Euro für Frankreich und Deutschland nicht nachteilig sei, läge daran, dass diese Länder ja ohnehin ihren Handel in Euro abwickeln würden. Diese Annahme hat nur einen Haken, nämlich, dass der gesamte internationale Handel nur über Dollar läuft.[528] Natürlich hat der Ausstieg der USA aus dem Atom-Vertrag für Europa negative wirtschaftliche Konsequenzen, sprich Sanktionen, denen sich Deutschland, insbesondere weil es nach wie vor dem Besatzungsstatut unterliegt, kaum entziehen kann. Dieser Zusammenhang zwischen dem Übergang vom Petro-Dollar zum Petro-Euro einerseits und den Sanktionen oder kriegerischer Überfall andererseits (Irak, Libyen), wird in einem Video sehr treffend dargestellt, wo es im Begleittext heißt:[529] *„Der Iran hat vor kurzem angekündigt, dass er den US-Dollar im Außenhandel fallen lassen wird. Genau wie der Irak kurz vor der Invasion durch die USA oder Libyen, bevor es von NATO-geführten Verbündeten* *bombardiert wurde. RT Moderator Lee Camp beginnt, ein Muster zu erkennen ... Die These von Lee Camp ist ziemlich düster. Er bemerkt, wie der Iran vor kurzem den US-Dollar zugunsten des Euros entledigt hat - was der Irak auch vor 18 Jahren tat, ein paar Jahre bevor die USA unter dem fabrizierten und falschen Vorwand der Existenz von Massenvernichtungswaffen einmarschierten. Libyen wollte das Gleiche tun und Muammar Gaddafi seine eigene Währung, den Gold-Dinar, einführen - aber 2011 bombardierten dann NATO-Kampfflugzeuge sein Land in Grund und Boden. Fast sofort gründeten die "libyschen Rebellen" ihre eigene Zentralbank und erhielten von den USA und den Vereinten Nationen die Erlaubnis, Öl aus dem von ihnen kontrollierten Gebieten legal zu verkaufen - für US-Dollar natürlich ... "*

Unter der Präsidialherrschaft von Trump hat die Bedrohungsspirale gegen Iran also erneut Fahrt aufgenommen. Und man muss sich fragen, ob Trump sich inzwischen der Macht des militärisch-industriellen Komplexes und der Finanzeliten beugt, indem er ihnen Zugeständnisse macht, um so seine angestrebten national orientierten Ziele realisieren zu können.

Eine *Theorie* bzw. Verschwörungstheorie ist also nichts unseriöses, sondern kann im Extremfall dem Überleben der gesamten Menschheit dienen. Andererseits kann sie höchst gefährlich sein, wenn sie einer kleinen, aber mächtigen Elite dient, um ihre Ziele durchzusetzen, wie sich im Falle von „Brutkastenlüge" und „Massenvernichtungswaffen im Irak" herausgestellt hat. Viele der sogenannten Verschwörungstheorien, die Kritiker zu den in Deutschland und der Welt ablaufenden globalen Prozessen aufgestellt haben, finden ihre Bestätigung im *Experiment* oder treffender, in der *Praxis*, genauer, in der *Verschwörungspraxis*.

Lasst uns die Waffe „Verschwörungstheorie" zu einem scharfen Schwert werden im Kampf gegen echte Verschwörungen, um diese rechtzeitig aufzudecken und zu entlarven. Dies ist eine Voraussetzung, um Kriege in Zukunft zu verhindern.

7. Zusammenfassung und Fazit

Die Not wird die Menschen zwingen sich zu beugen.

Die Elite, eine Gruppe superreicher Menschen, hat sich gegen den Rest der Welt verschworen und versucht, die Weltmacht zu übernehmen und ist dabei, eine Neue Weltordnung zu erschaffen.

Was wir bekommen:
Freier Transfer von Waren, Kapital und Arbeitskraft
Unkontrollierter Kapitalismus
Monokultur
RFID-Chip implantiert
Totale Kontrolle der Menschen
Gedankenkontrolle (Mind Control)
Kadavergehorsam
Impfzwang
Künstliche Krankheiten
Genom Engineering
Eugenik
Gentechnische Veränderung von Pflanze, Tier und Mensch
Retortengeburt

Was wir verlieren:
Heimat, Nation und Identität
Demokratie, Sozialstaat und Meinungsfreiheit
Rechtsstaat und Privateigentum
Intelligenz und Kreativität
Vielfalt der Kulturen
Bargeld
persönliche Sicherheit und Freiheit
unseren freien Willen
natürliche Geburt

Die NWO, gelegentlich als „Multikulturelle Gesellschaft" gepriesen, wird sich in Wahrheit als eine monokulturelle Gesellschaft entpuppen, da mit dem Verschwinden der Grenzen und Nationen auch der Verlust von Heimat und Identität einhergeht und auch die Kulturen verschwinden. Wenn den Menschen bewusst wird, was die Elite mit ihnen vor hat, wird es überall Bürgerkriege geben, die zu einer wesentlichen Bevölkerungsreduktion führen wird. Um diese Bürgerkriege zu beherrschen, schafft sich die Elite eine Weltarmee, in der ausländische Soldaten rekrutiert sind, zum Beispiel schwarzafrikanische Soldaten in Deutschland, türkische Soldaten in Australien, so wie die Blauhelme heute. Diese werden auch bereit sein, auf die einheimische Bevölkerung zu schießen und Revolten im Keim zu ersticken. Erste Schritte zur Schaffung einer Weltarmee sind heute schon sichtbar durch die Forderungen zur Schaffung einer EU-Armee, die ihre Vorläufer in der Geheimarmee GLADIO, bekannt seit 1990,[530] und der Geheimarmee EUROGENDFOR, gegründet 2006, haben. Letztere kam offensichtlich auch zum Einsatz bei der Niederschlagung der Protestaktionen der „Gelbwesten" im Dezember 2018 in Frankreich.[531]

Große Teile der LINKEN und GRÜNEN, die die unbegrenzte Migration nach Deutschland unterstützen, sitzen einem selbstzerstörerischen Missverständnis auf. Sie werden untergehen, gemeinsam mit ihren konservativen Gegnern, spätestens dann, wenn die NWO errichtet sein wird. Die Überlebenden werden sich dann im Heer der rechtlosen Arbeitssklaven wiederfinden, beherrscht durch die Elite dieser Welt, den Besitzern der Banken und Konzerne.

Was noch nicht in obiger Übersicht (Was wir bekommen, Was wir verlieren) enthalten ist, ist die Frage, wird die Welt friedlicher sein, nachdem die NWO errichtet sein wird? Zumindest war und ist dies immer das propagierte Motiv, weshalb die Errichtung der NWO notwendig sei, nämlich um die Welt zu einem friedlicheren Ort zu machen. Dazu auch die Rassenvermischung und die Errichtung einer multikulturellen Gesellschaft, was in dem Zitat von Sarkozy ganz eindeutig zum Ausdruck kommt: *„... Das Ziel ist die Rassenvermischung! ... Es ist zwingend! Wir können nicht anders, wir riskieren sonst Konfrontationen mit sehr großen Problemen ..."* [532,533] Doch das ist ein Trugschluß; die Welt wird nicht friedlicher sein, im Gegenteil. Denn wenn man die Kriege seit 9/11 revue passieren lässt, muss man feststellen, dass diese von den Eliten angezettelt worden sind; sie dienten im Grunde der weiteren Bereicherung dieser Leute, der Erweiterung ihres Machtbereichs und der Konsolidierung der bestehenden Machtverhältnisse. Sie verdienten an den Kriegen. Und nach dem 2. Weltkrieg ging es nahtlos weiter mit den Kriegen in der Welt, Korea, Vietnam, Afghanistan, Irak, Libyen, Ukraine, Syrien, zu einem großen Anteil angezettelt von den aggressivsten Kreisen in der kapitalistischen Welt. Auch hinter den Systemstürzen, Interventionen bzw. Putschen in fremden Ländern wie in Cuba, Chile, Guatemala, Nicaragua, Argentinien, Ukraine, eingefädelt oder unterstützt durch deren Geheimdienste, standen die Eliten. Krieg ist auch ein bewährtes Mittel, um die Bevölkerungen abzulenken und am Boden zu halten. *„Da die äußere Bedrohung den Widerspruch zwischen den produktiven und unproduktiven Klassen reduziert, ist es für den Staat rational, äußere Bedrohungssituationen herbeizuführen."*[534,535] Kriege dienen dem Machterhalt und der Machtausdehnung der Eliten.

Und wie sieht es mit den Aussagen *Privateigentum, Monokultur, Intelligenz und Kreativität* in obiger Übersicht aus? Verlieren wir das wirklich? Dazu sei folgendes angemerkt: Dass es kein Privateigentum mehr geben wird, scheint zu verwundern; denn die Eliten sind ja im Besitz der Banken und Konzerne. Doch dieses Privateigentum ist hier nicht gemeint, sondern das des gemeinen Volkes: Hausbesitzer, Immobilienbesitzer, kleine Gewerbebe-triebe, kleine und mittlere Betriebe, Landwirte mit eigenem Grund und Boden, Feldern, die sie bewirtschaften. Diese werden nach und nach aufgeben müssen, weil sie die steigenden Selbsthaltungs-kosten, Steuern, Abgaben und Gebühren nicht mehr bezahlen können. Bei den kleinen und mittleren Betrieben kommt hinzu, dass sie der Konkurrenz der großen Konzerne auf lange Sicht nicht gewachsen sein werden. Dazu tragen auch wesentlich die Fahrver-bote für Dieselfahrzeuge bei, die die Transporte von Materialien zu den Baustellen erschweren oder die Mobilität der Menschen immer mehr einschränken. Es ist abzusehen, dass die Fahrverbote weiter ausgedehnt werden, nicht zuletzt über die Klagen der „Deutschen

Umwelthilfe e. V." Wenn auch noch die benzingetriebenen Autos in den Fokus der "Autofeindlobby" geraten, wird das die Enteignung privaten Besitzes immer weiter vorantreiben. Was die Hausbesitzer und Immobilienbesitzer anbetrifft, so ist festzustellen, dass bereits jetzt eine schleichende Enteignung vonstatten geht. Zu den Strategien der schleichenden Enteignung zählen u.a.: Änderung der Grundsteuer (Urteil des Bundesverfassungsgerichts vom April 2018), Gründung Staatlicher Verwertungsagenturen für Immobilien, deren Besitzer nicht mehr in der Lage sind, die Kredite oder laufenden Kosten zu bezahlen. Es war geplant, dass diese Verwertungsagenturen ab 2019 ihre Arbeit aufnehmen. (Weitere angedachte bzw. geplante staatliche Massnahmen der schleichenden Enteignung s. das Youtubevideo[536].) Und eine solche Enteignung von Privateigentum ist heute bereits auf rein juristischem Wege möglich; nur traut man es sich nicht, die Maske heute schon fallen zu lassen. Aber im Grundgesetz, Artikel 15, ist festgeschrieben: *"Grund und Boden, Naturschätze und Produktionsmittel können zum Zwecke der Vergesellschaftung durch ein Gesetz, das Art und Ausmaß der Entschädigung regelt, in Gemeineigentum oder in andere Formen der Gemeinwirtschaft überführt werden."*

Dieser schleichende Prozess der Enteignung hat mit den Maßnahmen zur Eindämmung der Corona-Pandemie noch einmal eine neue Qualität erreicht, die den Bankrott eines großen Teils der Klein- und mittelständigen Betriebe zur Folge haben wird. Mit Ausrufung des zweiten Lockdowns Anfang November 2020 wurde das endgültige AUS vieler kleinerer und mittlerer Unternehmen eingeläutet, die schließlich von den Supranationalen Großkonzernen zu Spottpreisen übernommen werden können, vermittelt durch die staatlichen Behörden. Auch viele der privat geführten Restaurants, Gaststätten, Bars, Hotels, Kinos, Theater, Kultur- und Sporteinrichtungen werden diese flächendeckenden Corona-Maßnahmen nicht überstehen. Die so entstehenden Lücken in der Gastronomie werden durch die großen Ketten wie McDonald, Burger, Mövenpick, … ausgefüllt und zu deren Machtzuwachs über Hunderte Millionen Menschen beitragen.

Die nächste These, der man vielleicht widersprechen könnte ist, dass wir die *Vielfalt der Kulturen* verlieren und dafür eine *Monokultur* bekommen. Heute gibt es viele verschiedene Kulturen, verteilt über die ganze Welt, die sich jeweils über Jahrhunderte, Jahrtausende entwickeln konnten, abgeschirmt von anderen Kulturen. Die Vertreter des Multikulturalismus streben aber ein gleichberechtigtes Nebeneinander der verschiedenen Kulturen an, zum Beispiel ausgedrückt über den Wahlspruch: „Hand in Hand gegen Rassismus – für Menschenrechte und Vielfalt". Durch die weltweite Migration, forciert durch die UNO und EU und unterstützt durch eine Vielzahl von NGOs, finanziert durch die Eliten, die die Rassenvermischung vorantreiben, erfolgt jedoch auch eine Vermischung der verschiedenen Kulturen, und damit verbunden, ein Verschwinden völkerspezifischer Kulturen. *„Migration an sich wird als was Gutes dargestellt. Und wer das hinterfragt, sich dagegen stellt, wird einfach diffamiert als Fremdenfeind. Und dies geschieht in völliger Unkenntnis der Tatsache, dass die Herausbildung kultureller Vielfalt, wie sie über Jahrtausende gelaufen ist, genau davon abhing, dass eben verschiedene Kulturen in verschiedenen Settings, in verschiedenen Rahmenbedingungen, physisch-geographischer Natur, aber auch sozialer, religiöser Natur Bedingungen vorgefunden haben, die eben zur Herausbildung einer Kultur geführt haben. Wenn wir diese Rahmenbedingungen massiv manipulieren, verändern dadurch, dass wir Gesellschaften heterogenisieren, durchmischen, dadurch schaffen wir Einflüsse, die genau diese Rahmenbedingungen zerstören, das heisst, die kulturelle Vielfalt, die wir heute noch bewundern, indem wir auch Fernreisen machen, Afrika, Südamerika, wohin auch sonst, wird verloren gehen. Und das ist ein sehr schwerer Verlust von Menschheitserbe, den fast niemand versteht. Und was immer propagiert wird, ist ja genau diese Vielfalt. Aber die Vielfalt lässt sich nur bewahren, wenn eben auch unterschiedliche Entwicklungsbedingungen erhalten werden.*"[537]

Gerhard Wisnewski drückt das, was dahinter steckt und die Folgen, noch drastischer aus:[538] *„Was findet da eigentlich statt?* (bei der Vermischung) *Nehmen wir mal an: sie mischen alles durcheinander. Wo wehrt sich das Gemisch dieser Menschentreffen auf welchem Niveau? Man kann das auch bei Schulklassen beobachten,* *wenn die Kinder mit ganz unterschiedlichen Fähigkeiten gemischt werden; wo werden die sich letztlich treffen? Nämlich auf dem kleinsten gemeinsamen Nenner, d.h., sie werden eine dekulturalisierte und deintellekturellisierte Masse schaffen, die sie sehr, sehr leicht beherrschen können über Smartphones, Chips und solche Dinge. Und das ist das Ziel des ganzen. Während die nationalen Grenzen Schutzräume geschaffen hatten, überhaupt erst mal zur Entwicklung von Kulturen. Sie brauchen praktisch einen Staat zur Entwicklung einer Kultur, fast wie eine Petrischale zur Entwicklung einer Bakterienkultur, ... also einen Schutzraum, in dem sich diese Kultur entwickeln und immer mehr hochdrehen kann, wie eine Spirale, und aufeinander aufbauen kann. Aber wenn sie von den Seiten immer mehr andere Kulturen in die Spirale reinschicken, kann sich diese Kultur nicht mehr entwickeln; sie wird zusammenbrechen."*

Ein vergleichbarer Prozess läuft bereits seit Jahrzehnten auf dem Gebiet der Produktvielfalt, die auf den internationalen Märkten angeboten wird, ab. Durch die immer intensiver werdenen Handelsbeziehungen und dem Verdrängen einheimischer Produkte durch Produkte der großen Konzerne, die ihre Produkte wesentlich billiger herstellen und vermarkten können, findet man heute weltweit, besonders aber innerhalb der westlichen Welt, überall fast das gleiche Produktangebot vor.

Durch die weltweite Migration wird eine Vermischung der verschiedenen Kulturen stattfinden, was zu einer *Monokultur* führen wird. Die früheren Konflikte zwischen verschiedenen Kulturen werden aber deshalb nicht verschwinden, stattdessen werden sie sich dann auf engstem Raum aufschaukeln und entladen, im schlimmsten Falle in Form von bürgerkriegsähnlichen Auseinanddersetzungen.

Was den Verlust von *Intelligenz und Kreativität* anbetrifft, so ist dies durch das obige Zitat ebenfalls gut veranschaulicht. Vereinfacht ausgedrückt, wird durch die Vermischung von Menschen mit sehr unterschiedlichen IQs eine allgemeine Absenkung des IQs erzwungen: *„wo werden die sich letztlich treffen? Nämlich auf dem kleinsten gemeinsamen Nenner"*.[539] Mit der Absenkung des IQ wird die *Kreativität* ebenfalls eine immer geringere Rolle spielen. Diese Absenkung des IQ wird begleitet durch eine „Verdummung" der Menschen, verursacht durch das eingeführte „Doppeldenk", wobei das logische Denkvermögen ausgeschaltet wird. So können Denkweisen wieder in die Gehirne gepflanzt werden, die denen früherer Generationen ähneln und dem Prinzip folgen, „Wahrheit ist, wovon die Mehrheit überzeugt ist." Diesen Prozess nenne ich „Gegenaufklärung", weil er eine Analogie zur sogenannten „Gegenreformation" darstellt, bekannt aus dem späten Mittelalter. Nach der Durchsetzung der NWO werden wir Zustände und eine Lebenswirklichkeit bekommen, die vergleichbar ist mit der des tiefsten Mittelalters, nur mit dem Unterschied anderer, verfeinerter, allumfassenderer Unterdrückungs- und Überwachungsmethoden. Und unter diesen Voraussetzungen entsteht *Kadavergehorsam*, da ein Aufbegehren gegen das Überwachungs- und Kontrollsystem sofort offenbar würde und die Betreffenden sehr schnell und einfach eliminiert werden können. Die wenigen, die die Situation durchschauen, werden keine Mittel der Gegenwehr mehr haben. Um zu überleben, werden auch sie sich dem System beugen müssen.

Was die Totale Kontrolle der Menschen, Künstliche Krankheiten, Impfzwang, Geburtenkontrolle, RFID-Chips, Künstliche Krankheiten, Genom Engineering, Eugenik, Gentechnische Veränderung von Pflanze, Tier und Mensch und unseren freien Willen betrifft, so sind dies Themen, die im Teil 2 dieser Buchreihe thematisiert sind: „2025 - Das Endspiel *oder* Der Putsch von oben". Weitere Themen sind: Transhumanismus, Biowaffen, 5G, Geoengineering (Chemtrails und HAARP), Biotechnology, Human Enhancement, Künstliche Intelligenz, alles Vorhaben, die der Zerstörung des Menschen und der Menschheitsgemeinschaft dienen und die im Schatten der Agenda 2030 forciert vorangetrieben werden. Ich nenne es die Agenda 2025. Sie repräsentiert den eigentlichen Plan der Elite, die die Errichtung der NWO forciert und die der offiziellen Agenda 2030 offensichtlich übergeordnet ist. Die Agenda 2030 mit ihren 17 globalen Zielen ist nur das „Feigenblatt", hinter dem die GROßE TRANSFORMATION der Welt vollzogen wird, der GREAT RESET.

Epilog

Die Lage scheint aussichtslos und eine Besserung unwahrschein-
lich. Aber wie so oft in der Weltgeschichte geschehen, könnten
sich vielleicht doch noch überraschende Wendungen ergeben, die
die Zerstörung Deutschlands und Europas aufhalten.

Unsere einzige Hoffnung besteht darin aufzuklären. Aufklären, so
dass möglichst viele Menschen sich der Gefahr bewusst werden
und sie erkennen. Und sie müssen vor allem die Strategie der Elite
enttarnen, die darin besteht, die Bevölkerung zu spalten und das
Prinzip „Teile und Herrsche" durchzusetzen. Denn nur dann, wenn
die Regierenden sich einer machtvollen Protestbewegung gegen-
übersehen, die sie mit ihren Mitteln (Medien, Polizei, Militär, Gesetze) nicht mehr beherrschen können, wird es möglich sein, die
Versklavung der Menschheit zu verhindern. Dieses Aufklären ist
aber nicht so einfach, weil Überzeugungen, Lebenseinstellungen
und politische Ausrichtungen der Menschen über Jahre gewachsen
sind, durch Erziehung im Elternhaus, Schule, am Arbeitsplatz, das
persönliche Umfeld und natürlich durch die tägliche Propaganda
und Indoktrinierung durch Rundfunk, Fernsehen, Printmedien, die
durch die Elite beherrscht werden. Ein Mensch mit so über Jahrzehnte gewachsenen und geformten Überzeugungen ist oft nicht
mehr fähig, sein Weltbild mit neuen Informationen, die im Widerspruch zu ihnen stehen, zu korrigieren, geschweige denn über Bord
zu werfen, eine menschliche Eigenschaft, die in der
Sozialpsychologie als „kognitive Dissonanz" beschrieben wird.
Eine solche kognitive Dissonanz erzeugt „psychisches Unwohl-
sein", was der Mensch instinktiv versucht zu vermeiden durch
Nichtwahrnehmung oder Leugnen von Informationen. Und in diesem Kontext spielt eine ganz entscheidende Rolle der Einfluss der
öffentlichen Medien, die das einmal in den Köpfen der Menschen
verankerte Weltbild jeden Tag wieder auf's Neue vertiefen.

Ob es noch möglich ist, diese Hürde (der Nichtwahrnehmung oder
Leugnung von Informationen) durch Aufklären der Bevölkerung
zu überwinden, ist eine Frage, die über den Fortbestand einer zivi-

lisierten Menschheit entscheiden kann. Es gilt, die Menschen von dem Leitsatz zu überzeugen: „Glaube nicht alles, prüfe alles selbst."

Die Vergangenheit lehrt, dass der Verlauf der Geschichte oft von Einzelpersonen und deren Charaktereigenschaften wesentlich bestimmt wird.[540] Negative Beispiele sind Hitler, Mao und Pol Pot. Positive Beispiele sind m. E. Trump und Putin. Trump hat in seiner bisherigen Amtszeit noch keinen Krieg vom Zaun gebrochen, im Gegensatz zu seinen Amtsvorgängern. Und Putin hat allen Provokationen der westlichen „Wertegemeinschaft" Stand gehalten und sich nicht provozieren lassen.

Gegenwärtig scheinen Russland, das einstige Bollwerk des Sozialismus/Kommunismus, und die von Trump geführte USA die letzten und entscheidenden Hoffnungsträger zu sein, die dem Alptraum widerstehen könnten. Dieser Einfluss von Trump und Putin ist in dem Video[541,542] thematisiert. Es gibt Menschen, die große Hoffnung in den US-Präsident und die QAnon-Bewegung setzen. Beide, so die Hoffnung, hätten sich zur Aufgabe gemacht, den Tiefen Staat (Deep State) zu entlarven und dessen Hintermänner unschädlich zu machen. Auf Wikipedia kann man lesen: *"QAnon oder kurz Q ist das Pseudonym einer mutmaßlich US-amerikanischen Person oder Personengruppe, die auf Imageboards eine rechtsextremistische Verschwörungstheorie verbreitet, und vorgibt, Zugang zu geheimen Informationen über Donald Trumps Präsidentschaft, dessen Kampf gegen einen vorgeblichen 'Deep State', sowie über Trumps Widersacher zu haben. QAnon ist mittlerweile auch zu einer Bezeichnung für die verbreiteten verschwörungstheoretischen Ansichten selbst geworden."* Man beachte, dass in dieser Charakterisierung die Worte *„Verschwörungstheorie"* und *„verschwörungstheoretischen Ansichten"* verwendet werden, was darauf hinweist, dass das öffentliche Medium Wikipedia offenbar dem Tiefen Staat dient, wahrscheinlich selbst Teil des Tiefen Staates ist (4. Kreis innerhalb des Tiefen Staates, s. Anhang 4). Man ist deshalb gut beraten, auch unabhängige Quellen hinzuzuziehen, um zu einer unabhängigen Sichtweise zu gelangen.

Entsprechend dem NASA-Dokument, Abbildung 1, scheint 2025 das Jahr zu sein, in dem die Elite plant, die Macht zu übernehmen. Aber es kann durchaus auch früher geschehen, nämlich dann, wenn Trump erfolgreich ist in seinem Kampf gegen den Tiefen Staat, was ihn unter zunehmenden Druck setzt, so das deren Führung versuchen wird, zu einem früheren Zeitpunkt Fakten zu schaffen. Eine entscheidende Weichenstellung ist die USA-Wahl 2020, die durch einen gigantischen Wahlbetrug manipuliert worden ist, und gegen den Trump alle Hebel in Bewegung setzt, diesen offenzulegen.

Wichtige Meilensteine im Kampf gegen die totale Machtergreifung durch den Tiefen Staat in Richtung NWO sind auch die Klageschrift gegen Vertreter des Tiefen Staates, Case No.: '19CV2407CAB AHG , eingereicht am 16. Dezember 2019 beim Obersten Gericht in Kalifonien,[543,544] sowie die Q-Anon-Bewegung.

Es kann aber auch ganz anders sein, nämlich, dass QAnon vom Tiefen Staat erschaffen wurde, um trügerische Hoffnung bei denen zu wecken, die das „Spiel" bereits durchschaut haben. Dadurch könnte erreicht werden, dass die Patrioten in einen Abwartemodus verfallen und nicht selbst aktiv werden, um die Errichtung der NWO zu verhindern. Wie auch immer, das Jahr 2020 ist ein wichtiges Jahr, in dem der Kampf gegen den Tiefen Staat einen vorläufigen Höhepunkt erreicht hat. Wenn Trump eine 2. Amtszeit als US-Präsident bekommt, stehen die Chancen relativ gut, dass der Tiefe Staat mit seinem Plan zur Versklavung und Reduzierung der Menschheit nicht durchkommt. Falls aber sein Gegenkandidat, Joe Biden, auf der Grundlage einer manipulierten Wahl zum Präsidenten gekührt wird, stehen die Chancen schlecht, diese größte menschliche Katastrophe noch abzuwenden.

Sollte aber QAnon tatsächlich den Tiefen Staat aktiv bekämpfen und, gemeinsam mit Trump, auch siegreich daraus hervorgehen, dann würde die Menschheit noch einmal vor ihrer größten denkbaren Katastrophe davonkommen. Dann stellt diese Buchreihe

„2025" ein authentisches Zeugnis dar, in welche Gefahr sie geraten war. Jedoch, auch dann wäre die Menschheit noch nicht für immer gerettet. Sie muß weiterhin wachsam sein und daraus lernen. Denn wenn die Menschen satt sind und keine direkten Existenzsorgen mehr haben, werden sie träge und uninteressiert, und die dunklen Kräfte könnten aus der „verlorenen Schlacht" gelernt haben und wieder die Oberhand gewinnen. Böse Menschen und Psychopathen mit ihren besonderen Eigenschaften wird es immer geben. Also: Seid wachsam!

Lassen Sie uns schließen mit einem Ausspruch von Christian Friedrich Hebbel: *„Es ist möglich, daß der Deutsche noch einmal von der Weltbühne verschwindet, denn er hat alle Eigenschaften, sich den Himmel zu erwerben, aber keine einzige, sich auf der Erde zu behaupten, und alle Nationen hassen ihn, wie die Bösen den Guten. Wenn es ihnen aber wirklich gelingt, ihn zu verdrängen, wird ein Zustand entstehen, in dem sie ihn wieder mit Nägeln aus dem Grabe kratzen möchten."*

Anhänge

Anhang 1

<u>Die Ziele des „Komitees der 300" (Auszug[545])</u>

Das Komitee der 300 verfolgt ein klares Ziel: die Weltherrschaft. Ihre Ziele, das zu erreichen, sind hier aufgelistet.
Diese mächtige Gruppe arbeitet schon lange im Hintergrund und sie verfolgen die Absicht, ihnen die Menschen zu unterwerfen unter anderem durch Beraubung unseres freien Willens, Vernichtung aller Religionen, Förderung religiöser Sekten, Kollaps der Weltwirtschaft, Erschaffung eines Terrorismus...

Dr. John Coleman[546] hat in über 40 **Jahren Recherchearbeit** ein Standardgeschichtswerk zusammengestellt, in welchem er schonungslos die Ziele und Mittel des "Comittee of 300" in 21 Punkten auflistet, um die **Neue Weltordnung** durchzusetzten. Egal, wie sie sich nennen: Illuminaten, Bilderberger, Komitee der 300,... **Fakt ist, dass es Mächte gibt, die uns gar nicht gut gesonnen sind.** Aber lesen Sie selber:

1. Die Errichtung einer **Eine-Welt-Regierung** mit einer einzigen Kirche und einem einzigen Geldsystem unter ihrer Kontrolle.
2. Die völlige **Zerstörung jeder nationalen Identität** und jeden Nationalstolzes, da die Menschen nur so eine supranationale Welt-Regierung akzeptieren werden.
3. Die **Zerstörung jeder Religion**, vor allem der christlichen. Einzige Ausnahme: die von ihnen geschaffene „Religion".
4. Die Etablierung von **Gedankenkontrolltechniken** mit dem Ziel, menschliche Roboter zu erschaffen, welche auf externe Impulse und Steuerung reagieren.
5. Das Ende der Industrialisierung mit Ausnahme des Computer- und Dienstleistungssektors. Angestrebt wird eine „**Nachindustrielle-Null-Wachstums-Gesellschaft**". Die restlichen Industriezweige werden in kostengünstige Drittweltländer ausgelagert.

6. Den **Konsum von Drogen** zu ermutigen oder sogar zu legalisieren und aus der Pornographie eine „Kunstform" zu machen, welche weiterum akzeptiert und schließlich als völlig normal angesehen wird.

7. Die **Entvölkerung großer Städte** nach dem Vorbild der Schlachtorgien Pol Pots in Kambodscha zu betreiben.

8. Die **Unterdrückung aller wissenschaftlichen Entwicklung** außer jener, die den Zielen der Illuminati dient.

9. Den **vorzeitigen Tod von drei Milliarden Menschen** bis zum Jahr 2050 zu verursachen – einerseits durch „lokal begrenzte Kriege" in den entwickelten Ländern, andererseits durch Hunger und Krankheit in den unentwickelten Ländern. Das *Komitee der 300* (unter der Führung der Illuminaten) beauftragte Cyrus Vance (US-Außenminister in der Carter-Regierung), ein Papier zu verfassen, wie man eine solche Bevölkerungsreduktion bewerkstelligen könnte. Das Papier trug den Titel *Global 2000 Report* und wurde von Präsident Carter und Edwin Muskie, dem damaligen Außenminister für und im Namen der US-Regierung akzeptiert und gebilligt. Zu den Bestimmungen des *Global 2000-Reports* gehört, dass die US-Bevölkerung bis zum Jahr 2050 um 100 **Millionen Menschen** reduziert werden muss.

10. Die **Moral im Volk zu schwächen**; ferner die Arbeiterklasse durch Massenarbeitslosigkeit zu demoralisieren und sie dadurch in die Drogen- oder Alkoholsucht zu treiben. Die Jugend soll mittels Drogen und aggressiver Musikstile dazu ermutigt werden, gegen den Status Quo zu rebellieren, was auch zur Schwächung/Auflösung der Familieneinheit führt.

11. Die Menschen davon **abzubringen, ihr eigenes Schicksal zu bestimmen**, indem man sie einer Krise nach der anderen aussetzt und solche Krisen dann vom Staat meistern lässt. Die Menschen werden sich so bald vom „eigenen Schicksal" bzw. den vielen schweren Entscheidungen überfordert fühlen und apathisch werden. In den USA existiert deshalb eine Behörde für Krisenmanagement. Sie nennt sich *FEMA (Federal Emergency Management Agency)*.

12. Neue Kulte einzuführen und die bestehenden zu fördern.

13. Den **christlichen Fundamentalismus zu fördern**, der die Ziele des **zionistischen Staates** Israel durch die Identifikation mit

„Gottes auserwähltem Volk" u.a. mit großen Geldsummen unterstützen wird.

14. Auf die **Verbreitung von religiösen Sekten** wie der Moslem-Bruderschaft oder der Sikhs zu drängen und Gedankenkontroll-Experimente auszuführen, ähnlich wie es Jim Jones in seinem Lager in Jonestown (Guayana) getan hatte, bevor sich die ca. 900 Anhänger seines *Peoples Temple* auf Befehl hin umbrachten bzw. umgebracht wurden (November 1978).

15. Ideen hinsichtlich **„religiöser Befreiung"** in weltweiten Umlauf zu setzen, um alle existierenden Religionen zu unterhöhlen, allen voran die christliche Religion. Dieser Prozeß begann mit der sogenannten „Befreiungstheologie".

16. Einen **Kollaps der Weltwirtschaft** herbeizuführen und damit das totale politische Chaos zu erzeugen.

17. Die **Kontrolle über alle inneren und internationalen Strategien der USA** zu übernehmen.

18. Supranationalen Institutionen wie der UNO, dem *Internationalen Währungsfonds,* **der** *Bank für Internationalen Zahlungsausgleich* **(die BIZ in Basel), dem** *Internationalen Gerichtshof* **etc. die größte Unterstützung** zukommen zu lassen, während man gleichzeitig lokale und nationale Institutionen weniger handlungsfähig werden läßt, indem man sie stufenweise abbaut oder unter die Schirmherrschaft der UNO bringt.

19. Alle **Regierungen zu infiltrieren und zu übernehmen**, um dann von innen heraus die Hoheitsrechte der jeweiligen Nation schleichend aufzulösen und zu zerstören.

20. Einen **internationalen Terrorismus zu erschaffen** und mit Terroristen zu verhandeln, wann immer terroristische Aktivitäten stattgefunden haben.

21. Die **Kontrolle über das Bildungswesen** in den USA zu übernehmen, mit dem Ziel, dieses völlig zugrunde zu richten.

Anhang 2:

<u>Carl Friedrich von Weizsäcker's Prognosen</u> [547]

Carl Friedrich von Weizsäcker sagte 1983 den Niedergang des Sowjet-Kommunismus innerhalb weniger Jahre voraus (- er wurde damals ausgelacht). Seine Prognose, auf welches Niveau der Lohn-, Gehaltsabhängigen zurückfallen würde, wenn der Kommunismus nicht mehr existiert, war schockierend.

Weizsäcker beschreibt die Auswirkungen einer dann einsetzenden "Globalisierung" (obwohl es damals dieses Wort noch nicht gab), so wie er sie erwartete:

01. Die Arbeitslosenzahlen werden weltweit ungeahnte Dimensionen erreichen.

02. Die Löhne werden auf ein noch nie da gewesenes Minimum sinken.

03. Alle Sozialsysteme werden mit dem Bankrott des Staates zusammenbrechen. Rentenzahlungen zuerst. Auslöser ist eine globale Wirtschaftskrise ungeheurer Dimension, die von Spekulanten ausgelöst wird.

04. Circa 20 Jahre nach dem Untergang des Kommunismus werden in Deutschland wieder Menschen verhungern. Einfach so.

05. Die Gefahr von Bürgerkriegen steigt weltweit dramatisch.

06. Die herrschende Elite wird gezwungen, zu ihrem eigenen Schutz Privatarmeen zu unterhalten.

07. Um ihre Herrschaft zu sichern, werden diese Eliten frühzeitig den totalen Überwachungsstaat schaffen, und eine weltweite Diktatur einführen.

08. Die ergebenen Handlanger dieses "Geld-Adels" sind korrupte Politiker.

09. Die Kapitalwelt fördert wie eh und je einen noch nie dagewesen Nationalismus (Faschismus), als Garant gegen einen eventuell wieder erstarkenden Kommunismus.

10. Zum Zweck der Machterhaltung wird man die Weltbevölkerung auf ein Minimum reduzieren. Dies geschieht mittels künstlich erzeugter Krankheiten. Hierbei werden Bio-Waffen als Seuchen deklariert, aber auch mittels gezielten Hungersnöten und Kriegen.

Als Grund dient die Erkenntnis, daß die meisten Menschen ihre eigene Ernährung nicht mehr finanzieren können, jetzt wären die Reichen zu Hilfsmaßnahmen gezwungen, andernfalls entsteht für sie ein riesiges, gefährliches Konfliktpotential.

11. Um Rohstoffbesitz und dem eigenen Machterhalt dienend, werden Großmächte Kriege mit Atomwaffen und anderen Massenvernichtungswaffen führen.

12. Die Menschheit wird nach dem Niedergang des Kommunismus das skrupelloseste und menschenverachtendste System erleben, wie es die Menschheit noch niemals zuvor erlebt hat, ihr **"Armageddon"** ("Endkampf"). Das System, welches für diese Verbrechen verantwortlich ist, heißt **"unkontrollierter Kapitalismus"**.

C. F. von Weizsäcker sagte 1983, daß sein Buch, welches er als sein letztes "großes Werk" bezeichnete, mit Sicherheit von der Bevölkerung nicht verstanden würde, und die Dinge somit ihren Lauf nehmen!

Das deutsche Volk bewertete er wenig schmeichelhaft wie folgt:
(a) absolut obrigkeitshörig,
(b) des Denkens entwöhnt,
(c) typischer Befehlsempfänger,
(d) ein Held vor dem Feind, aber ein totaler Mangel an Zivilcourage!
(e) Der typische Deutsche verteidigt sich erst dann, wenn er nichts mehr hat, was sich zu verteidigen lohnt. Wenn er aber aus seinem Schlaf erwacht ist, dann schlägt er in blindem Zorn alles kurz und klein - auch das, was ihm noch helfen könnte!!
Die einzige Lösung die Weizsäcker bietet, ist die Hoffnung, daß nach diesen unvermeidlichen Turbulenzen dieser Planet noch bewohnbar bleibt. Denn Fakt ist, die kleine Clique, denen diese Welt schon jetzt gehört, herrscht nach dem einfachen, aber klaren Motto: "Eine Welt, in der wir nicht das alleinige Sagen haben, die braucht es auch in Zukunft, nicht mehr zu geben". Diese irrationale Sichtweise der Eliten wurde bereits von Karl Marx so charakterisiert:
„Mit entsprechendem Profit wird das Kapital kühn; bei 50 % wird es waghalsig; bei 100 % ignoriert es alle menschlichen Gesetze;

und bei 300 % Profit existiert kein Verbrechen, das es nicht riskiert, selbst auf die Gefahr der eigenen Vernichtung!" [548]

Wie bereits oben erwähnt, rechnete Weizsäcker nicht damit, verstanden zu werden.
Auf die Frage eines Journalisten, was ihn denn am meisten stören würde, antwortete er: "Mich mit einem dummen Menschen unterhalten zu müssen".

Anhang 3:

<u>Piloten, Ärzte & Wissenschaftler berichten über Chemtrails</u>[549]

„Chemtrails - es sind keine Contrails - sind real. Es wird fast jeden Tag gesprüht. Wir sind in sehr großer Gefahr durch die mannigfaltigen Schadstoffe, die auf uns einwirken. Piloten, Ärzte & Wissenschaftler berichten die Wahrheit über Chemtrails - eine öffentliche Anhörung in Shasta County (California) zum Thema Chemtrails / Geoengineering und den möglichen Folgen für die Umwelt, Gesundheit und Natur. Weitere Zitate der Piloten, Ärzte und Wissenschaftler aus der Anhörung: Es ist der militärisch-industrielle Komplex, der verantwortlich ist für die Entstehung der künstlichen Wolken und für die Wettermanipulationsprogramme. Es handelt sich um verdeckte Operationen mit schwarzen Kassen, deshalb werden sie nicht in den Medien erwähnt. Wenn Sie hochschauen in die Sonne, und Sie sehen diesen weißen Dunst, das ist von dem ganzen Aluminium, das die Flugzeuge in der Atmosphäre verbreiten. Es wurden beträchtliche Mengen Aluminium gefunden, weil Chemtrails u. a. Aluminium, Strontium, Barium, Magnesium enthalten können. Die Regenwasseranalyse ergab 14100 Mikrogramm/Liter (µg/l) Aluminium im Jahre 2014, normalerweise sollten es 0,00 µg/l sein! Am Anfang des Jahrtausends waren es um die 100 µg/l, dann seit 2010 schon über 1000 µg/l und nun 14100 µg/l. Im Schnee am völlig unberührten Mount Shasta waren es 61000 µg/l, viermal soviel wie im Boden dort vorkommt. Wo kommt das

Zeug her, wenn es nicht vom Boden stammt? Wir sehen fast jeden Tag Wolken, die es in dieser Art nie zuvor gab. Die NASA sprach von metallhaltigen Flugzeugkraftstoffen, also Aluminiumoxid direkt im Flugkraftstoff, was dazu führt, dass das Aluminium nach dem Verbrennen in den Triebwerken in Nanogröße in der Atmosphäre zurückbleibt. Da das Zeug in der Luft ist, atmen wir es ein. Es geht in die Atemwege, Nebenhöhlen, Stirnhöhlen und das Gehirn [und kann wegen der Nanogröße die Blut-Hirn-Schranke überwinden; Anm. d. Red.]. Aluminium (im Gehirn) ist ursächlich für eine Vielzahl von Krankheiten, z. B. Alzheimer. In den letzten fünf Jahren ist die Anzahl der Patienten mit Alzheimer, Parkinson und anderen neurodegenerativen Erkrankungen enorm angestiegen, sie hat sich fast vervierfacht. Auf Hawaii ist Alzheimer inzwischen sehr verbreitet. Sie sprühen Aluminium-Nanopartikel, und diese Nanopartikel lösen den Zelltod im Gehirn aus. Darum geht es bei Alzheimer. Die Aufmerksamkeitsdefizitstörung (ADS) begann in den 1970'ern, da war von Autismus weit und breit keine Rede, eines von 100000 Kindern hat diese Krankheit. Heute hat einer von 48 wegen des Aluminiums eine Aufmerksamkeitsdefizit-/Hyperaktivitätsstörung. Wenn man die Schwermetalle ausleitete, normalisierten sich die Gehirne wieder. Es besteht die Gefahr, dass das gesamte Öko-System zusammenbricht wegen der vielen Schwermetalle, vor allem wegen des Aluminiums. Das ist weit mehr als nur ein wenig Verschmutzung. Monsanto hat aluminiumresistente Pflanzen entwickelt. Warum wohl? Es werden momentan vor allem Aluminiumoxid-Nanopartikel und Bariumoxid-Nanopartikel in der Atmosphäre freigesetzt. Das sind dieselben Substanzen wie sie in Nanothermat-Sprengstoff - 9/11! - zum Einsatz kamen. Wenn es zukünftig Waldbrände gibt, werden diese sehr viel höhere Temperaturen haben. In Wasserproben wurde das 48-Fache an Aluminium gefunden wie sonst üblich, das 10 bis 20-Fache an Strontium, das 20-Fache an Barium. Diese Testwerte bewegen sich weltweit überall in diesen Größenordnungen. Das Aluminium im Boden hat sich die letzten 10 Jahre verdoppelt. Man ist nicht mehr in der Lage einen normalen PH-Wert im Boden zu erreichen, weil die Nanopartikel nunmehr überall sind. Das Aluminium verhindert, dass die weißen Blutkörperchen wie vorgesehen funktionieren, es zerstört das Immunsystem. Durch das Einat-

men dieser Nanopartikel wird die Funktion des Immunsystems dramatisch beeinträchtigt. Die US-Regierung hat angeblich keine Kenntnis davon, dass überhaupt gesprüht wird. Deutsche Bearbeitung aus dem Original ‚Pilots, Doctors and Scientists Tell the Truth About Chemtrails' https://youtu.be/FeTaejpg18g Übersetzung: https://youtu.be/9fg59sWdc5I"

Anhang 4:

<u>Wer oder was ist die Elite und der "Tiefe Staat"</u>

Wer oder was ist der Tiefe Staat? Darauf die Antwort des Autors B. Hamm, die U. Mies wie folgt zusammenfasst:[550]

„In Anlehnung an das 'Power-Structure-Modell' C. Wright Mills' beschreibt Hamm den Gesamtkomplex in Form konzentrischer Kreise:

• Im inneren Kreis finden wir die globale Elite, die reichsten Individuen, Familien oder Clans mit einem Vermögen deutlich über einer Milliarde Euro.[††††††††††]

• Den zweiten Kreis bilden die CEOs großer transnationaler Konzerne und die größten internationalen Finanz-Magnaten. Sie beschäftigen sich vor allem damit, den Reichtum des innersten Kreises und somit auch ihren eigenen zu mehren.

• Im dritten Kreis befinden sich die wichtigsten internationalen Politiker, einige in Regierungsfunktion, andere als Berater im Hintergrund und in internationalen Institutionen sowie die Spitzen des Militärs. Diese im engeren Sinn politische Klasse hat zwei Aufgaben: Sie muss die Verteilung des gesellschaftlichen Produkts so organisieren, dass so viel wie möglich hin zu den beiden inneren Kreisen transferiert wird; und sie muss den politischen Zirkus einer vermeintlich pluralistischen Demokratie mit der erforderlichen Legitimität absichern.

[††††††††††] Dieser innere Kreis wird repräsentiert insbesondere durch das „Komitee der 300", deren klares Ziel die Weltherrschaft ist. (s. Anhang 1).

• Im vierten Kreis finden wir die Spitzen der Wissenschaft, die Medienmogule, Rechtsanwälte, zuweilen auch prominente Schriftsteller, Stars aus Film und Musik, Künstler, wenige Vertreter von NGOs oder der Kirchen, ein paar Spitzenkriminelle – kurz: alles, was die Angehörigen der inneren Kreise für ihre Dekoration schätzen. Sie genießen den Zugang zu den Mächtigen, sind gut bezahlt und werden alles dafür tun, diese Privilegien nicht zu verlieren."

Rezensionen zur 1. Auflage

(kopiert aus www.amazon.de , Stand: 10.12.2020)

Alle 5-Sterne-Rezensionen:

der Majorero, 17. August 2019: „**Das Top-Buch unter den Büchern.** *Ich möchte jedem, also jedem der in der Lage ist zu lesen dieses Buch wärmstens ans Herz legen, so ausführliche und belegte Informationen findet man selten, dieser Autor weiß von was er spricht, denn er erlebte den ersten Versuch sprich Experiment DDR am eigenen Leib mit. Hier schreibt er vom nächsten Experiment, diesmal betrifft es die ganzen europäischen Staaten, ... BITTE LEST DIESES BUCH ICH GEBE ABSOLUTE KAUFEMPFEHLUNG.*
Und hört auf euch wie die Lemminge zu verhalten.“

Jennerwein, 16. September 2019: „**Aktueller denn je - lest bitte dieses Buch !!!** *Wer nicht zur Fraktion 'betreutes Denken' gehört und die Veränderungen in Land & Volk merkt, sollte dies Buch unbedingt lesen. Genial recheriert und auch nicht kompliziert geschrieben. Ein Buch das seinesgleichen sucht ! Lest dieses Buch, dann versteht ihr die Zusammenhänge besser wie und warum wir verblödelt werden und seid auf die Zukunft besser vorbereitet. Jedem dem Heimat u. sein Land wichtig ist sollte es die Zeit wert sein dieses hochinteressante Buch zu lesen!*“

Amazon Kunde, 31. März 2020: „**Zum Aufwachen mehr als geeignet!!!** *Realistische Bewertung des Status Quo und der perfiden Pläne der 'Schattenmächte'. Dieses Jahr wird wohl schon zeigen, ob wir völlig in die dunkle NWO abdriften, oder ob es in die andere Richtung geht. Für Schlafwandler besonders empfehlenswert!*“

Entenhuegel, 16. November 2019: „**Purer Sprengstoff zwischen Buchdeckeln!** *Schon das Autorenprofil deutet mehr als nur an, dass Sonntag ein 'Ketzer' ist, der gegen das anschreibt, was uns als 'Globalisierung', 'offene Gesellschaft' und gelegentlich auch als 'Neue Weltordnung' angepriesen und als 'unumgänglich' ver-*

kauft wird. 2025 ist dabei 'nur' das Jahr, für das nach Sonntags Recherchen die Neue Weltordnung voraussichtlich eingeleitet werden und das von gravierenden Ereignissen geprägt sein soll. Das Beschriebene ist sehr harter Tobak und wird von denen, die es am ehesten lesen sollten, gar nicht angerührt oder gleich als 'Verschwörungstheorie' abgelehnt werden. Aber Sonntag macht es einem wahrlich nicht leicht, dies zu tun, denn er belegt seine Ausführungen sorgfältig - und er ist auch wahrlich nicht allein mit seinen Thesen. Hinzu kommt, dass Sonntag als Physiker mit einem besonderen Aufgabenebereich Fachmann für Themen wie Chemtrails, chemisch-biologische Waffen etc. ist.... Also: Absolute Empfehlung zum kritischen Lesen!"

H. R., 6. Mai 2020: *„**Dieses Buch muss einfach JEDER lesen, von wegen 'Verschwörungstheorien'.** Corona ist nur MITTEL zum ZWECK und erst der Anfang!!!! Zieht Euch warm an, und werdet endlich WACH!! ..."*

Mozartkugel, 21. Juli 2020: *„**Die sozialistisch-kommunistische Neue Weltordnung kommt 2025**... Das Thema des gründlichen und ausgezeichneten Buches: 'Die Jahreszahl 2025 steht als Synonym für den Tag X, an dem aus dem schleichenden Prozeß der Globalisierung die globale Machtübernahme durch die Elite erfolgen soll.'"*

J. M., 9. September 2020: *„**sehr gut.** zeigt sehr gut wie weit die Menschheit schon versklavt wurde, besonders die deutschen, die bewusst verdummt werden von der eigenen Regierung."*

A. F., 8. September 2020: *„**Absolute Empfehlung**. Alles, was jetzt passiert, wird in dem Buch vorausgesagt! Für uns war das Lesen überwältigend interessant!"*

R. D., 18. September 2020: *„**Warum die Politik so handelt**. Vielen Dank für die Ausarbeitung, hoffentlich kann das noch jemand verhindern!"*

Chantal, 2. Juli 2020: „*Übern Tellerrand hinaus sieht und hört man mehr. Dieses Buch gehört umfassend in jede Handtasche oder Koffer. Wer noch nicht begriffen hat, was wirklich passiert, bekommt es hier mundgerecht serviert.... Das eigene, gesunde Denken, Offenheit und das wirkliche Hinschauen, und sich eben nicht vom TV leiten lassen, sind Grundvoraussetzung zum Verständnis dieser großartigen Abhandlung. Leider kann man hier nur 5 Sterne vergeben, auf einer Bewertungsskala von 1 bis 10, ist für mich die 10 in diesem Fall die richtige Entscheidung.*“

Alle 1-Stern-Rezensionen:

Mina, 6. Mai 2020: „*Nationalsozialistische, Ani-liberale Inhalte! Ich hab von dem Buch erwartet, dass man einen politischen Perspektivwechsel erfährt und einen Einblick hinter die Kulissen bekommt. Stichwort: Rockefeller Foundation, Gesetzeslücken die unsere Freiheit einschränken können und werden, Geldabschaffung, Microchips, totalitärer Überwachungsstaat durch Apps und Softwareupdates, die ja z.B. momentan im Rahmen der Coronakrise erstellt und genutzt werden.*“[‡‡‡‡‡‡‡‡‡‡]

Darkenwood, 11. Februar 2020: „*Der logische Widerspruch, die unbekannte Größe. Man fragt sich, ob dem Herren Autor seine eigenen Widersprüche noch auffallen, oder ob er und seine Anhänger dieselben als herausragende Zeichen seiner Genialität betrachten. Um's kurz zu halten, arbeite ich mich mal am Klappentext ab, der ist so schön plakativ. Nicht nur, dass man sich fragt, warum ein böser Staat, eine noch bösere Finanzelite (die den Staat natürlich kontrolliert), oder sonst irgend jemand sich erst die Mühe machen sollte, eine aufwändige Impfpflicht durchzusetzen, nur um dann den Verlust weiter Teile seiner gewinnoptimierten Workforce an künstliche Krankheiten in Kauf zu nehmen. Wäre es da nicht billiger, die unproduktiven Elemente rasch zu erschießen? ....*“

[‡‡‡‡‡‡‡‡‡‡] Diese Themen, die der Kritiker im Buch vermisst, sind Thema des 2. Teils dieser Buchreihe „2025“. Hinweise zum 2. Teil siehe Seite 243.

M. R., 26. Juni 2020: *„**Und da wettert einer gegen Desinformation.**.... Diese Ansammlung von sich ständig wiederholenden 'Wahrheiten' aus der Verschwörungstheoretikerecke ist ein ganz spezieller Fall von brauner Logorrhoe, die das gesamte Spektrum der neonazistischen 'Weissheiten' aufgreift - Xenophobie, Homophobie...eigentlich fast alles Phobie und wenn es das nicht ist, sind die Juden Schuld, wie sowieso von Anfang an... "*

Moses, 5. November 2020: *„**Menschenverachtenden**. Amazon sollte man verklagen dass sie so einen rassistischen und über alle Maßen menschenverachtenden Müll hier verkaufen und nein wenn jemand von Rassen schreibt ist das keine Meinungsfreiheit sondern Selektion in Lebenswerte Menschen und Sklaven. "*§§§§§§§§§§

---

§§§§§§§§§§ Moses bezieht sich in seiner Kritik vermutlich auf den Abschnitt im Buch mit dem Titel „Rassenvermischung". Dazu die Worte von Nicolas Sarkozy, der im Jahre 2008 in seiner Eigenschaft als Vorsitzender des Europäischen Rates öffentlich in Palaiseau verkündet hatte: *„Was also ist das Ziel? Das Ziel ist die Rassenvermischung! Die Herausforderung der Vermischung der verschiedenen Nationen ist die Herausforderung des 21. Jahrhunderts."* Es kann jeder nachlesen.

---

[1] Netzfund

[2] Frank-Rüdiger Halt: *„Volk im Wachkoma"*, Frieling-Verlag Berlin, 2016, Seite 23

[3] http://www.orwell-staat.de/zitate.htm
„Zitate zur Neuen Weltordnung"

[4] https://www.youtube.com/watch?v=6mKh0rkCLfY *"Politiker sprechen Klartext - BRD KEIN STAAT! | Wir zeigen Lösungen! Königreich Deutschland"*

[5] https://www.youtube.com/watch?v=8wza6v3av_s *„Was die Bilderberger NWO für uns Geplant haben Bilderberg Treffen Dresden"*, veröffentlicht am 09.05.2017

[6] *Open Journal of Composite Materials,* 2019, 9, 21-56
https://www.scirp.org/Journal/PaperInformation.aspx?PaperID=90216

[7] Auszug aus einer Predikt der Evangelischen Freikirche Riedlingen e. V. vom 1..10.2020; Prediger J. Tscharntke, komplette Predigt unter: https://youtu.be/O2SLzT4vBm8

[8] https://www.youtube.com/watch?v=s_38tsQ4p0I&t=233s *"Silent Weapons For Quiet Wars Document - Full Read"*, veröffentlicht am 27.06.2013. Der komplette Inhalt dieses Dokumentes war zum Zeitpunkt des Schreibens dieses Buches als PDF im Internet abrufbar.

[9] www.StopTheCrime.net

[10] www.newhorizonsstannes.com/pdfs/Silent_war_against_humanit... „Silent Weapons for a 'Quiet War' - New Horizons (St. Annes): *„The document "Silent Weapons for a Quiet War" was found by "co-incidence" in 1986 or even before, and it goes back to 1954 which also happens to be the year where the "nice think-tank" Bilderberg Group was founded – this world just happens to be full of "co-incidences" all the time :-)"*

[11] http://www.stopthecrime.net

[12] https://www.youtube.com/watch?v=flEuJAWVpjk&t=1460s *„USA Inc NASA Kriegs-Dokumente Entvölkerung & du-Deborah Tavares - Trevor Coppola-Verschwörung Con"*

[13] https://www.metabunk.org/debunked-nasa-war-document-exposed-the-future-is-now.t1851/ *„Debunked: NASA War Document Exposed (The Future is Now) - Discussion in 'Conspiracy Theories' "*, started by Chuck, Jun 25, 2013. "

[14] https://www.youtube.com/watch?v=tk4hfIVIoT4 *"NASA FUTURE WARFARE DOCUMENT (WITH LINKS)"* , veröffentlicht am 24.06.2013

[15]
http://citeseerx.ist.psu.edu/viewdoc/download?doi=10.1.1.465.1300&rep=rep1&type=pdf#page=372 *"EMERGING TECHNOLOGIES: Recommendations for Counter-TerrorismEdit VolumeJanuary 2001Edited"* by: Joseph Rosen, MDCharles Lucey, MD, JD, MPH

[16] https://www.youtube.com/watch?v=8RPlQ8jsXSs&feature=youtu.be *"NDR Regenwasser voller Nanopartikel"*

[17] https://www.youtube.com/watch?v=UCIZT05hfjc *„#ARD & #ZDF zeigen #Haarp und #Chemtrails Es gibt sie wirklich 2017."*

[18] https://www.youtube.com/watch?v=Xot1EI4s6j0 *"ZDF heute-journal 14.01.2009 Wetter – Chemtrails"*

[19] Klaus Maurer, *Die „BRD"-GmbH oder zur völkerrechtlichen Situation in Deutschland und den sich daraus ergebenden Chancen für ein neues Deutschland*, Dritte Auflage, Sunflower-Verlag, 2016, Seiten 10ff

[20] https://www.youtube.com/watch?v=3TV2OpCmlJc *„Schäuble - Deutschland seit 1945 nicht Souverän lang"*

[21] www.gp-metallum.de/podcast/Weizsaecker_Der_bedrohte_Frieden_-_heute.pdf Carl Friedrich von Weizsäcker, *Der bedrohte Frieden – heute*, Hanser-Verlag, 1994

[22] https://www.youtube.com/watch?v=VK6h14l3A60 *„ UN Migrationspakt stoppen - Nicht in unserem Namen!"* , veröffentlicht am 16.09.2018

23 https://www.youtube.com/watch?v=XsKPX8nKYxs , *„Finale Massenmigration offenbar beschlossen (von Eva Herman) | 01.08.2018 | www.kla.tv/12800"*, veröffentlicht am 01.08.2018

24 https://www.google.de/search?q=dortmund&ie=utf-8&oe=utf-8&client=firefox-b&gfe_rd=cr&ei=DecMWcX4BaWK8Qec-YXgCA#q=UNO+Bestandserhaltungsmigration

execsumGeman.pdf: „Bestandserhaltungsmigration - Abteilung Bevölkerungsfragen - Vereinte Nationen", Tabelle 1

25 https://ec.europa.eu/home-affairs/sites/homeaffairs/files/e-library/docs/pdf/final_report_relocation_of_refugees_en.pdf

26 https://www.freiewelt.net/nachricht/eu-papier-haelt-274-millionen-menschen-in-deutschland-fuer-moeglich-10076173/#comment-form, veröffentlicht: 07.11.2018

27 Ebenda

28 https://politikstube.com/bundestag-lehnt-petition-gegen-den-global-compact-for-migration-ab/ , "Pet 3-19-05-04-011808", 9.10.2018

29 https://www.youtube.com/watch?v=p4xbqeX2nuw *"Folge 37 – Zerstörung"*, veröffentlicht am 11.11.2018

30 http://denk-blog.de/21-petitionen-gegen-den-migrationspakt/

31 https://www.youtube.com/watch?v=WAxS66f1HBo&t=28s „AfD Demo in Dresden "Migrationspakt STOPPEN" Rede von Dr. Alexander Gauland AfD 09.12.2018", veröffentlicht am 09.12.2018

32 https://www.bild.de/politik/inland/politik-inland/verschwoerungstheorien-die-wahrheit-ueber-den-un-migrationspakt-58152842.bild.html ,
"Verschwörungstheorien im Internet
Die Wahrheit über den UN-Migrationspakt - Wie Netz-Aktivisten das UN-Abkommen bekämpfen – und wo sie einfach lügen" veröffentlicht am 07.11.2018

33 *https://www.youtube.com/watch?v=Jok2Rfh_ay1&t=502s „Stoppt den Pakt! – Deutschland es geht um Alles"*, veröffentlicht am 2.11.2018

34 https://www.youtube.com/watch?v=TlUp_A9Smt8 *"#Migrationspakt - Wie gefährlich ist der Migrationspakt?"*, veröffentlicht am 3.11. 2018

35 https://www.epochtimes.de/meinung/gastkommentar/un-migrationspakt-verstoesst-gegen-beschluss-der-un-menschenrechtskommission-und-voelkerstrafgesetzbuch-a2719228.html Daniel Prinz: *"UN-Migrationspakt verstößt gegen Beschluss der UN-Menschenrechtskommission und Völkerstrafgesetzbuch"*, 26. November 2018

36 https://www.youtube.com/watch?v=TlUp_A9Smt8 *"#Migrationspakt - Wie gefährlich ist der Migrationspakt?"*, veröffentlicht am 3.11. 2018

37 *https://www.welt.de/politik/deutschland/article184423390/Migration-Deutschland-hat-die-Ausgestaltung-der-beiden-Pakte-aktiv-mitgestaltet.html* , *Stefan Aust, Helmar Büchel, Claus Christian Malzahn: „Deutschland hat die Ausgestaltung der beiden Pakte aktiv mitgestaltet"*, Stand: 25.11.2018

38 http://www.orwell-staat.de/zitate.htm
„Zitate zur Neuen Weltordnung"

[39] https://www.heikoschrang.de/de/neuigkeiten/2018/09/19/verhindern-wird-der-11-12-2018-als-schwaerzester-tag-in-die-geschichte-eingehen/ Heuko Schrang: *„Verhindern! Wird der 11.12.2018 als schwärzester Tag in die Geschichte eingehen?"*

[40] https://www.youtube.com/watch?v=nM7ZGoiP2dU *„Nick Griffin spricht im EU-Parlament über den Genozid in Europa -Paneuropa- Kalergi"* veröffentlicht am 01.06.2017

[41] https://www.youtube.com/watch?v=ZM3RzlY4H28 *"EU FÖRDERT GENOZID AN WEISSEN VÖLKERN EUROPAS!"* veröffentlicht am 11.11.2013

[42] https://www.youtube.com/watch?v=4VgiCVWbLHc *„UN Migrationspakt: 80 Millionen Migranten für Deutschland?!"*, veröffentlicht am 10.10.2018

[43] https://www.sueddeutsche.de/politik/haushaltsueberschuss-schaeuble-hat-schon-alles-ausgegeben-1.2878192 , Süddeutschen Zeitung vom 24.02.2016, Rubrik Haushalt: *„Regierung erwartet 3,6 Millionen Flüchtlinge bis 2020"*

[44] https://www.youtube.com/watch?v=HuOi3pEDu9U *„Eva Herman: Regierung verschleiert Bevölkerungsaustausch"*, veröffentlicht am 10.09.2017

[45] https://gloria.tv/article/exnMhnGDijnr2nYVpHkphMpi6 Tertius gaudens: *„Innenministerium bestätigt: Bundesregierung hat bereits 45.000 Flüchtlinge eingeflogen"*

[46] https://www.compact-online.de/geheimpapiere-aus-bayerischem-innenministerium-beweisen-masseneinwanderung-von-staatlichen-behoerden-organisiert/ *„Geheimpapiere aus bayerischem Innenministerium beweisen: Masseneinwanderung von staatlichen Behörden organisiert";* COMPACT-Magazin 9/2018 *„Geheimsache Unterstellung"*

[47] *https://www.welt.de/politik/deutschland/article184423390/Migration-Deutschland-hat-die-Ausgestaltung-der-beiden-Pakte-aktiv-mitgestaltet.html , Stefan Aust, Helmar Büchel, Claus Christian Malzahn: „Deutschland hat die Ausgestaltung der beiden Pakte aktiv mitgestaltet"*, Stand: 25.11.2018

[48] https://www.youtube.com/watch?v=ItrPTnrTdzU *"Tagesthemen Interview: Unser Multikulti-Experiment"*

[49] https://www.youtube.com/watch?v=5cT00v3zkoI *"Versuchskaninchen" Europa - Was denken Deutsche?"*

[50] https://www.youtube.com/watch?v=__j2XkC6jR8 *"Ex ZDF-Boss:'Ja, wir bekommen Anweisungen von oben'"*

[51] https://www.youtube.com/watch?v=od0OkXN3hjE *"Zehn Jahre nach Kerner: Eva Herman packt aus."*

[52] https://www.youtube.com/watch?v=LEsaUlN_OKQ *"Ex-ZDF-Studioleiter Wolfgang Herles redet Klartext über Pressefr."*

[53] http://www.macht-steuert-wissen.de/1234/schock-bilderberger-treffen-im-juni-2016-in-dresden/

[54] http://www.orwell-staat.de/zitate.htm
„Zitate zur Neuen Weltordnung"

[55] https://www.youtube.com/watch?v=6ebRqTQshCw
"Interview NWO: Ex Geheimdienstler erklärt die Neue Weltordnung (NWO) bereits 1996"

[56] www.gp-metallum.de/podcast/Weizsaecker_Der_bedrohte_Frieden_-_heute.pdf
Carl Friedrich von Weizsäcker, *Der bedrohte Frieden – heute*, Hanser-Verlag, 1994
[57] https://www.youtube.com/watch?v=p4xbqeX2nuw *"Folge 37 – Zerstörung"*, veröffentlicht am 11.11.2018
[58] Rainer Mausfeld, *Warum schweigen die Lämmer? – Wie Elitendemokratie und Neoliberalismus unsere Gesellschaft und unsere Lebensgrundlagen zerstören*, Westend Verlag GmbH, Frankfurt/Main, 2018, Seite 137
[59] Ebenda, Seite 131
[60] https://www.youtube.com/watch?v=DRr0mYMwZQU *„Der Globale Migrations-Pakt erklärt"*, veröffentlicht am 12.09.2018
[61] https://www.heikoschrang.de/de/neuigkeiten/2018/09/19/verhindern-wird-der-11-12-2018-als-schwaerzester-tag-in-die-geschichte-eingehen/ Heuko Schrang: *„Verhindern! Wird der 11.12.2018 als schwärzester Tag in die Geschichte eingehen?"*
[62] http://www.anonymousnews.ru/2017/07/29/die-geplante-masseneinwanderung-angela-merkel-und-der-coudenhove-kalergi-plan/#comment-40328 *"Die geplante Zerstörung Europas: Angela Merkel und der Coudenhove-Kalergi-Plan"*
[63] https://www.youtube.com/watch?v=6mKh0rkCLfY&t=1576s *"Politiker sprechen Klartext - BRD KEIN STAAT! | Wir zeigen Lösungen! Königreich Deutschland"*
[64] https://www.youtube.com/watch?v=LFpN6gtxiR0 *„Aufruf von Dr. Rath an die Menschen Europas"*
[65] Rainer Mausfeld, *Warum schweigen die Lämmer? – Wie Elitendemokratie und Neoliberalismus unsere Gesellschaft und unsere Lebensgrundlagen zerstören*, Westend Verlag GmbH, Frankfurt/Main, 2018, Seite 60
[66] https://www.youtube.com/watch?v=rf_tmsu-aNM *„WAHRHEITEN - UNERTRÄGLICH & SCHOCKIEREND - "DU willst sie NICHT WISSEN!" TEIL 1 VERRATEN & VERKAUFT!"*
[67] http://www.erster-weltfrieden.de/wem-nuetzt-es.html
[68] Bildzeitung 11.Juni 2011
[69] https://www.youtube.com/watch?v=8wza6v3av_s *„Was die Bilderberger NWO für uns Geplant haben Bilderberg Treffen Dresden"*, veröffentlicht am 09.05.2017
[70] Udo Ulfkotte, *Gekaufte Journalisten – Wie Politiker, Geheimdienste und Hochfinanz Deutschlands Massenmedien lenken*, Kopp Verlag, 2014
[71] Ebenda, Seite 36
[72] https://www.youtube.com/watch?v=cug7dP4ZFUc&t=210s *„Vier Arten der US-Okkupation in Deutschland und Europa"*
[73] Aus einer Rezension zum Buch von Rainer Rainer Mausfeld, *Warum schweigen die Lämmer? – Wie Elitendemokratie und Neoliberalismus unsere Gesellschaft und unsere Lebensgrundlagen zerstören*, Westend Verlag GmbH, Frankfurt/Main, 2018
[74] Joachim Sonntag, *Deutschland im freien Fall – Wie die milliardenschweren Finanzeliten unsere freiheitliche Demokratie zerstören und unsere Politiker und*

öffentlichen Medien zu deren Werkzeugen wurden, 2. erweiterte Auflage, BoD-Verlag, 2017, Seiten 20ff

[75] G. Wisnewski, *Verheimlicht, vertuscht, vergessen,* Knauer Taschenbuch Verlag, 2013, Seite 42

[76] Christian Jung und Thorsten Groß, *Der Links-Staat,* Kopp Verlag, 2016, Seite 26

[77] https://brainstats.com/average-iq-by-country.html

[78] https://www.laenderdaten.info/iq-nach-laendern.php

[79] https://www.amazon.com/IQ-Wealth-Nations-Richard-Lynn/dp/027597510X#reader_027597510X
Richard Lynn and Tatu Vanhanen, *IQ and the Wealth of Nations,* Praeger Publishers, 88 Post Road West, Westport, CT 06881, 2002

[80] https://www.tagesanzeiger.ch/wissen/medizin-und-psychologie/Warum-Afrikaner-in-IQTests-schlechter-abschneiden/story/13177168

[81] https://www.welt.de/wissenschaft/article2107370/Der-Intelligenzquotient-der-Tuerken.html

[82] https://www.sueddeutsche.de/wissen/molekularbiologe-james-watson-verliert-akademische-ehren-1.4289177 *„James Watson verliert akademische Ehre"* 15.01.2019

[83] https://linkezeitung.de/2017/12/22/wie-eine-mehrheit-im-bundesvorstand-der-partei-die-linke-die-friedensbewegung-von-zentralen-forderungen-abzulenken-und-zu-spalten-versucht/ *„Wie eine Mehrheit im Bundesvorstand der Partei DIE LINKE die Friedensbewegung von zentralen Forderungen abzulenken und zu spalten versucht",* „DEBATTE, LINKE BEWEGUNG", veröffentlicht von LZ , 22. Dezember 2017

[84] https://www.youtube.com/watch?v=rf_tmsu-aNM
„WAHRHEITEN /UNERTRÄGLICH SCHOCKIEREND - VERRATEN VERKAUFT!H"

[85] Zitiert aus: Geheimakte NGOs: *Wie die Tarnorganisationen der CIA Revolutionen, Umstürze und Kriege anzetteln* von F. William Engdahl, Kopp Verlag, 2017

[86] https://www.youtube.com/watch?v=JYtADKZJRQM *„DIE DRITTE WAHRHEIT ÜBER 9/11 - WTC-Türme pulverisiert durch unterirdische Atombomben",* veröffentlicht am 22.01.2012

[87] Amazon.de: Aus einer Rezension zu Oliver Janichs Buch: *Impossible Mission 9/11: Wie ein kleines Spezialkommando den größten Terroranschlag der Geschichte durchgeführt haben könnte ,* CBX Verlag UG, 2018

[88] Oliver Janich, *Impossible Mission 9/11: Wie ein kleines Spezialkommando den größten Terroranschlag der Geschichte durchgeführt haben könnte,* CBX Verlag UG, 2018, Seite 170

[89] https://www.youtube.com/watch?v=pCJLmpOyrJk
Pearl Harbor – wie Kriege „anno dazumal" und heute provoziert werden | 10.12.2016 | www.kla.tv/9511

[90] U. Aybirdi, *DIE GESCHICHTE – Wer die Welt wirklich regiert*, 03 | 2016, Printed in Poland by Amazon Fulfillment, Poland Sp. z o.o, Wrotzlaw, Seiten 107 ff

[91] Ebenda, Seiten 130ff

[92] Ebenda, Seiten 145ff

[93] Ebenda, Seiten 145

[94] https://www.youtube.com/watch?v=lLK5uRvuQys *„9/11 - 11 AUGENZEUGEN STARBEN | FAKTEN FRIEDEN FREIHEIT"*, veröffentlicht 31.08.2017

[95] https://www.youtube.com/watch?v=NiPGIbRtXEo Chef-Ermittler von „Charlie-Hebdo" begeht Selbstmord - Zufall? | 18.01.2015 | www.kla.tv

[96] Daniele Ganser, *Illegale Kriege*, Orell Füssli Verlag AG, Zürich, 2. Auflage, 2016, Seite 192f

[97] M. Bröckers und C. C. Walther, *11.9. - zehn Jahre danach: Der Einsturz eines Lügengebäudes*, Westend Verlag GmbH, Frankfurt/Main 2011, 2. Auflage 2011

[98] https://www.youtube.com/watch?v=p8nnUYmag2Q *„Matthias Bröckers - 11.9. zehn Jahre danach"*

[99] U. Aybirdi, *DIE GESCHICHTE – Wer die Welt wirklich regiert*, 03 | 2016, Printed in Poland by Amazon Fulfillment, Poland Sp. z o.o, Wrotzlaw, Seite 119f

[100] https://www.youtube.com/watch?v=a9g5LIFc8Y4&t=73s *„Bester Chemtrail-Vortrag von Werner Altnickel"*

[101] Wikipedia-Eintrag zu Francesco Cossiga

[102] https://www.ae911truth.org/ Architects & Engineers for 9/11 Truth | WTC Twin Towers and Building 7

[103] https://www.youtube.com/watch?v=5MNwQM5EYyQ *"Die Aufklärung des WTC 7 Mysteriums Deutsch"*, veröffentlicht 24.08.2016

[104] https://www.youtube.com/watch?v=GlH_1ogVVPM&t=206s *„Kritisch hinterfragt: ZDF-Doku'Verschwörung auf dem Prüfstand - Die 9/11 Experimente' "*, veröffentlicht am 06.08.2016

[105] U. Aybirdi, *DIE GESCHICHTE – Wer die Welt wirklich regiert*, 03 | 2016, Printed in Poland by Amazon Fulfillment, Poland Sp. z o.o, Wrotzlaw, Seiten 107 ff

[106] Paul Schreyer, *Faktencheck 9/11 – Eine andere Perspektive – 12 Jahre danach*, Kai Homilius Verlag, 2013

[107] Ebenda

[108] *Project for the New American Century, "Rebuilding America's Defenses"*, September 2000, S. 51 – newamericancentury.org /RebuildingAmericasDefenses.pdf (zitiert nach Paul Schreyer, S. 59)

[109] https://www.youtube.com/watch?v=Ysd6xueB0lE *"Unter falscher Flagge - Was geschah am 11. September?"*

[110] Klaus Weber: *„Terroranschläge unter der Lupe"*, Klagemauer TV, 1. Auflage, Oktober 2016, ISBN 978-3-905533-22-4, Seite 5

[111] https://www.youtube.com/watch?v=CjyXM8Hv9sk&t=28s 9/11: *"Warum ignorieren Medien und Politik anerkannte physikalische Gesetze? | 11.09.2018 | Kla.TV"*, veröffentlicht: 11.09.2018

[112] http://www.epochtimes.de/politik/welt/911-war-kontrollierte-sprengung-experten-widerlegen-offizielle-911-version-in-wissenschaftsjournal-a1931658.html

[113] https://www.youtube.com/watch?v=CjyXM8Hv9sk&t=28s 9/11: *"Warum ignorieren Medien und Politik anerkannte physikalische Gesetze? | 11.09.2018 | Kla.TV"*, veröffentlicht: 11.09.2018

[114] Gerhard Wisnewski, *Operation 9/11 – Angriff auf den Globus*, Knaur Taschenbuch Verlag, 2003, Seiten 217ff.

[115] https://www.welt.de/kultur/history/article13809666/Warum-die-USA-9-11-nicht-geplant-haben-koennen.html *Sven Felix Kellerhoff, „Warum die USA 9/11 nicht geplant haben können" veröffentlicht am 24.04.2012*

[116] Paul Schreyer, *Faktencheck 9/11 – Eine andere Perspektive – 12 Jahre danach*, Kai Homilius Verlag, 2013, Seite 78; s. auch: Elevator World, ‚Drive to the Top', März 2001, Robert Baamonde Jr.

[117] *https://www.youtube.com/watch?v=se34mK00UXw&t=14s*
Donald TRUMP ENTLARVT: "Bei 9/11 waren Bomben im Spiel!" Das vergessene Interview auf Deutsch!

[118] https://www.youtube.com/watch?v=fjLisdjTnwQ&t=197s *"9/11 erklärt von Dr.Judy Wood - Episode 1 - Der fehlende Schutt DEUTSCH HD"*

[119] Ebenda

[120] Ebenda

[121] http://www.sprengstoff-gefunden-im-wtc.de/ *„Sprengstoff im WTC"*

[122] https://www.youtube.com/watch?v=8RT9BReqSag&t=141s
„ENERGIEWAFFEN-TEST am eigenen Volk! 'Waldbrände' in Kalifornien 2017! Laserwaffen, Mikrowellen, NWO"

[123] https://www.youtube.com/watch?v=Ll6i6M64On8&t=14s *"Waldbrände = Waffentests? Äußerst verdächtiges 'Brandverhalten'"*

[124] *https://www.facebook.com/photo.php?fbid=1577984245580731&set=pcb.1997665910447245&type=3&theater Günter Stellmaszek: Reale Verschwörungen! 14. Oktober 2017*

[125] https://www.youtube.com/watch?v=i5CKLjgcZ3g *„9/11 erklärt von Dr.Judy Wood - Episode 3 Zerstaubung Dustification DEUTSCH HD"*

[126] Ebenda

[127] https://www.youtube.com/watch?v=fjLisdjTnwQ *"9/11 erklärt von Dr.Judy Wood - Episode 1 - Der fehlende Schutt DEUTSCH HD"*

[128] https://www.youtube.com/watch?v=lLK5uRvuQys *„9/11 - 11 AUGENZEUGEN STARBEN | FAKTEN FRIEDEN FREIHEIT"*, veröffentlicht 31.08.2017

[129] https://www.youtube.com/watch?v=NiPGIbRtXEo

Chef-Ermittler von „Charlie-Hebdo" begeht Selbstmord - Zufall? | 18.01.2015 | www.kla.tv

[130] Oliver Janich: , *Impossible Mission 9/11: Wie ein kleines Spezialkommando den größten Terroranschlag der Geschichte durchgeführt haben könnte* , CBX Verlag UG, 2018, Seite 77

[131] Oliver Janich: , *Impossible Mission 9/11: Wie ein kleines Spezialkommando den größten Terroranschlag der Geschichte durchgeführt haben könnte* , CBX Verlag UG, 2018

[132] https://www.youtube.com/watch?v=iUzI-ktSQpY , „*9_11 WTC Nase raus - KEIN Flugzeug !*", veröffentlicht am 23.08.2011

[133] Ebenda

[134] https://www.youtube.com/watch?v=WKBuecrsaDs&t=1916s , "*9/11 und die Flugzeuge • EINE VIDEOANALYSE und mehr!*", veröffentlicht am 13.04.2016

[135] Oliver Janich: , *Impossible Mission 9/11: Wie ein kleines Spezialkommando den größten Terroranschlag der Geschichte durchgeführt haben könnte* , CBX Verlag UG, 2018, Seite 115

[136] https://www.youtube.com/watch?v=mGkZa1Ueaj4 , „*Getestet – Die 9/11 Mobilanrufe waren NICHT vom Flug aus möglich*", veröffentlicht am 03.05.2017

[137] Oliver Janich: , *Impossible Mission 9/11: Wie ein kleines Spezialkommando den größten Terroranschlag der Geschichte durchgeführt haben könnte* , CBX Verlag UG, 2018, Seite 114f

[138] https://www.youtube.com/watch?v=JYtADKZJRQM „*DIE DRITTE WAHRHEIT ÜBER 9/11 - WTC-Türme pulverisiert durch unterirdische Atombomben*"
Veröffentlicht am 22.01.2012

[139] https://www.youtube.com/watch?v=E35YYNR_-r4 „*Das Ground-Zero-Modell – Dipl. Physiker Heinz Pommer bei SteinZeit | 20.01.2019 | www.kla.tv/13724*", veröffentlicht am 21.01.2019

[140] https://www.youtube.com/watch?v=6mKh0rkCLfY : Wolfgang Schäuble gegenüber der New York Times, 21.11.2011.

[141] https://www.youtube.com/watch?v=6mKh0rkCLfY *"Politiker sprechen Klartext - BRD KEIN STAAT! | Wir zeigen Lösungen! Königreich Deutschland"*

[142] http://www.orwell-staat.de/zitate.htm

„*Zitate zur Neuen Weltordnung*"

[143] Zitiert aus dem Flugblatt „*Bilderberger – Bilder Was ???* " anlässlich der Bilderbergerkonferenz am 9.-12.6.2016 in Dresden, verbreitet durch das „*Bündnis Weißer Rabe Deutschland*"

[144] http://www.chemtrail.de/wp-content/uploads/2013/12/art1.pdf „*Piloten, Ärzte und Wissenschaftler packen aus! – Chemtrails*"
veröffentlicht: 25.03.2017

[145] Thomas Meyer (Hg.), *Brückenbauer müssen die Menschen werden*. Europäer-Schriftenreihe Band 10, Basel 2004, Seite 14 f.

[146] https://www.youtube.com/watch?v=6mKh0rkCLfY&t=1576s

"Politiker sprechen Klartext - BRD KEIN STAAT! | Wir zeigen Lösungen! Königreich Deutschland"

[147] Jürgen Roth, *Der Stille Putsch*, Wilhelm Heyne Verlag, München, 2. Auflage, Taschenbucherstausgabe, 2016, Seite 12

[148] https://www.youtube.com/watch?v=rf_tmsu-aNM
„WAHRHEITEN /UNERTRÄGLICH SCHOCKIEREND - VERRATEN VERKAUFT!H"

[149] Stephen Gill, *American Hegemony and the Trilateral Commission, Cambridge University Press*, 1990. Seite 129

[150] http://www.macht-steuert-wissen.de/2092/rothschild-soros-und-rockefeller-teilnehmerliste-muenchener-sicherheitskonferenz/

[151] Ebenda

[152] https://www.heikoschrang.de/de/neuigkeiten/2019/02/12/warum-der-17-02-2019-ueber-krieg-und-frieden-entscheiden-kann/ Heiko Schrang: *„Warum der 17.02.2019 über Krieg und Frieden entscheiden kann"*, 12.02.2019

[153] https://propagandaschau.wordpress.com/2017/04/02/propaganda-verweigern-druck-auf-die-staatssender-ausueben-so-gehts/

[154] *https://www.youtube.com/watch?v=AcLx_FreGfE "Willy Wimmer über Münchner Sicherheitskonferenz: 'Kriegskonferenz mit Krokodilstränen' "*

[155] https://www.youtube.com/watch?v=6mKh0rkCLfY *"Politiker sprechen Klartext - BRD KEIN STAAT! | Wir zeigen Lösungen! Königreich Deutschland"*

[156] Zitiert aus dem Flugblatt *„Bilderberger – Bilder Was ???"* anlässlich der Bilderbergerkonferenz am 9.-12.6.2016 in Dresden, verbreitet durch das *„Bündnis Weißer Rabe Deutschland"*

[157] Zitiert aus dem Flugblatt *„Bilderberger – Bilder Was ???"* anlässlich der Bilderbergerkonferenz am 9.-12.6.2016 in Dresden, verbreitet durch das *„Bündnis Weißer Rabe Deutschland"*

[158] https://www.google.de/search?q=dortmund&ie=utf-8&oe=utf-8&client=firefox-b&gfe_rd=cr&ei=DecMWcX4BaWK8Qec-YXgCA#q=UNO+Bestandserhaltungsmigration
execsumGeman.pdf: Bestandserhaltungsmigration - Abteilung Bevölkerungsfragen - Vereinte Nationen, Tabelle 1

[159] https://www.youtube.com/watch?v=ptot4uVUWOg&t=2081s *„Flugzeug mit Merkel Notlandung spricht von IS Terror"*, veröffentlicht am 01.12.2018, Minute 20:40

[160] Franz-Josef Ferme: Facebook-Beitrag vom 6.7.2015
https://www.facebook.com/photo.php?fbid=437284349809969&set=a.114691912069216.1073741828.100005852231655&type=1&theater¬if_t=photo_comment

[161] https://www.youtube.com/watch?v=7pSb0QVV6eE *"Die EU ist nicht Europa, sondern seine Zerstörung !"*

[162] Aus einer Rede der Bilderberger-Konferenz 2012 in Chantilly, gefunden von einem Investigativ-Journalisten in einem Mülleimer, verbreitet auf Facebook.
[163]
https://www.facebook.com/andy.schmuddy/videos/1703681956426333/?comment_id=1787855184585228 *„Geheimdokument aus dem Jahr 2012 beweist die Zerschlagung Deutschlands auf alle Zeiten"*
[164] https://www.welt.de/wirtschaft/article131550994/Bruessel-plant-europaeische-Arbeitslosenversicherung.html
[165]
https://www.facebook.com/andy.schmuddy/videos/1703681956426333/?comment_id=1787855184585228 *„Geheimdokument aus dem Jahr 2012 beweist die Zerschlagung Deutschlands auf alle Zeiten"*
[166] John Coleman, *Die Hierarchie der Verschwörer – Das Komitee der 300*, J. K. Fischer-Verlag, Gelnhausen, 2013
[167] https://www.youtube.com/watch?v=MVVNzYsrNf8 *„Bilderberger Konferenz 2017 - wie soll es weiter gehen?"*, veröffentlicht am 06.10.2017
[168] https://www.macht-steuert-wissen.de/2297/eilmeldung-soll-trump-weg-bilderberger-treffen-2017-in-den-usa/
[169] Dr. Klaus Maurer, *Die „BRD"-GmbH oder zur völkerrechtlichen Situation in Deutschland und den sich daraus ergebenden Chancen für ein neues Deutschland*, Dritte Auflage, Sunflower-Verlag, 2016, Seite 129
[170] Andreas von Rétyi, *Bilderberger – Das geheime Zentrum der Macht*, Jochen Kopp Verlag, Rottenburg 2006, Seiten 289ff
[171] Jürgen Grässlin, *Das Daimler-Desaster – Vom Vorzeigekonzern zum Sanierungsfall?* Droemer-Verlag, München, 2005
[172] https://www.macht-steuert-wissen.de/2297/eilmeldung-soll-trump-weg-bilderberger-treffen-2017-in-den-usa/
[173] https://crimekalender.wordpress.com/2017/05/15/ergebnisse-landtagswahl-nrw/
[174] https://www.macht-steuert-wissen.de/2297/eilmeldung-soll-trump-weg-bilderberger-treffen-2017-in-den-usa/
[175] http://www.macht-steuert-wissen.de/1234/schock-bilderberger-treffen-im-juni-2016-in-dresden/
[176] Ebenda
[177] Michel Moore, *STUPID WHITE MEN – Eine Abrechnung mit dem Amerika unter George W. Bush*, Piper Verlag GmbH, Tübingen, 32. Auflage 2003, Seiten 9ff
[178] Udo Ulfkotte, *Volkspädagogen – wie uns die Massenmedien politisch korrekt erziehen wollen*, Kopp Verlag, 2016
[179] *Gekaufte Journalisten – Wie Politiker, Geheimdienste und Hochfinanz Deutschlands Massenmedien lenken*, Kopp Verlag, 2014
[180] G. Wisnewski, *Verheimlicht, vertuscht, vergessen*, Knauer Taschenbuch Verlag, 2013, Seite 42

[181] https://www.youtube.com/watch?v=4J8NR2af9q8
„BPK blockt Atomwaffen Abrüstung und lügt frech"

[182] https://www.youtube.com/watch?v=rKtZ50FT2ls *"NWO...Gysi, bestätigte schon längst den Plan der NWO!"*

[183] Daniele Ganser, *Illegale Kriege*, Orell Füssli Verlag AG, Zürich, 2. Auflage, 2016

[184] https://www.youtube.com/watch?v=rf_tmsu-aNM
„ WAHRHEITEN /UNERTRÄGLICH SCHOCKIEREND - VERRATEN VERKAUFT!H"

[185] http://www.orwell-staat.de/zitate.htm
„Zitate zur Neuen Weltordnung"

[186] Ebenda

[187] Jürgen Roth, *Der Stille Putsch*, Wilhelm Heyne Verlag, München, 2.Auflage, Taschenbucherstausgabe, 2016, Seite 18

[188] http://www.orwell-staat.de/zitate.htm
„Zitate zur Neuen Weltordnung"

[189] https://de.pinterest.com/explore/rothschild-family/

[190] Guido Giacomo Preparata: *Conjuring Hitler. How Britain and America made the Third Reich*, Pluto Press, London and Ann Arbor 2005

[191] Guido Giacomo Preparata, *Wer Hitler mächtig machte – Wie britisch-amerikanische Finanzeleiten dem Dritten Reich de Weg bereiteten*, Perseus Verlag, 2006, ISBN 978-3-907564-74-5;

[192] https://www.youtube.com/watch?v=vln_ApfoFgw&t=74s
„ US-Strategie (auf deutsch) l George Friedman STRATFOR @ Chicago Council on Global Affairs"

[193] U. Aybirdi, *DIE LÜGEN GESCHICHTE – Wer die Welt wirklich regiert*, 03 | 2016, Printed in Poland by Amazon Fulfillment, Poland Sp. z o.o, Wrotzlaw, Seite 91

[194] Ebenda, Seite 90

[195] G. Wisnewski, *Verheimlicht, vertuscht, vergessen*, Kopp Verlag, 2013, Seiten 43ff.

[196] https://www.youtube.com/watch?v=c_7A2Npv_cY&t=126s
„ESM Diktatur kurz erklärt"

[197] https://www.youtube.com/watch?v=c_7A2Npv_cY&t=126s
„ESM Diktatur kurz erklärt"

[198] https://www.tagesschau.de/wirtschaft/esm110.html Tagesschau.de: *"So funktioniert der Rettungsschirm ESM*
Stand: 02.03.2018 07:55 Uhr"

[199] http://www.anonymousnews.ru/2017/07/29/die-geplante-masseneinwanderung-angela-merkel-und-der-coudenhove-kalergi-

plan/#comment-40328 *"Die geplante Zerstörung Europas: Angela Merkel und der Coudenhove-Kalergi-Plan"*

[200] https://www.youtube.com/watch?v=E8QsOz4u54M&t=14s *"Vermischung der Rassen auch mit Zwangsmaßnahmen - Französischer Ex-Präsident (2008)"*

[201] https://www.facebook.com/b.n.d.und.brid.machen.nur.noch.shit/videos/***united-nation-of-europe***-(une/1911800162465818/ *„ ***UNITED NATION of EUROPE*** (UNE / NWO Umwandlung bis 2030/2050 ist bereits Vereinbart & Beschlossen worden)"*

[202] https://www.youtube.com/watch?v=E8QsOz4u54M&t=14s *"Vermischung der Rassen auch mit Zwangsmaßnahmen - Französischer Ex-Präsident (2008)"*

[203] Ebenda

[204] https://www.youtube.com/watch?v=nM7ZGoiP2dU *"Nick Griffin spricht im EU-Parlament über den Genozid in Europa -Paneuropa- Kalergi"*, veröffentlicht: 01.06.2017

[205] https://www.youtube.com/watch?v=ItrPTnrTdzU *"Tagesthemen Interview: Unser Multikulti-Experiment"*

[206] https://www.youtube.com/watch?v=5cT00v3zkoI *"Versuchskaninchen" Europa - Was denken Deutsche?"*

[207] https://www.youtube.com/watch?v=w_6W3uaum7M *„Wir tauschen euch aus"* ARD: *"Experiment Bevölkerungsaustausch"* in Europa (Video übernommen von waternixe stöverstuuv)

[208] https://www.laenderdaten.info/iq-nach-laendern.php Laenderdaten.info - Der IQ im Ländervergleich

[209] https://www.laenderdaten.info/iq-nach-laendern.php Laenderdaten.info - Der IQ im Ländervergleich

[210] https://de.wikipedia.org/wki/Liste_der_L%C3%A4nder_nach_muslimischer_Bev%C3%B6lkerung *„Liste der Länder nach muslimischer Bevölkerung"*

[211] https://annaschublog.com/2017/09/13/1400-jahre-inzucht-im-islam-niedriger-iq-gewalt-und-terror/ 13/09/2017 *„1400 Jahre Inzucht im Islam: Niedriger IQ, Gewalt und Terror"*

[212] https://www.laenderdaten.info/iq-nach-laendern.php Laenderdaten.info - Der IQ im Ländervergleich

[213] https://www.laenderdaten.info/iq-nach-laendern.php *„Intelligenz in Relation zu Einkommen und Klima"*

[214] https://de.europenews.dk/-Muslimische-Inzucht-Auswirkungen-auf-Intelligenz-geistige-und-koerperliche-Gesundheit-sowie-Gesellschaft-79903.html *„Muslimische Inzucht: Auswirkungen auf Intelligenz, geistige und körperliche Gesundheit sowie Gesellschaft"*, 13 Oktober 2010

[215] https://annaschublog.com/2017/09/13/1400-jahre-inzucht-im-islam-niedriger-iq-gewalt-und-terror/ 13/09/2017 *„1400 Jahre Inzucht im Islam: Niedriger IQ, Gewalt und Terror"*

[216] Ebenda

[217] https://www.youtube.com/watch?v=_9fpJJK0Tmo
"Dr. Gottfried Curio, innenpolitischer Sprecher der AfD-Fraktion, hält die heute erschienene Polizeil"
[218] http://skywatchbretten.blogspot.de/20...
Akif Pirincci – *„Anklage wegen Volksverhetzung - DIE BESTRAFER LOBEN DEN STRAFTÄTER"*
[219] https://www.youtube.com/watch?v=w_6W3uaum7M *„Wir tauschen euch aus" ARD: "Experiment Bevölkerungsaustausch" in Europa* (Video übernommen von waternixe stöverstuuv)
[220] Ebenda
[221] Ebenda
[222] https://www.youtube.com/watch?v=UTNg0rDOsG0
"Helmud Kohl-Hennoch Kohn" (autorisiert vom Verband Deutscher Rechtssachverständiger)
[223] https://www.youtube.com/watch?v=rf_tmsu-aNM
„WAHRHEITEN /UNERTRÄGLICH SCHOCKIEREND - VERRATEN VERKAUFT!"
[224] Junge Welt, 30.05.2018, Markus Bernhardt: *„ ‚Alternativer Verfassungs-schutzbericht': Warnung vor Aushöhlung des Grundgesetzes"*
[225] https://www.youtube.com/watch?v=E8QsOz4u54M&t=14s *"Vermischung der Rassen auch mit Zwangsmaßnahmen - Französischer Ex-Präsident (2008)"*
[226]
https://www.facebook.com/b.n.d.und.brid.machen.nur.noch.shit/videos/1911800162465818 *„***UNITED NATION of EUROPE*** UNE / NWO Umwandlung bis 2030/2050 ist bereits Vereinbart & Beschlossen worden)"*
[227] Ebenda
[228] Ebenda
[229] https://www.buzer.de/89_BKAG_Bundeskriminalamtgesetz.htm
[230] Bundesgesetzblatt Jahrgang 2008 Teil I Nr.23, ausgegeben zu Bonn am 16. Juni 2008 (Auszug siehe: Holger Fröhner, *Das Deutschland Protokoll*, J.K.Fischer-Verlag, 3. Auflage 12/2017, Seite 164)
[231] Holger Fröhner, *Das Deutschland Protokoll*, J.K.Fischer-Verlag, 3. Auflage 12/2017, Seite 161)
[232] https://www.tichyseinblick.de/daili-es-sentials/bundestag-beschliesst-einschraenkung-von-grundrech-ten/?fbclid=IwAR03y8ECmPZJXZjcYHTC4XQsct1ZUu4GXBF0WoPlYQhmLl BtS96-L8haHWU
[233] www.kla.tv/12469 *„DSGVO – totale Meinungsversklavung im EU-Stil (Da-tenschutz-Grundverordnung)"*
[234] Ebenda
[235] https://www.tichyseinblick.de/gastbeitrag/ein-eu-toleranzgesetz/ Ingrid Ansari: *"Ein EU-Toleranzgesetz?"*
[236] Ebenda

https://www.facebook.com/b.n.d.und.brid.machen.nur.noch.shit/videos/19118001
62465818 „ ***UNITED NATION of EUROPE*** (UNE / NWO Umwandlung
bis 2030/2050 ist bereits Vereinbart & Beschlossen worden)"
[238] https://www.youtube.com/watch?v=t0JluqjhyZ8&feature=youtu.be „11.12.
2018: UN errichtet weltweites "Blockwartsystem" zur Verfolgung von
Einwanderungskritikern"
[239] http://www.gottliebtuns.com/komitee300.htm "Das Komitee der 300"
[240] Zitiert aus dem Artikel „Techno-totalitäre Roadmap des Weltwirtschaftsforums" von Jacob Nordangård über Faktualität ; 10.09.2020;
https://de.technocracy.news/world-economic-forums-techno-totalitarian-roadmap/
[241] Ebenda
[242] Rainer Mausfeld, Warum schweigen die Lämmer? – Wie Elitendemokratie und
Neoliberalismus unsere Gesellschaft und unsere Lebensgrundlagen zerstören,
Westend Verlag GmbH, Frankfurt/Main, 2018, innere Umschlagseite
[243] Rainer Mausfeld, Warum schweigen die Lämmer? – Wie Elitendemokratie und
Neoliberalismus unsere Gesellschaft und unsere Lebensgrundlagen zerstören,
Westend Verlag GmbH, Frankfurt/Main, 2018, äußere Umschlagseite
[244] https://hinter-den-schlagzeilen.de/der-gekaufte-
pla-
net?fbclid=IwAR022I0he4FZW7NTslh03_X8p7fa9pLIySt9oCNdLerugDdp2k8f
Ab6X-6E , „Der gekaufte Planet", 21. 09.2020, Von rr in FEATURED, Politik,
Wirtschaft
[245] https://de.technocracy.news/world-economic-forums-techno-totalitarian-
roadmap/ Jacob Nordangård: „Techno-totalitäre Roadmap des Weltwirtschaftsforums"; 10.09.2020; https://de.technocracy.news/world-economic-forums-techno-
totalitarian-roadmap/
[246] https://17ziele.de/info/was-sind-die-17-ziele.html , „Was sind die 17 Ziele?
Ziele für nachhaltige Entwicklung". Im Auftrag des Bundesministeriums für
wirtschaftliche Zusammenarbeit und Entwicklung, ©2019 ENGAGEMENT
GLOBAL
[247] https://www.youtube.com/watch?v=WaudJgutsPw&t=1650s „Doku: Der
geheime Krieg - Solares Geoengineering - deutsch synchronisierte Version"
(Minute 5:25 im Video), veröffentlicht am 15.03.2016
[248] http://www.deagel.com/country/forecast.aspx).
[249] https://www.youtube.com/watch?v=wYf-3PhzAJM , „Der perfide Plan des
World Economic Forum", 02.08.2020
[250] https://de.technocracy.news/world-economic-forums-techno-totalitarian-
roadmap/ Jacob Nordangård: „Techno-totalitäre Roadmap des Weltwirtschaftsforums"; 10.09.2020; https://de.technocracy.news/world-economic-forums-techno-
totalitarian-roadmap/
[251] https://www.swp.de/politik/inland/bundestag-live-corona-ifsg-
infektionsschutzgesetz-2020-aenderung-paragraph-28a-novelle-neu-impfung-
demo-ggner-polizei-53167848.html , SÜDWEST PRESSE: „3.

Infektionsschutzgesetz 2020 'Es ist ungeheuerlich' - Abgeordnete vor Abstimmung im Bundestag zum Bevölkerungsschutzgesetz bedrängt" , **19.11.2020**

[252] *https://www.youtube.com/watch?v=AR8EwwNNdT4 „Doku: Gnadenloser Wirtschaftskrieg mit Asylanten? | 26. November 2016 | www.kla.tv/9438"*

[253] https://www.youtube.com/watch?v=E8QsOz4u54M&t=14s *"Vermischung der Rassen auch mit Zwangsmaßnahmen - Französischer Ex-Präsident (2008)"*

[254]

https://www.facebook.com/b.n.d.und.brid.machen.nur.noch.shit/videos/***united-nation-of-europe***-(une/1911800162465818/ *„ ***UNITED NATION of EUROPE*** (UNE / NWO Umwandlung bis 2030/2050 ist bereits Vereinbart & Beschlossen worden)"*

[255] https://ec.europa.eu/home-affairs/sites/homeaffairs/files/e-library/docs/pdf/final_report_relocation_of_refugees_en.pdf

[256] https://www.google.de/search?q=dortmund&ie=utf-8&oe=utf-8&client=firefox-b&gfe_rd=cr&ei=DecMWcX4BaWK8Qec-YXgCA#q=UNO+Bestandserhaltungsmigration

execsumGeman.pdf: Bestandserhaltungsmigration - Abteilung Bevölkerungsfragen - Vereinte Nationen, Tabelle 1

[257] https://www.youtube.com/watch?v=XsKPX8nKYxs , *„Finale Massenmigration offenbar beschlossen (von Eva Herman) | 01.08.2018 | www.kla.tv/12800"*, veröffentlicht am 01.08.2018

[258] Ebenda

[259] KOPPonline und chemtrail.de (November 2015)

[260] https://www.google.de/search?q=dortmund&ie=utf-8&oe=utf-8&client=firefox-b&gfe_rd=cr&ei=DecMWcX4BaWK8Qec-YXgCA#q=UNO+Bestandserhaltungsmigration

execsumGeman.pdf: Bestandserhaltungsmigration - Abteilung Bevölkerungsfragen - Vereinte Nationen, Tabelle 1

[261] www.achgut.com Henryk M. Broder, 30.06.2018: *„Niemand wird etwas weggenommen, alle bekommen was ab"*

[262]https://www.welt.de/politik/deutschland/article145792553/Der-Werbefilm-fuer-das-gelobte-Asylland-Germany.html *"Video für Flüchtlinge Der Werbefilm für das gelobte Asylland Germany"*

[263] Viktor Timtschenko, COMPACT-Magazin 02/2017, Seite 57ff.

[264] https://www.youtube.com/watch?v=ItrPTnrTdzU *"Tagesthemen Interview: Unser Multikulti-Experiment"*

[265] https://www.youtube.com/watch?v=5cT00v3zkoI *"Versuchskaninchen" Europa - Was denken Deutsche?"*

[266] https://www.patriotpetition.org/2018/04/26/eu-umsiedlungsprogramm-sofort-stoppen-schluss-mit-der-masseneinwanderung/ *„PatriotPetition.org – Wir sind das Volk"*

[267] http://smopo.ch/eu-will-bis-zu-300-millionen-afrikanische-fluechtlinge-holen/ *„EU will bis zu 300 Millionen afrikanische Flüchtlinge holen"*, 06. Juli 2018

[268] Ebenda

²⁶⁹ Ebenda

²⁷⁰ *https://www.youtube.com/watch?v=qsc3cqP2XXw „Merkels Fachkräfte vertreiben echte Fachkräfte"*, veröffentlicht **am** 14.09.2018

²⁷¹ http://staseve.eu/?p=53355

²⁷² https://facebook-sperre.de/nostradamus-der-dauerbrenner-unter-den-beitragsloeschungen/ Christian Stahl: *„Nostradamus – der Dauerbrenner unter den Beitragslöschungen"*, 21. Juni 2018

²⁷³ https://www.google.de/search?q=dortmund&ie=utf-8&oe=utf-8&client=firefox-b&gfe_rd=cr&ei=DecMWcX4BaWK8Qec-YXgCA#q=UNO+Bestandserhaltungsmigration
execsumGeman.pdf: Bestandserhaltungsmigration - Abteilung Bevölkerungsfragen - Vereinte Nationen, Tabelle 1

²⁷⁴
https://www.landtag.nrw.de/portal/WWW/GB_I/I.5/PBGD/Archiv_Veroeffentlichungen_der_13.WP/Verschiedenes/Das_Recht_auf_Heimat.pdf

²⁷⁵ http://www.sudeten.de/cms/?Historie:Haltung_der_UNO:UNO-Menschenrechtskommission_bekennt_sich_zum_Recht_auf_die_Heimat *„UNO-Menschenrechtskommission bekennt sich zum Recht auf die Heimat,,*

²⁷⁶ https://www.epochtimes.de/meinung/gastkommentar/un-migrationspakt-verstoesst-gegen-beschluss-der-un-menschenrechtskommission-und-voelkerstrafgesetzbuch-a2719228.html Daniel Prinz: *"UN-Migrationspakt verstößt gegen Beschluss der UN-Menschenrechtskommission und Völkerstrafgesetzbuch"*, 26. November 2018

²⁷⁷ https://www.youtube.com/watch?v=ZM3RzlY4H28 *"EU FÖRDERT GENOZID AN WEISSEN VÖLKERN EUROPAS!"*

²⁷⁸ https://www.voelkermordkonvention.de/uebereinkommen-ueber-die-verhuetung-und-bestrafung-des-voelkermordes-9217/

²⁷⁹ http://heumanns-brille.de/ *„Migrationspakt: Demarche vom 15.12.2018 an die Botschafter von Australien, China, Österreich, Rußland, Schweiz, Slowakei, Tschechien, Ungarn (u.a.)"*

²⁸⁰ https://www.heikoschrang.de/de/neuigkeiten/2018/09/19/verhindern-wird-der-11-12-2018-als-schwaerzester-tag-in-die-geschichte-eingehen/ Heuko Schrang: *„Verhindern! Wird der 11.12.2018 als schwärzester Tag in die Geschichte eingehen?"*

²⁸¹ http://heumanns-brille.de/ *„Migrationspakt: Demarche vom 15.12.2018 an die Botschafter von Australien, China, Österreich, Rußland, Schweiz, Slowakei, Tschechien, Ungarn (u.a.)"*

²⁸² https://www.youtube.com/watch?v=nM7ZGoiP2dU *"Nick Griffin spricht im EU-Parlament über den Genozid in Europa -Paneuropa- Kalergi"*, veröffentlicht: 01.06.2017

²⁸³ https://www.youtube.com/watch?v=3QLDwdcU0DE *"Zweites Überraschungs-Ei - der UN Flüchtlingspakt setzt noch einen drauf! * HD"*, veröffentlicht am 26.11.2018

²⁸⁴ Ebenda

[285] https://www.google.de/search?q=dortmund&ie=utf-8&oe=utf-8&client=firefox-b&gfe_rd=cr&ei=DecMWcX4BaWK8Qec-YXgCA#q=UNO+Bestandserhaltungsmigration
execsumGeman.pdf: Bestandserhaltungsmigration - Abteilung Bevölkerungsfragen - Vereinte Nationen, Tabelle 1

[286] https://www.youtube.com/watch?v=EQ0l0HxNEOY&t=300s
„Die Deutschen – Hasser"

[287] Ebenda

[288] Friederike Beck, *Die Migrationsagenda – wie elitäre Netzwerke mithilfe von EU, UNO, superreichen Stiftungen und NGOs Europa zerstören wollen*, Kopp Verlag, 2016

[289] Tino Perlick im Gespräch mit Maram Susli „Syrian Girl", COMPACT-Magazin 02/2017, Seite 47f

[290] http://smopo.ch/eu-will-bis-zu-300-millionen-afrikanische-fluechtlinge-holen/
„EU will bis zu 300 Millionen afrikanische Flüchtlinge holen", 06. Juli 2018

[291] http://www.freiburg-schwarzwald.de/blog/global-compact-on-refugees/
"Global Compact on Refugees", publiziert am 18. Juli 2018

[292] https://www.epochtimes.de/meinung/gastkommentar/un-migrationspakt-verstoesst-gegen-beschluss-der-un-menschenrechtskommission-und-voelkerstrafgesetzbuch-a2719228.html Daniel Prinz: *"UN-Migrationspakt verstößt gegen Beschluss der UN-Menschenrechtskommission und Völkerstrafgesetzbuch"*, 26. November 2018

[293] https://www.youtube.com/watch?v=4BZiM4NHbzU *„Wollt ihr den totalen Krieg? - Uwe Steimle"*

[294] Friederike Beck, *Die geheime Migrationsagenda – wie elitäre Netzwerke mithilfe von EU, UNO, superreichen Stiftungen und NGOs Europa zerstören wollen*, Kopp Verlag, 2016, Umschlagseite

[295] https://www.youtube.com/watch?v=P1gJHYSblKs *"AfD IM Merkel Hirn Abschaltvorrichtung gefunden Ultrafeinstaub PM10"*

[296] https://www.youtube.com/watch?v=iV-cCRvPSh4
„Willy Wimmer: ‚Was hier läuft, ist ein Verbrechen!'"

[297] M. Lüders, *„Wer den Wind sät – Was westliche Politik im Orient anrichtet*, Verlag C.H.Beck oHG, München, 20. Auflage 2016

[298] Daniele Ganser, *Illegale Kriege*, Orell Füssli Verlag AG, Zürich, 2. Auflage, 2016

[299] https://mail.google.com/mail/u/0/#inbox/FMfcgxvzKbLVHTCvXShWLkBcFvMTVJWR

[300] Ebenda

[301] https://www.youtube.com/watch?v=cug7dP4ZFUc&t=210s *„Vier Arten der US-Okkupation in Deutschland und Europa"*

[302] https://www.youtube.com/watch?v=j0XGLu_cmN8 *„Flüchtlingsindustrie - Journalisten packen aus"*

[303] https://www.youtube.com/watch?v=EQ0l0HxNEOY&t=300s
„Die Deutschen – Hasser"

[304] https://www.welt.de/politik/deutschland/article145792553/Der-Werbefilm-fuer-das-gelobte-Asylland-Germany.html *"Video für Flüchtlinge Der Werbefilm für das gelobte Asylland Germany"*

[305] http://www.anonymousnews.ru/2018/12/10/aufgedeckt-arabischer-flyer-erklaert-wie-grossartig-das-leben-in-deutschland-ist/?utm_source=newsletter&utm_medium=email&utm_campaign=sek_einsatz_im_asylheim&utm_term=2018-12-13 *„Aufgedeckt: Arabischer Flyer erklärt, wie großartig das Leben in Deutschland ist"*, 13.Dezember 2018

[306] Friederike Beck, *Die geheime Migrationsagenda – wie elitäre Netzwerke mithilfe von EU, UNO, superreichen Stiftungen und NGOs Europa zerstören wollen*, Kopp Verlag, 2016

[307] Friederike Beck, *Migranten als Rammbock*, Interview, veröffentlicht in der Zeitschrift ZUERST 11/2016, Seiten 30ff.

[308] Kelly M. Greenhill, *Massenmigrationswaffen – Vertreibung, Erpressung und Außenpolitik*, 2010

[309] G. Wisnewski, *Verheimlicht, vertuscht, vergessen*, Kopp Verlag, 2016

[310] https://www.youtube.com/watch?v=ZeCExvjoyTQ
„Gerhard Wisnewski in der Stadthalle Reutlingen"

[311] Friederike Beck, *Die geheime Migrationsagenda – wie elitäre Netzwerke mithilfe von EU, UNO, superreichen Stiftungen und NGOs Europa zerstören wollen*, Kopp Verlag, 2016

[312] Friederike Beck, *Migranten als Rammbock*, Interview, veröffentlicht in der Zeitschrift ZUERST 11/2016, Seiten 30ff.

[313] Udo Ulfkotte *Gekaufte Journalisten – Wie Politiker, Geheimdienste und Hochfinanz Deutschlands Massenmedien lenken*, Kopp Verlag, 2014

[314] Friederike Beck, *Die geheime Migrationsagenda – wie elitäre Netzwerke mithilfe von EU, UNO, superreichen Stiftungen und NGOs Europa zerstören wollen*, Kopp Verlag, 2016

[315] Friederike Beck, *Migranten als Rammbock*, Interview, veröffentlicht in der Zeitschrift ZUERST 11/2016, Seiten 30ff.

[316] G. Wisnewski, *Verheimlicht, vertuscht, vergessen*, Kopp Verlag, 2016

[317] http://www.chemtrail.de/?p=11242 *„Die Maske fällt -Vizepräsident der EU-Kommission: »Monokulturelle Staaten ausradieren«"*

[318] https://www.youtube.com/watch?v=19asrm-S4i0&t=14s
„Horst Seehofer, erklärt warum Wählen sinnlos ist !!! Bei Pelzig 20.5.2010"

[319] https://www.youtube.com/watch?v=MDWqSWKCAs8
„Horst Seehofer bei Pelzig (ungekürzt)"

[320] Dr. Klaus Maurer, *Die „BRD"-GmbH oder zur völkerrechtlichen Situation in Deutschland und den sich daraus ergebenden Chancen für ein neues Deutschland*, Dritte Auflage, Sunflower-Verlag, 2016, Seite 40

[321] Daniele Ganser, *Illegale Kriege*, Orell Füssli Verlag AG, Zürich, 2.Auflage, 2016

[322] Dr. Klaus Maurer, *Die „BRD"-GmbH oder zur völkerrechtlichen Situation in Deutschland und den sich daraus ergebenden Chancen für ein neues Deutschland*, Dritte Auflage, Sunflower-Verlag, 2016, Seite 40

[323] Ebenda, Seite 18

[324] https://www.youtube.com/watch?v=cug7dP4ZFUc&t=210s *„Vier Arten der US-Okkupation in Deutschland und Europa"*

[325] Dr. Klaus Maurer, *Die „BRD"-GmbH oder zur völkerrechtlichen Situation in Deutschland und den sich daraus ergebenden Chancen für ein neues Deutschland*, Dritte Auflage, Sunflower-Verlag, 2016, Seite 18

[326] https://www.youtube.com/watch?v=eUaZGmsqyBY „Ein wichtiger Aufruf des Versammlungsrates der Verfassunggebenden Versammlung!"

[327] https://www.youtube.com/watch?v=cug7dP4ZFUc&t=210s *„Vier Arten der US-Okkupation in Deutschland und Europa"*

[328] Udo Ulfkotte, *Gekaufte Journalisten – Wie Politiker, Geheimdienste und Hochfinanz Deutschlands Massenmedien lenken*, Kopp Verlag, 2014

[329] http://info.kopp-verlag.de/hintergruende/deutschland/udo-ulfkotte/cdu-programm-2-2-weitere-zuwanderung-fuehrt-zum-buergerkrieg-.html

[330] https://vera-lengsfeld.de/2018/10/08/mein-statement-zur-gemeinsamen-erklaerung-fuer-den-petitionsausschuss-des-deutschen-bundestags-sofortiger-stopp-der-illegalen-migration-nach-deutschland/ *„Mein Statement zur „Gemeinsamen Erklärung" für den Petitionsausschuss des Deutschen Bundestags – sofortiger Stopp der illegalen Migration nach Deutschland"*

[331] https://www.youtube.com/watch?v=oSSWDTakMoU *„Syrien - Friedensgespräche - West-Boykott? Christoph Hörstel zur Lage KW 4"*

[332] Tino Perlick im Gespräch mit Maram Susli „Syrian Girl", COMPACT-Magazin 02/2017, Seite 47

[333] Kleine Anfrage der AfD-Fraktion an den Präsidenten des Sächsischen Landtages, Drs.-Nr.: 6/6913

[334] https://www.youtube.com/watch?v=EQ0l0HxNEOY&t=300s *„Die Deutschen – Hasser"*

[335] https://www.epochtimes.de/politik/europa/migranten-verfuegen-ueber-namenlose-mastercards-mit-eu-und-unhcr-logo-a2694487.html *"Migranten verfügen über namenlose Mastercards mit EU- und UNHCR-Logo"*, 4. 11. 2018 Aktualisiert: 8. 11. 2018 10:03

[336] https://www.youtube.com/watch?v=uWBEJ6XkjH0&t=1229s *Irrenhaus BRD DDR 2018 Nichts als Lügner & Betrüger Letzte Chance AfD*

[337]Ebenda

[338] https://www.welt.de/politik/deutschland/article145792553/Der-Werbefilm-fuer-das-gelobte-Asylland-Germany.html *"Video für Flüchtlinge Der Werbefilm für das gelobte Asylland Germany"*

[339] www.tichyseinblick.de Alexander Wallasch: *„Hunderttausendfacher Rechtsbruch im BAMF bestätigt: Die Verantwortlichen sitzen auf der Regierungsbank"*, 29. Mai 2018

[340] https://www.youtube.com *„BAMF-Betrug am Volk – von oberster Stelle angeordnet? Paymani"* 29.05.2018

[341] https://news-for-friends.de *„Skandal: Bundesinnenministerium rechtfertigt Aktenvernichtung im BAMF"* 31.Mai 2018

[342] https://www.youtube.com/watch?v=ItrPTnrTdzU *"Tagesthemen Interview: Unser Multikulti-Experiment"*

[343] https://www.youtube.com/watch?v=5cT00v3zkoI *"Versuchskaninchen" Europa - Was denken Deutsche?"*

[344] *„BAMF-Betrug am Volk – von oberster Stelle angeordnet? Paymani"*

[345] https://www.welt.de/politik/deutschland/article145792553/Der-Werbefilm-fuer-das-gelobte-Asylland-Germany.html *"Video für Flüchtlinge Der Werbefilm für das gelobte Asylland Germany"*

[346] https://michael-mannheimer.net/2018/01/05/unfassbar-merkel-wirbt-im-afghanischen-fernsehen-um-massenimmigration-nach-deutschland/ *„Unfassbar: Merkel wirbt im afghanischen Fernsehen um Massenimmigration nach Deutschland"*

[347] Friederike Beck, Die geheime Migrationsagenda – *wie elitäre Netzwerke mithilfe von EU, UNO, superreichen Stiftungen und NGOs Europa zerstören wollen,* Kopp Verlag, 2016, Seite 114f

[348] Ebenda

[349] https://www.youtube.com/watch?v=YzEGwaOdFl0 *„Ken Jebsen zu Politiker-Geschwätz Mainstream-Medien Volkes Hilfeschrei Elitenherrschaft & D. Trump"*

[350] https://www.youtube.com/watch?v=E8QsOz4u54M&t=14s *"Vermischung der Rassen auch mit Zwangsmaßnahmen - Französischer Ex-Präsident (2008)"*

[351] http://www.anonymousnews.ru/2017/07/29/die-geplante-masseneinwanderung-angela-merkel-und-der-coudenhove-kalergi-plan/#comment-40328 *"Die geplante Zerstörung Europas: Angela Merkel und der Coudenhove-Kalergi-Plan"*

[352] https://www.epochtimes.de/politik/europa/der-globale-pakt-fuer-migration-einwanderungsplan-von-uno-und-eu-gefaehrdet-deutschlands-souveraenitaet-a2405378.html Epoch Times20. April 2018 Aktualisiert: 20. April 2018 18:51

[353] Ebenda

[354] https://www.youtube.com/watch?v=GSAuvhfG9LE *"Martin Hebner im Bundestag zum Regelwerk Global Compact for Migration"*

[355] Michael Paulwitz, *Der große Graben*, Junge Freiheit, Nr. 7/19, Seite 1

356 https://vera-lengsfeld.de , Vera Lengsfeld und Dr. Wolfgang Hintze: *„Merkels 'europäische Lösung' – die verschwiegene Katastrophe"*
357 Ebenda
358 http://www.spiegel.de/politik/deutschland/fluechtlinge-eu-fluechtlingsplaene-alarmieren-bundesregierung-a-1187500.html , 13.01.2018
359 https://vera-lengsfeld.de , Vera Lengsfeld und Dr. Wolfgang Hintze: *„Merkels 'europäische Lösung' – die verschwiegene Katastrophe"*
360 Ebenda
361 https://www.patriotpetition.org/2018/04/26/eu-umsiedlungsprogramm-sofort-stoppen-schluss-mit-der-masseneinwanderung/ *„PatriotPetition.org – Wir sind das Volk"*
362 https://www.google.de/search?q=dortmund&ie=utf-8&oe=utf-8&client=firefox-b&gfe_rd=cr&ei=DecMWcX4BaWK8Qec-YXgCA#q=UNO+Bestandserhaltungsmigration

execsumGeman.pdf: Bestandserhaltungsmigration - Abteilung Bevölkerungsfragen - Vereinte Nationen, Tabelle 1
363 https://www.youtube.com/watch?v=XsKPX8nKYxs , *„Finale Massenmigration offenbar beschlossen (von Eva Herman) | 01.08.2018 | www.kla.tv/12800"*, veröffentlicht am 01.08.2018
364 http://smopo.ch/eu-will-bis-zu-300-millionen-afrikanische-fluechtlinge-holen/ *„EU will bis zu 300 Millionen afrikanische Flüchtlinge holen"*, 06. Juli 2018
365 https://www.youtube.com/watch?v=XsKPX8nKYxs *„Finale Massenmigration offenbar beschlossen (von Eva Herman) | 01.08.2018 | www.kla.tv/12800"*, veröffentlicht am 01.08.2018
366 http://www.jjahnke.net/rundbr125k.html#3658
Infoportal Deitschland & Globalisierung Rundbriefe
367 *https://www.youtube.com/watch?v=XsKPX8nKYxs „Finale Massenmigration offenbar beschlossen (von Eva Herman) | 01.08.2018 | www.kla.tv/12800"*, veröffentlicht am 01.08.2018
368 https://www.youtube.com/watch?v=HuOi3pEDu9U *"Eva Herman: Regierung verschleiert Bevölkerungsaustausch"*, veröffentlicht am 10.09.2017
369 Ebenda
370 https://fowid.de/meldung/mythos-hoher-muslimischer-geburtenraten?fbclid=IwAR2TcBWzwEHtQRMxccYIw2-y9KTu5073HPOWlTtTuaJCYSBBpR9n25o7jPY *„Der Mythos hoher muslimischer Geburtenraten"*, 26.01.2018
371
https://papers.ssrn.com/sol3/papers.cfm?abstract_id=2256550&fbclid=IwAR3LsoHqBqqvXbjbjQTIjzg0TCf5obecdn9bjtR_YsmeTmNEE7tCQ1VKI0o *„Cultural Influences on the Fertility Behaviour of First- and Second-Generation Immigrants in Germany"*,26 Apr 2013
372 https://www.sueddeutsche.de/politik/geburtenrate-unter-migranten-die-kopftuch-legende-1.1041228?fbclid=IwAR1QPV_995NKrVslyHXjnVhul-

Zn060RiEzIOqcqSDcWuC4fTSyfdaiYqVs *"Die Kopftuch-Legende"*, 30.12. 2010

[373] https://www.youtube.com/watch?v=HuOi3pEDu9U *"Eva Herman: Regierung verschleiert Bevölkerungsaustausch"*, veröffentlicht am 10.09.2017

[374] https://www.youtube.com/watch?v=qsc3cqP2XXw *„Merkels Fachkräfte vertreiben echte Fachkräfte"*, veröffentlicht am 14.09.2018

[375] https://fassadenkratzer.wordpress.com/2018/06/21/buergerkriege-voraussehbar/ Herbert Ludwig *„Bürgerkriege voraussehbar"*, veröffentlicht: 21.6.2018

[376] Frank-Rüdiger Halt: *„Volk im Wachkoma"*, Frieling-Verlag Berlin, 2016, Seite 13

[377] Alexander Unzicker, *„ Vom Urknall zum Durchknall – Die absurde Jagd nach der Weltformel"*, Springer Verlag Heidelberg Dordrecht London New York, korrigierter Nachdruck 2010, Seite 288

[378] http://denk-blog.de/islamkonferenz-2018/

[379] http://www.spiegel.de/kultur/gesellschaft/hamed-abdel-samad-und-sein-buch-integration-ein-protokoll-des-scheiterns-a-1201095.html *„Islamkritiker Hamed Abdel-Samad Unbequemer Kronzeuge"*, 9.April .2018

[380] *http://europaeische-aktion.org/2017/09/01/klartext/?v=3a52f3c22ed6 „EUROPÄISCHEN AKTION; Klartext"*

[381] *http://europaeische-aktion.org/2017/09/01/klartext/?v=3a52f3c22ed6 „EUROPÄISCHEN AKTION; Klartext"*

[382] https://krisenfrei.com/baustein-um-baustein-zu-unserer-vereinnahmung-durch-uno-dekrete/ *„Baustein um Baustein zu unserer Vereinnahmung durch UNO-Dekrete"*, 22. Oktober 2018

[383] Udo Ulfkotte, *Mekka in Deutschland – Die stille Islamisierung*, Kopp Verlag, 2015, Umschlagseite

[384] https://www.landtag.nrw.de/portal/WWW/GB_I/I.5/PBGD/Archiv_Veroeffentlich ungen_der_13.WP/Verschiedenes/Das_Recht_auf_Heimat.pdf

[385] http://www.sudeten.de/cms/?Historie:Haltung_der_UNO:UNO-Menschenrechtskommission_bekennt_sich_zum_Recht_auf_die_Heimat *„ UNO-Menschenrechtskommission bekennt sich zum Recht auf die Heimat,,*

[386] https://www.voelkermordkonvention.de/uebereinkommen-ueber-die-verhuetung-und-bestrafung-des-voelkermordes-9217/

[387] https://www.youtube.com/watch?v=ZM3RzlY4H28 *"EU FÖRDERT GENOZID AN WEISSEN VÖLKERN EUROPAS!"*

[388] http://www.anonymousnews.ru/2018/10/17/1-tag-nach-bayern-wahl-familiennachzug-beginnt-illegale-reisen-bequem-per-linienflug-aus-athen-ein/?utm_source=newsletter&utm_medium=email&utm_campaign=familiennach zug_per_linienflug_beginnt&utm_term=2018-10-18

[389] https://www.youtube.com/watch?v=SYI1VqpngLw&t=18s *"Skandal! Saudi Arabien hat 100.000 leerstehende Zelte für 3 Millionen Menschen - Merkel schweigt"*

[390] Joachim Feyerabend, *Das Abendland als Kalifat – Jahrhundertziel des Islam für Europa*, Lau-Verlag & Handel KG, Reinbek/München, Seite 41.

[391] Akif Pirinçci, *Deutschland von Sinnen – Der irre Kult um Frauen, Homosexuelle und Zuwanderer*, Lichtschlag in der Edition Sonderwege, Manuscriptum Verlagsbuchhandlung Thomas Hoof KG, Waltrop und Leipzig 2014, 5. Auflage, Seite 41.

[392] Ebenda, Seite 40

[393] Ebenda, Seite 30

[394] Ebenda, Seite 41

[395] <rundbrief@antaios.de> *Antaios-Rundbrief 10/2017, Dienstag, 14. III.*

[396] https://www.youtube.com/watch?v=ye9UsHJvBT0 , *„Die Kraft der Zahl: Wann sind Migranten in der Mehrheit?"* (veröffentlicht 05.04.2018)

[397] http://www.jjahnke.net/rundbr125k.html#3658
„Infoportal Deitschland & Globalisierung Rundbriefe"

[398] <rundbrief@antaios.de>
Antaios-Rundbrief 10/2017, Dienstag, 14. III.

[399] https://www.welt.de/politik/ausland/article175218728/Belgien-Partei-Islam-fordert-nach-Geschlecht-getrennten-Nahverkehr.html

[400] kopiert aus einem Brief von Dipl.-Chem. Dr. rer. nat. Hans Penner, 76351 Linkenheim-Hochstetten, an den Journalisten Armin Fuhrer, 2017

[401] https://www.youtube.com/watch?v=By8TrGaCN50&t=55s
„Berlin: Scharia (Islamische) Schattenjustitz in Deutschland"

[402] https://www.youtube.com/watch?v=anFbvwLyGQ8
„Alice Weidel von der AFD klärt die dummen Hühner von Rot Grün über die Scharia auf – MdL"

[403] Udo Ulfkotte, *Mekka in Deutschland – Die stille Islamisierung*, Kopp Verlag, 2015

[404] Ebenda

[405] https://www.youtube.com/watch?v=DRr0mYMwZQU *„Der Globale Migrations-Pakt erklärt"*, veröffentlicht am 12.09.2018

[406] https://www.heikoschrang.de/de/neuigkeiten/2018/09/19/verhindern-wird-der-11-12-2018-als-schwaerzester-tag-in-die-geschichte-eingehen/ Heuko Schrang: *„Verhindern! Wird der 11.12.2018 als schwärzester Tag in die Geschichte eingehen?"*

[407] https://www.youtube.com/watch?v=vE4JlOh-TpQ
„2049 - 100 Jahre Bundesrepublik"

[408] Akif Pirinçci, *Deutschland von Sinnen – Der irre Kult um Frauen, Homosexuelle und Zuwanderer*, Lichtschlag in der Edition Sonderwege, Manuscriptum Verlagsbuchhandlung Thomas Hoof KG, Waltrop und Leipzig 2014, 5. Auflage, Seiten 67ff

[409] https://schluesselkindblog.com/

410 https://de.m.wikipedia.org: „Völkermord an den Armeniern"

411 https://schluesselkindblog.com/, JUNI 2ND; 2018

412 https://www.youtube.com/watch?v=By8TrGaCN50&t=55s
„Berlin: Scharia (Islamische) Schattenjustiz in Deutschland"

413 https://www.youtube.com/watch?v=anFbvwLyGQ8
„Alice Weidel von der AFD klärt die dummen Hühner von Rot Grün über die Scharia auf – MdL"

414 https://www.youtube.com/watch?v=t0qcerF8Az8 "Kinder-Ehe in Deutschland: 'Das hübscheste Mädchen wird gleich weggeschnappt' "

415 https://www.deutschlandfunk.de/urteil-von-bamberg-bayerisches-gericht-erklaert-kinderehe.886.de.html?dram:article_id=357185 *„Urteil von Bamberg - Bayerisches Gericht erklärt Kinderehe für rechtmäßig"*, 21.10.2018

416 https://www.youtube.com/watch?v=U1cuvDZZk1Q „Ein Mann, zwei Ehefrauen, 6 Kinder Kinderehe vom deutschen Staat gefördert", veröffentlicht Am 07.04.2018

417 https://www.allgemeine-zeitung.de/politik/rheinland-pfalz/vielehen-sind-keine-einzelfalle-mehr_16968974# *„Vielehen sind keine Einzelfälle mehr"*, 2016

418 Aussage von Helmut Schmidt 1981 auf einer Veranstaltung des Deutschen Gewerkschaftsbundes (DGB). (Schmidt-Biograf Theo Sommer: "Unser Schmidt: Der Staatsmann und der Publizist", 2010).

419 https://fassadenkratzer.wordpress.com/2018/06/21/buergerkriege-voraussehbar/ Herbert Ludwig *„Bürgerkriege voraussehbar"*, veröffentlicht: 21.6.2018

420 http://www.anonymousnews.ru/2018/10/14/richtig-scharfer-wahlkampf-cdu-verteilt-in-hessen-messer-als-werbegeschenke-an-merkels-gaeste/ , Günther Strauß : *„Richtig scharfer Wahlkampf: CDU verteilt in Hessen Messer als Werbegeschenke an Merkels Gäste"* , 14.10.2018

421
https://www.facebook.com/dirk.bamberger/videos/835140410026564/?__xts__[0]=68.ARAtruGDpfjXEHyje7jVdCtaYcDWMy8Bur1VWvJUwx4IOpHT9rWILZA M-vX1xqzZuWqyrSw5DrzVNmcGvfJ_aUCOI16hqQxAMoxrFYCXbcFJbAnOBc3 G_0IJ2hyGpwYXIMvYWutLNu4Gmb0d1PEtt5t1PHn4oVxZ-GAdLofAcMt97o6V2VAk66HAIIaPFgwHzPB3KePhlESoa1RwfznZfdUKFq6F Ng4_BA&__tn__=-R

422 http://www.spiegel.de/politik/deutschland/helmut-schmidt-erika-steinbach-empoert-mit-pietaetlosem-tweet-a-1062135.html

423 https://fassadenkratzer.wordpress.com/2018/06/21/buergerkriege-voraussehbar/ Herbert Ludwig *„Bürgerkriege voraussehbar"*, veröffentlicht: 21.6.2018

424 https://www.youtube.com/watch?v=5sCxZZLWeUU
"Deutsche werden Opfer türkischer Straßengangs"

425 https://www.youtube.com/watch?v=jW8pAVqNJqI
„RM Jugendkriminalität Migranten DE"

426 https://www.youtube.com/watch?v=5sCxZZLWeUU

"Deutsche werden Opfer türkischer Straßengangs"

[427] http://www.achgut.com/artikel/das_schlachten_hat_begonnen Akif Pirincci: „*Das Schlachten hat begonnen"*

[428] https://sezession.de/37176/daniel-s-kirchweyhe-tod-unter-ausschlus-der-offentlichkeit Daniel S. (Kirchweyhe) 13.3.2013, Götz Kubitschek: „*Tod unter Ausschluß der Öffentlichkeit"*

[429] http://www.orwell-staat.de/zitate.htm

„Zitate zur Neuen Weltordnung"

[430] https://www.youtube.com/watch?v=6mKh0rkCLfY *"Politiker sprechen Klartext - BRD KEIN STAAT! | Wir zeigen Lösungen! Königreich Deutschland"*

[431] https://www.youtube.com/watch?v=6mKh0rkCLfY : Wolfgang Schäuble gegenüber der New York Times, 21.11.2011.

[432] http://www.dw.com/de/mehr-als-350-extremisten-beantragten-asyl/a-43291425 *"Made for minds.- Themen - Extremismus"*, 07.04.2018

[433] http://www.dw.com/de/mehr-als-350-extremisten-beantragten-asyl/a-43291425 *"Made for minds.- Themen - Extremismus"*, 07.04.2018

[434] Franz-Josef Ferme: Facebook-Beitrag vom 29.8.2015 https://www.facebook.com/photo.php?fbid=437284349809969&set=a.114691912 069216.1073741828.100005852231655&type=1&theater¬if_t=photo_comme nt

[435] Dr. Klaus Maurer, *Die „BRD"-GmbH oder zur völkerrechtlichen Situation in Deutschland und den sich daraus ergebenden Chancen für ein neues Deutschland*, Dritte Auflage, Sunflower-Verlag, 2016, Seite 300

[436] http://www.anonymousnews.ru/2017/03/31/islam-in-deutschland-die-karte-des-schreckens/

[437] https://www.journalistenwatch.com/2017/03/28/islam-in-deutschland-die-karte-des-schreckens/

[438] Ebenda

[439] https://www.bild.de/politik/inland/politik-inland/verschwoerungstheorien-die-wahrheit-ueber-den-un-migrationspakt-58152842.bild.html ,
"Verschwörungstheorien im Internet
Die Wahrheit über den UN-Migrationspakt - Wie Netz-Aktivisten das UN-Abkommen bekämpfen – und wo sie einfach lügen" veröffentlicht am 07.11.2018

[440] Ebenda

[441] https://ec.europa.eu/home-affairs/sites/homeaffairs/files/e-library/docs/pdf/final_report_relocation_of_refugees_en.pdf

[442] https://www.youtube.com/watch?v=saAFwcmtQWY&t=547s *„Krieg den „Verschwörungstheoretikern" – Mainstream greift mit Precht, Lesch und Schawinski an!"*

[443] Holger Fröhner, *Das Deutschland Protokoll*, J.K.Fischer-Verlag, 3. Auflage 12/2017, Seite 197

[444] https://www.youtube.com/watch?v=lLK5uRvuQys *„9/11 - 11 AUGENZEUGEN STARBEN | FAKTEN FRIEDEN FREIHEIT"*, veröffentlicht 31.08.2017

[445] Amazon.de: Aus einer Rezension zu Oliver Janichs Buch:, „Impossible Mission 9/11: Wie ein kleines Spezialkommando den größten Terroranschlag der Geschichte durchgeführt haben könnte", 2018

[446] https://www.youtube.com/watch?v=8wza6v3av_s *„Was die Bilderberger NWO für uns Geplant haben Bilderberg Treffen Dresden"*, veröffentlicht am 09.05.2017

[447] Dirk Müller, *Crashkurs – Weltwirtschaftskrise oder Jahrhundertchance? Wie Sie das Beste aus Ihrem Geld machen*, Knaur Taschenbuchausgabe, 2010

[448] M. Bröckers und C. C. Walther, *11.9. - zehn Jahre danach: Der Einsturz eines Lügengebäudes*, Westend Verlag GmbH, Frankfurt/Main 2011, 2. Auflage 2011, Seite 19

[449] Daniele. Ganser, *Illegale Kriege*, Orell Füssli Verlag AG, Zürich, 2.Auflage, 2016, Seite 191

[450] https://www.youtube.com/watch?v=5ee7z6cygrQ *„Brutkastenlüge - Nurse Nayirah's - Irak – Kuwait"*

[451] https://www.youtube.com/watch?v=_ZQ7pfS2AHI *„¡PROPHEZEIUNGEN, die Uns Verschwiegen werden!"*

[452] https://www.youtube.com/watch?v=uPGXL_JRIhs *„FLACHE ERDE - Die Erde ist flach und alles macht Sinn!!! - Ich hab es verstanden!"*

[453] D. Ganser, *Illegale Kriege*, Orell Füssli Verlag AG, Zürich, 2. Auflage, 2016

[454] https://www.contra-magazin.com/2016/09/die-neue-weltordnung-eine-kleine-elite-regiert-die-welt/#comments ; Marco Maier: *„Die 'Neue Weltordnung' – Eine kleine Elite regiert die Welt"*, Contra Magazin, 6. September 2016

[455] Phoenix Runde: Do. 12.04.18, 22.15 - 23.00 Uhr: *"Giftgasattacke in Syrien - Wie reagiert Trump?"*, siehe auch: https://www.youtube.com/watch?v=h7QaWky7XLE *"Prof. G. Meyer entlarvt die Giftgaslügen des Westens"*

[456] Dirk Müller, *Crashkurs – Weltwirtschaftskrise oder Jahrhundertchance? Wie Sie das Beste aus Ihrem Geld machen*, Knaur Taschenbuchausgabe, 2010, Seite 239

[457] https://www.youtube.com/watch?v=ws6-oK2e9-s *„Das große Deutsche Erwachen CIA Gift Skripal vor Russland Wahl Geldsystem"*

[458] https://www.youtube.com/watch?v=c9cbHUewavM&t=133s , *"9/11 und die Flugzeuge • Interview mit Bruno Häfliger, ehem. Flugzeugmechaniker bei Swissair"*, veröffentlicht am 06.10.2017, ab Minute 1:10:40

[459] U. Teusch, *Lückenpresse – Das Ende des Journalismus, wie wir ihn kannten*, Westend Verlag GmbH, Frankfurt/Main, 3. Auflage, 2017, Seite 112

[460] Joachim Sonntag, *Deutschland im freien Fall – Wie die milliardenschweren Finanzeliten unsere freiheitliche Demokratie zerstören und unsere Politiker und öffentlichen Medien zu deren Werkzeugen wurden*, 2. erweiterte Auflage, BoD-Verlag, 2017, Seiten 138ff

[461] Jan von Flocken, COMPACT-Magazin 12/2016, Seiten 57ff.

[462] Ebenda

[463] U. Aybirdi, *DIE GESCHICHTE – Wer die Welt wirklich regiert*, 03 | 2016, Printed in Poland by Amazon Fulfillment, Poland Sp. z o.o, Wrotzlaw, Seite 38ff.

[464] https://www.youtube.com/watch?v=pCJLmpOyrJk
Pearl Harbor – wie Kriege „anno dazumal" und heute provoziert werden | 10.12.2016 | www.kla.tv/9511

[465] https://www.youtube.com/watch?v=a9g5LIFc8Y4&t=73s *"Bester Chemtrail-Vortrag von Werner Altnickel"*

[466] https://www.youtube.com/watch?v=eROy36nsiOY
„2017: Wie Trump und Europas neue Rechte der NWO zum Sieg verhalfen..."

[467] https://www.youtube.com/watch?v=y7IzADHClLM&t=297s
„Die neue Weltordnung lockt die Patrioten in eine Falle"

[468] https://www.youtube.com/watch?v=eROy36nsiOY
„2017: Wie Trump und Europas neue Rechte der NWO zum Sieg verhalfen..."

[469] https://www.youtube.com/watch?v=y7IzADHClLM&t=297s
„Die neue Weltordnung lockt die Patrioten in eine Falle"

[470] Friederike Beck, *Die geheime Migrationsagenda – wie elitäre Netzwerke mithilfe von EU, UNO, superreichen Stiftungen und NGOs Europa zerstören wollen*, Kopp Verlag, 2016

[471] https://www.youtube.com/watch?v=UM5Wi9Zpxuo
"Feminismus-Betrug - Die Rockefeller-Erfindung"

[472] https://www.youtube.com/watch?v=2vh01Sru3PY *„RFID: Funk-Chips werden hektisch eingeführt"*

[473] Ebenda

[474] https://www.youtube.com/watch?v=pVUPjX3fOsQ *"RFID-Chip mit Tötungsfunktion - Pravda TV- 03.10.17"*

[475]
https://www.youtube.com/watch?v=uBi_MRT4foA&list=PL2okdtBRn9aTmo3uI Pb-TeS0qZ9doTGId *" 'RFID-Implantat' Bald Pflicht! | Keine Verschwörungstheorie!"*

[476] https://www.youtube.com/watch?v=aJTsa5FF-2w
„Du wirst nichts merken! Microchips rfid Technik"

[477] Gabriele Schuster-Haslinger, *„verraten verkauft verloren"*, Amadeus Verlag GmbH & Co. KG, 2015, Seiten 78f

[478] http://www.macht-steuert-wissen.de/1234/schock-bilderberger-treffen-im-juni-2016-in-dresden/

[479] https://www.youtube.com/watch?v=8wza6v3av_s *„Was die Bilderberger NWO für uns Geplant haben Bilderberg Treffen Dresden"*, veröffentlicht am 09.05.2017

[480]
https://www.facebook.com/100012094181563/videos/pcb.523955098017625/523951858017949/?type=3&theater

⁴⁸¹ https://www.facebook.com/permalink.php?story_fbid=523955098017625&id=10
0012094181563&hc_location=ufi
⁴⁸² https://www.youtube.com/watch?v=8RT9BReqSag&t=141s
*"ENERGIEWAFFEN-TEST am eigenen Volk! 'Waldbrände' in Kalifornien 2017!
Laserwaffen, Mikrowellen, NWO"*
⁴⁸³ Ebenda
⁴⁸⁴ https://www.youtube.com/watch?v=Ll6i6M64On8&t=14s *"Waldbrände =
Waffentests? Äußerst verdächtiges 'Brandverhalten'"*
⁴⁸⁵ Ebenda
⁴⁸⁶ https://www.youtube.com/watch?v=Ll6i6M64On8&t=14s *"Waldbrände =
Waffentests? Äußerst verdächtiges 'Brandverhalten'"*
⁴⁸⁷

*https://www.facebook.com/photo.php?fbid=1577984245580731&set=pcb.199766
5910447245&type=3&theater Günter Stellmaszek: Reale Verschwörungen! 14.
Oktober 2017*
⁴⁸⁸ Ebenda, aus dem Beitext des Videos zitiert
⁴⁸⁹ Ebenda; ein Kommentar
⁴⁹⁰ https://www.youtube.com/watch?v=YYGf490yl_g *"Wird Griechenland
gegrillt? Waldbrände oder Energiewaffen?"*
⁴⁹¹ https://www.youtube.com/watch?v=vHeo1iwd790 *"Energiewaffen oder
Waldbrand?! Gottschalk-Villa zerstört! Kalifornien brennt erneut..."*,
veröffentlicht am 14.11.2018
⁴⁹² https://m.bild.de/unterhaltung/leute/leute/thomas-gottschalk-warum-ist-alles-
weg-aber-die-baeume-stehen-noch-
58399312.bildMobile.html###wt_ref=https%3A%2F%2Fwww.google.com%2F&
wt_t=1545301873654 , Peter Amenda u. Sven Kuschel: *"GOTTSCHALK-
ANWESEN IN KALIFORNIEN ABGEBRANNT – Warum ist alles weg –aber die
Bäume stehen noch?"*, veröffentlicht am 13.11.2018
⁴⁹³ Ebenda
⁴⁹⁴ https://www.youtube.com/watch?v=vHeo1iwd790 *"Energiewaffen oder
Waldbrand?! Gottschalk-Villa zerstört! Kalifornien brennt erneut..."*,
veröffentlicht am 14.11.2018
⁴⁹⁵ https://www.youtube.com/watch?v=ZLxdHlkzfpY *"Dr. Judy Wood - Toasted
Cars"*
⁴⁹⁶ https://www.youtube.com/watch?v=8xjqz-B4FnY *"911 melted steel evidence
surrounding ground zero, 100s of melted cars - rare footage"*
⁴⁹⁷ https://www.youtube.com/watch?v=YYGf490yl_g *"Wird Griechenland
gegrillt? Waldbrände oder Energiewaffen?"*
⁴⁹⁸ https://www.youtube.com/watch?v=Ll6i6M64On8&t=14s *"Waldbrände =
Waffentests? Äußerst verdächtiges 'Brandverhalten'"*
⁴⁹⁹ https://www.youtube.com/watch?v=vHeo1iwd790 *"Energiewaffen oder
Waldbrand?! Gottschalk-Villa zerstört! Kalifornien brennt erneut..."*,
veröffentlicht am 14.11.2018

[500] https://www.youtube.com/watch?v=8RT9BReqSag&t=1020s
„ENERGIEWAFFEN-TEST am eigenen Volk! 'Waldbrände' in Kalifornien 2017! Laserwaffen, Mikrowellen, NWO", veröffentlicht am 20.11.2017
[501] https://www.youtube.com/watch?v=Ll6i6M64On8&t=14s *"Waldbrände = Waffentests? Äußerst verdächtiges 'Brandverhalten'"*
[502] https://www.youtube.com/watch?v=y1oSAhjQ2bY&t=53s *„Der 'saubere' Windkraft-Genozid - Wie Mensch und Tier in den Wahnsinn getrieben werden..."* veröffentlicht am 05.12.2018
[503] https://www.facebook.com/horst.bernhardt.566/videos/388118035769567
[504] https://www.facebook.com/diana.mehr/posts/10157648885202036
[505] https://www.facebook.com/leo.nahrer/videos/4176818062334053 , Minute 0
[506] https://www.youtube.com/watch?v=iiTrttV7Q8A „Corona-Impfung: Aussage Prof. Hockertz, 06.12.2020, Minute 0:40
[507] Teil 2 dieser Buchreihe: „2025 - Das Endspiel *oder* Der Putsch von oben", Abschnitt „Geimpft mit Glyphosat"
[508] https://www.t-online.de/gesundheit/krankheiten-symptome/id_89054892/corona-impfstoff-frueh-zugelassen-wie-kann-grossbritannien-so-schnell-sein-.html
[509] https://www.facebook.com/manuela.gerullis/videos/3474268279352328 ; Christian Sievers im ZDF heute journal im Interview mit Prof. Stephan Becker, Leiter des Instituts für Virologie Marburg, 23.11.20
[510] https://www.youtube.com/watch?v=kRWB35_Ok_U , *„Dr. Carrie Madej warnt vor neuer Impftechnologie!"*, 16.11.2020, ab Minute 4
[511] https://2020news.de/riesen-skandal-aufgedeckt-covid-19-impfung-zerstoert-unser-immunsystem-nachhal-tig/?fbclid=IwAR2x9snq5OIQHGset38ATSmmlMTZMj_2FOtNs44PwjkCjC_TcwcNs2BkVKY
[512] https://www.youtube.com/watch?v=Vaw_3F3Kq50 , *„RUBIKON: Im Gespräch: „Ein Menschheitsverbrechen"* (Wolfgang Wodarg und Jens Lehrich)", 31.05.2020, Minute 8:50
[513] https://www.zdf.de/nachrichten/politik/die-welt-verbuendet-sich-milliarden-fuer-corona-impfstoff-100.html , *„Corona-Geberkonferenz - 7,4 Milliarden gegen das Virus"*, 04.05.2020
[514] https://www.youtube.com/watch?v=9inOYVK7Bj8 , *„Gates rechnet mit 700.000 Impfgeschädigten! Interview * Kommentar"*, 26.05.2020
[515] https://www.youtube.com/watch?v=083VjebhzgI , Interview Bill Gates im ARD, 12.04.2020
[516] Benjamin Hiller, aus einer Rede auf einer Demonstration in Stralsund am 23.11.2020 ; https://www.facebook.com/sabinekohler5/videos/10159424927193623 , Minute: 5
[517] Zeitung des „Demokratischen Widerstand",, 16. Mai 2020, Berlin, Seite 3
[518] https://www.kla.tv/17705?fbclid=IwAR14Io7lOpNbxb73qZla5wTy9lIoEi8e-laQkrU7_DD4gzKJWS0eqKrBzv0 „Sasek warnt alle freien Aufklärer – Vorsicht: Corona-Strategen!", 06.12.2020

[519] Ebenda

[520] http://www.weitwinkelsubjektiv.com/2014/03/28/der-irak-krieg-und-die-vorherrschaft-des-dollar/

Aufsatz von B. Abdolvand und M. Adolf in *„Blätter für deutsche und internationale Politik“*

[521] D. Müller, *Crashkurs –Weltwirtschaftskrise oder Jahrhundertchance?*, Knaur Taschenbuch Verlag, Überarbeitete, aktualisierte und erweiterte Taschenbuchausgabe Juni 2010, München, 2010, Seiten 55ff.

[522] Dr. Klaus Maurer, *Die „BRD“-GmbH oder zur völkerrechtlichen Situation in Deutschland und den sich daraus ergebenden Chancen für ein neues Deutschland*, Dritte Auflage, Sunflower-Verlag, 2016, Seite 139

[523] https://www.youtube.com/watch?v=P1gJHYSblKs *“AfD IM Merkel Hirn Abschaltvorrichtung gefunden Ultrafeinstaub PM10”*

[524] Ebenda

[525] http://www.tawa-news.com/europas-weg-in-den-selbstmord/ Tassilo Wallentin: *“Europas Weg in den Selbstmord“*

[526] D. Müller, *Crashkurs –Weltwirtschaftskrise oder Jahrhundertchance?*, Knaur Taschenbuch Verlag, Überarbeitete, aktualisierte und erweiterte Taschenbuchausgabe Juni 2010, München, 2010, Seiten 55ff.

[527] https://youtu.be/IxbxNMWWgEk

Gerard Menuhin im Gespräch mit Henry Hafermayer

[528] https://www.youtube.com/watch?v=zB8JxnFuRnM

„Im Video wird erklärt wie das System mit der Russischen Zentralbank und der FED funktioniert.“

[529] https://www.youtube.com/watch?v=Wb_14Hbc_cQ *„Iran will den Dollar aufgeben - Andere haben das auch versucht und wurden bombardiert...“*

[530] https://www.youtube.com/watch?v=c2quPTsPy8o *„GLADIO - Die NATO-Geheimarmeen”*, veröffentlicht am 25.03.2014 veröffentlicht

[531] https://www.journalistenwatch.com/2018/12/21/eurogendfor-die-privatarmee/ “EUROGENDFOR – Die Privatarmee der EU-Granden gegen die Völker Europas – Einsatz in Frankreich!”, veröffentlicht am 21.12.2018

[532] https://www.youtube.com/watch?v=E8QsOz4u54M&t=14s *“Vermischung der Rassen auch mit Zwangsmaßnahmen - Französischer Ex-Präsident (2008)”*

[533]

https://www.facebook.com/b.n.d.und.brid.machen.nur.noch.shit/videos/***united-nation-of-europe***-(une/1911800162465818/ *„***UNITED NATION of EUROPE*** (UNE / NWO Umwandlung bis 2030/2050 ist bereits Vereinbart & Beschlossen worden)“*

[534] Stefan Blankertz, Das libertäre Manifest, Neuauflage 2012, Seite 8: http://docs.mises.de/Blankertz/Manifest.pdf

[535] Oliver Janich, *DIE VEREINIGTEN STAATEN VON EUROPA – GEHEIMDOKUMENTE ENTHÜLLEN: DIE DUNKLEN PLÄNE DER ELITE*, FinanzBuch Verlag, ein Imprint der Münchner Verlagsgruppe GmbH, München 2014, 1. Auflage, Seite 74.

[536] https://www.youtube.com/watch?v=HVQ43CtO57o
„Droht Hausbesitzern die Zwangsenteignung?" veröffentlicht am 19.11.2018
[537] https://www.youtube.com/watch?v=DBETl2EFgp4 *"Dr. Rainer Rothfuss über UN Migrationspakt und UN-Flüchtlingspakt"*, veröffentlicht am 08.12.2018
[538] https://www.youtube.com/watch?v=ptot4uVUWOg&t=2081s *„Flugzeug mit Merkel Notlandung spricht von IS Terror"*, veröffentlicht am 01.12.2018
[539] Ebenda
[540] F. Fabian, *Die geheim gehaltene Geschichte Deutschlands – Was bis heute von Historikern verschwiegen wird*, Bassermann Verlag (innerhalb der Verlagsgruppe Random House GmbH, München), 2015
[541] https://www.youtube.com/watch?v=pD0t2M2cNc4 , „Das Ende der Parteien. Teil 1. Deutschland vor wunderbarem Neubeginn.", 06.01.2020
[542] https://www.youtube.com/watch?v=TNuhH6arYPw , „Das Ende der Parteien. Teil 2. Deutschland vor wunderbarem Neubeginn.", 06.01.2020
[543] https://www.dz-g.ru/19CV2407-CAB-AHG-vom-16-Dezember-2019 _Verbrechen-gegen-die-Menschheit , *"Why We Sued Big Tech for Artificial Intelligence Misuse & Contribution to Win for Humanity"*, 31.01.2020
[544] https://www.bitchute.com/video/JLohQdcKLWaE/ *„DIE GRÖßTE MASSENKLAGE IN DER GESCHICHTE DER MENSCHHEIT!!"*, 1.11.2020
[545] http://www.gottliebtuns.com/komitee300.htm *"Das Komitee der 300"*
[546] John Coleman, *Die Hierarchie der Verschwörer – Das Komitee der 300*, J. K. Fischer-Verlag, Gelnhausen, 2013
[547] www.gp-metallum.de/podcast/Weizsaecker_Der_bedrohte_Frieden_-_heute.pdf
Carl Friedrich von Weizsäcker, *Der bedrohte Frieden – heute*, Hanser-Verlag, 1994
[548] Dieses Zitat stammt eigentlich von P.J. Dunning (1860), ist aber durch Karl Marx in einer Fußnote im „Kapital" bekannt gemacht worden (s. Kapitel 3.4)
[549] https://www.youtube.com/watch?v=FW9gVpzvSZo
„Piloten, Ärzte & Wissenschaftler berichten über Chemtrails"
[550] Ulrich Mies (Hg.), *Der Tiefe Staat schlägt zu – Wie die westliche Welt Krisen erzeugt und Kriege vorbereitet*, Promedia Verlag, Wien, 2. Auflage 2019, S. 17f

ISBN 9783751936330

Taschenbuch, 270 S., 3. aktualisierte und erweiterte Auflage, 08/2020

BoD Verlag Norderstedt   **12,99 €**

Dieses Buch ist Teil 2 der Buchreihe „2025".

Kostenfreier Versand BoD-Buchshop: https://www.bod.de/buchshop/

Diese drei Dokumente, Wetterkriegsdokument, Zukünftige Kriegsführung und Bevölkerungszahlen der Länder, autorisiert von US-
Luftwaffe, NASA, CIA, FBI, DARPA, ... alle geben dasselbe End-
spieljahr an: 2025. Das Jahr der geplanten Errichtung der Neuen
Weltordnung (NWO). In diesem Teil 2 geht es um das Waffenar-
senal des Tiefen Staates, entwickelt und in Stellung gebracht gegen
die Menschheit: Künstliche Intelligenz, Transhumanismus, Geo-
Engineering, Nanotechnologie, Gentechnik, Massenpsychologie,
Bewusstseinsmanipulation, Biowaffen und 5G dienen der Kontrolle und Manipulation der Bevölkerung und der Sicherung des Übergangs zur NWO. Die 'Corona-Grippe' 2020 wird genutzt, um
Angst und Panik in der Bevölkerung zu verbreiten, damit diese den
massiven Abbau der Freiheitsrechte akzeptiert.

ISBN 9783744809542
Taschenbuch, 229 Seiten, 2. erweiterte Auflage, 09/2017
BoD Verlag Norderstedt   9,99 €
Kostenfreier Versand BoD-Buchshop: https://www.bod.de/buchshop/

Aus einer Rezension: *„In diesem Buch wird der Leser über Tatsachen/Fakten und Vorgänge informiert, die wirklich beängstigend sind. Schonungslos, aufklärend und vor allem aufschlussreich wird dem Leser erklärt, warum unsere sogenannten 'Volksparteien' unsere Kultur und unsere Werte schon lange nicht mehr vertreten! Der Autor benennt viele Ursachen, warum Deutschland mit Vollgas gegen die Wand gefahren wird und warum. Das Buch ist eine bittere Pille und nichts für schwache Nerven, sorgt aber für die nötige Aufklärung.“* … Ich hatte dieses Buch geschrieben, um zu erreichen, dass ein Teil der Deutschen noch einmal über diese Dinge nachdenkt und seine Wahlentscheidung am 24.9.2017 überdenkt. Dieses Ziel wurde nicht erreicht. Dazu ist der Prozess der Gehirnwäsche bereits zu weit fortgeschritten. Was bleibt ist, dass vielleicht unsere Kinder und Enkel einmal sehen können, dass es auch Gegenwehr gegeben hat.